职业教育产教融合新形态教材

教育部人文社会科学研究规划基金项目

商务数据分析与应用

基于新零售

赵 琪 吴健妮 主 编

牛俊杰 崔 宁 宋志鹏 副主编

SHANGWU

SHUJU

FENXI YU

YINGYONG

JIYU

XIN LINGSHOU

东北财经大学出版社

Dongbei University of Finance & Economics Press

大连

图书在版编目（CIP）数据

商务数据分析与应用：基于新零售 / 赵琪，吴健妮主编 . —大连 ：东北财经大学出版社，2025.8. —（职业教育产教融合新形态教材）. —ISBN 978-7-5654-5743-2

Ⅰ. F712.3

中国国家版本馆 CIP 数据核字第 2025K0S287 号

商务数据分析与应用——基于新零售
SHANGWU SHUJU FENXI YU YINGYONG——JIYU XIN LINGSHOU

东北财经大学出版社出版
（大连市黑石礁尖山街 217 号　邮政编码　116025）

网　　　址：http://www.dufep.cn
读者信箱：dufep@dufe.edu.cn

大连天骄彩色印刷有限公司印刷　　东北财经大学出版社发行

幅面尺寸：185mm×260mm　字数：316 千字　印张：14.25　插页：1
2025 年 8 月第 1 版　　　　　　　　　2025 年 8 月第 1 次印刷

责任编辑：张旭凤　石建华　　　　　　责任校对：赵　楠
封面设计：张智波　　　　　　　　　　版式设计：原　皓

书号：ISBN 978-7-5654-5743-2　　　　定价：38.00 元

教学支持　售后服务　　联系电话：（0411）84710309
版权所有　侵权必究　　举报电话：（0411）84710523
如有印装质量问题，请联系营销部：（0411）84710711

前　言

随着现代信息技术的进步和飞速发展，大力发展数字经济焕发了零售行业创新发展新的生机。数据分析不仅成为商业决策过程中的决定性因素，也是数字经济时代企业取得竞争优势的关键性因素。零售行业是数据分析应用相对成熟的领域。新零售企业通过对商品销售相关数据进行挖掘与分析，优化商品管理和供应链效率；通过对消费者购买动机以及顾客忠诚度进行数据分析，制订顾客服务和营销推广方案；通过对营销与消费活动记录进行数据分析，开发与服务线上线下客户。因此，在数字经济时代，职业教育肩负大力培养适应"线上线下相结合、内外贸融合发展"的新零售技能型人才的使命，需要重点突出新零售运营管理（线上平台与线下实体门店运营管理相融合）、全渠道营销推广（线上网络营销与线下门店营销相融合）、客户关系管理（线上客户与线下客户管理相融合）等商务数据分析岗位人才的培养。数字感强，准确率高，擅于数据分析、发现问题、解决问题，有相关商品管理和市场调研分析经验，能根据工作需求读懂数据分析报表，这是对新零售运营及管理人员的基本任职要求。

本教材针对市场营销、连锁经营与管理、电子商务等相关专业学生在数字素养提升中存在的问题，以提高学生数据收集与分析能力、处理问题能力以及独立学习新技术的能力等为主要目标。通过对教学形式和内容进行创新，本教材重点讲授新零售市场调查与分析、门店选址数据分析、门店商品数据分析、网店运营数据分析、网店推广数据分析、供应链管理数据分析以及新零售经营绩效分析等方面的知识与实践操作技能，采用实践教学、项目教学、混合式教学等教学方法，重点培养学生的商业数据思维与深入研究问题的能力。本教材编写特色如下：

1. 内容与体例体现教改创新性成果

教材基于新零售视角，依据商务数据分析与应用的主要内容，共设计了 7 个项目、17 个任务，每个项目从"学习导图""学习目标""项目导入"开始，以"润心启航""Excel 应用小技巧""拓展阅读""实战与提升"收尾，每个任务按照"学一学""做一做"循序渐进。其中，项目一、项目二、项目三聚焦线下门店运营商务数据的分析与应用，项目四、项目五聚焦线上店铺运营商务数据分析与应用，项目六、项目七则基于新零售的视角对供应链管理与新零售企业经营绩效评价的商务数据进行分析与应用。"拓展阅读"有教师科研成果或教研项目的理论支撑。

2. 案例与新零售企业经营实践相结合

"实践案例"基于新零售视角，根据企业运营活动中的典型业务和主要工作内容而设计。通过典型案例学习与实训体验，希望增强学生的职业认同感和责任感，培养和提高其商务数据分析与场景应用能力。本教材每个任务对应一个实践案例，共计 17 个，每个实践案例均有详细的微课讲解，并配套编写了案例说明。

3.构建实训数据采集分析系统

教材实践数据来源于主编所在院校校企合作的百余家合作企业以及校内"快递物流综合实训基地""连锁便利店实训基地""创客岛"实习实训基地,聚焦教育科研联动,可基本满足财经商贸类院校市场营销、连锁经营与管理、电子商务等专业学生开展数据分析与应用的要求。

4.紧密结合职业技能大赛内容

教材立足为学生参加世界职业技能大赛、世界职业院校技能大赛总决赛财经商贸赛道(市场营销小组)争夺赛、中国零售新星大赛、财经商贸类创新创业大赛等赛项打下数据分析基础,重点锻炼学生收集特定地区、特定时间段的指定商品销售数据,并根据这些数据对企业经营状况做出具体的分析和判断,以及撰写市场调查报告的能力。

本教材得到了2023年度教育部人文社会科学研究规划基金项目"高等职业教育服务地方数字经济发展的绩效评价与实施路径研究"资助(项目编号:23YJA880083)。

本教材的编写团队由来自青岛酒店管理职业技术学院的赵琪、吴健妮、牛俊杰、崔宁、宋志鹏等5位教师组成。分工如下:项目一、二由赵琪编写,项目三由牛俊杰编写,项目四由宋志鹏编写,项目五、七由吴健妮编写,项目六由崔宁编写,全书由赵琪、吴健妮负责统稿。尽管在编写过程中力求准确、完善,但受限于编者的专业水平,书中难免有疏漏与不足之处,恳请广大读者提出宝贵的意见和建议(联系邮箱为253869138@qq.com),在此深表谢意!

编 者

2025 年 4 月

目　录

1　项目一　新零售市场调查与分析

项目二　门店选址数据分析

2

3 项目三　门店商品数据分析

项目四　网店运营数据分析

4

5 项目五　网店推广数据分析

项目六　供应链管理数据分析

6

7 项目七　新零售经营绩效分析

思政教学导图

思政目标	思政元素		思政案例		对应内容
	初心使命 历史传承	⇒	临沂：从"舟车不通"到"货行天下"	⇒	项目一
	社会责任 以人为本	⇒	华润万家 50 家门店焕新背后	⇒	项目二
★润心启航★	工匠精神 质量意识	⇒	"数字工匠"用专业技能服务实体零售	⇒	项目三
	诚实守信 爱岗敬业	⇒	购物银座新体验：全国大赛"五朵金花"诠释"五心"服务	⇒	项目四
	科技自强 守正创新	⇒	生成式人工智能在零售行业的应用	⇒	项目五
	文化传播 文化自信	⇒	抖音出台铁腕政策对售假网红下狠手	⇒	项目六
	法律意识 人文素养	⇒	大力弘扬新时代儒商精神	⇒	项目七

实践案例导图

工作项目	工作任务		实践案例
项目一 新零售市场调查与分析	开展市场调查与设计调查问卷 选择市场调查工具与数据分析方法 撰写市场调查报告	⇒	•新零售背景下消费者对生鲜农产品的购买意愿调查 •新零售岗位胜任力特征调查 •零售门店数字化赋能与人才培养
项目二 门店选址数据分析	进行目标店调研与综合评价 预测预选门店的销售数据	⇒	•各地区家电零售市场容量预测 •天猫"双十一"销售额预测
项目三 门店商品数据分析	认识商品数据分析指标与图表 掌握商品数据分析主要方法	⇒	•门店的主要经营指标计算 •门店商品数量管理
项目四 网店运营数据分析	设计网店运营总体规划 分析网店运营数据	⇒	•制订产品运营规划方案 •A 商城客户 RFM 模型分析
项目五 网店推广数据分析	营销活动推广与渠道推广 营销推广策划与数据复盘	⇒	•关键词推广数据分析 •短视频营销数据与直播营销数据复盘
项目六 供应链管理数据分析	分析商品采购数据 分析订单管理数据	⇒	•水果网店采购实施与仓库补货 •客服 KPI 考核设置
项目七 新零售经营绩效分析	确定新零售门店的运营目标 分析新零售门店的销售情况 选择新零售企业经营绩效评估指标 构建新零售企业利润战略模型	⇒	•由销售额构成比决定毛利率的变化 •A 商城业绩提升解决方案 •门店盈亏平衡点分析 •杜邦分析法的应用

数字资源目录

项目一　新零售市场调查与分析

■ 学习导图

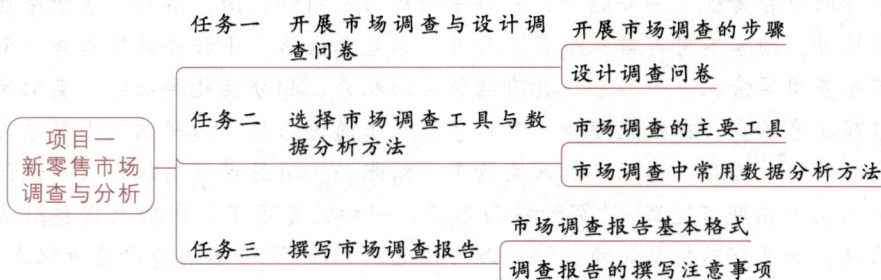

项目一
新零售市场
调查与分析

任务一　开展市场调查与设计调查问卷
开展市场调查的步骤
设计调查问卷

任务二　选择市场调查工具与数据分析方法
市场调查的主要工具
市场调查中常用数据分析方法

任务三　撰写市场调查报告
市场调查报告基本格式
调查报告的撰写注意事项

■ 学习目标

知识目标
- 了解市场调查的步骤
- 掌握调查问卷设计的方法
- 掌握主要数据分析方法
- 掌握常用市场调查工具
- 掌握市场调查报告撰写要点

能力目标
- 具备组织市场调查实施的能力
- 具备调查问卷设计的能力
- 具备主要数据分析方法应用的能力
- 具备常用市场调查工具应用的能力
- 具备市场调查报告撰写的能力

素养目标
- 正确认识我国新零售行业发展的现状，在认知与学习过程中培养民族自豪感与自信心
- 培养学生坚定文化自信，传承中华优秀传统文化

项目导入

山东商超国企的数字化转型之路：让逛商场、超市更自在

伴随着消费形式的不断升级，消费结构的不断优化，银座集团秉承工作用心、待客

诚心、服务真心、买得舒心、用得放心的"五心"服务理念,紧跟需求步伐,主动拥抱互联网、大数据等数字技术,加快建设智慧门店、培养数字化新型人才,打造新场景、新业态,为消费者带来全新体验。

"扫码购"让消费者逛得更自在

华灯初上,银座和谐广场店人流如织,各店主纷纷化身主播,开启新一晚的线上宣传;就餐高峰,纠结吃什么的消费者正站在商场智能导览台前,搜索热门美食区位置、优惠信息等,与此同时餐饮门店内的机器人已忙碌起来,提示排队进度、引导消费者就餐,让等待的消费者少了一分枯燥;超市里的机器人同样忙活,解答、售卖全在行;准备出停车场时,顾客不用再排队缴费,打开"银座惠生活"小程序就可以查询免费停车时长、停车费用等情况,小程序还具有购物自助积分、积分换礼等功能。类似的消费新体验,银座还有不少。在银座超市,几位年轻人正通过银座"扫码购"小程序为自己刚选好的商品结账。选品、扫码、加入购物车、结账……消费者不用跟任何人说话,只需在手机上动动手指即可完成。"买的东西不多,一扫就完事了,出门只需要给店员核销就行,而且,如果有不想要的商品,随时可以选择删除。"一名消费者告诉记者,"扫码购"减少了排队结账等待的时间,也不用跟任何人打交道,方便快捷。

在银座超市,从入口到各个货架上,到处都贴着"扫码购"小程序二维码,上面写着"不用排队、轻松结款,购物快捷便利"的字样,还有教顾客怎么使用的提示:到店顾客在超市内扫商品条码加购物车并结算后,可选择直接带商品出场或配送到家。为加快适应消费升级需求新变化,银座各门店依据自身特色有针对性地运用现代信息技术,建设智慧区域,创新消费场景。2023年4月,山东首家场景生态体验店"雷神"入驻济南和谐广场,通过搭建电竞房场景,以沉浸式的购物体验、丰富的店内打卡互动,吸引众多粉丝到店。智慧商场新体验有力拉动了消费。银座股份2023年半年报显示,报告期内,公司实现营业收入30.5亿元,同比增长2.31%;归母净利润2.12亿元,同比增长140.72%。

新环境让购物"看得有趣也用得放心"

开展数字化转型,推进智慧化运营;尝试线上线下融合,拥抱云商模式;探索沉浸式场景,打造全新体验……走访银座一线,你会发现智慧门店建设正不断推动消费场景创新。新场景是银座数字化门店建设的重点方向之一。依托5G、物联网、大数据、云计算、虚拟现实等新技术,实施全场景、全链条、全用户、全品类的数字化,改善门店经营,创新线下应用场景,提升消费者体验。

在银座首家高端精致生活超市——济南全运村店,随处可见的多媒体屏,将商品、营销信息以最直观的方式呈现在顾客面前。生鲜LCD屏、货架屏、生鲜看板等将食品安全监测信息透明化、鲜活化。银座将信息更新更及时、更全面、更生动的海报呈现在顾客面前,让顾客"看得有趣也用得放心"。如果你细心观察,会发现许多价签在这里"活"了,这是银座采用的电子价签正在更新信息。这些电子价签具有显示准确、更新迅速的优点,让消费者不再因为价签出错而影响购买决策。同时,电子价签特有的实时变价、促销模板、追溯码展示等功能,使顾客能够"看准再出手"。

数字化门店建设，本质在于通过优化服务，提升消费体验，赢得消费者认可。为了便捷支付，银座打通线上业务中台与ERP、全渠道营销系统的对接，实现线上线下营销活动及会员一体化运营；建立银座通用券、商家专享券等统一优惠券平台；打造积分通存、通用的积分生态；升级银座卡系统，不仅支持在线绑卡、扫码付款，还拓展了使用范围，实现了线上线下多种消费场景的应用，支持顾客在线购卡、充值、在线转赠等功能。同时，银座为了更快、更新传递新鲜事，上线了数字人直播、AR业务，探索元宇宙技术落地；借助企业微信功能，建立社区粉丝群，利用晒单、接龙、打卡、猜灯谜等玩法，帮助顾客解决购物过程中遇到的各种问题，成为居民的好邻居、好帮手。

新服务让买得更舒心

紧跟时代发展趋势，银座把"逛街"搬到线上进行导流，优化自有平台、深耕第三方即时零售平台、拓展第三方直播平台，实现业务数字化，从而吸引消费者前往线下体验，让线上线下流量共享，银座正不断加码"宠粉"方式。2022年5月，银座重点打造的融合版"银座云逛街"小程序全面上线，构建了银座到家、到店业务新模式。"从选品、下单、支付、配送到退换货，在这里顾客可实现全品类线上购物，不管是化妆品、服装等百货类商品，还是日用生鲜等超市产品，都可以从这里购买。"银座信息技术中心主任毕岩在接受媒体采访时表示。如今，"银座云逛街"已经过60多次升级迭代，功能更完善，选择线上购的消费者也越来越多。"目前，所有门店都上线了'银座云逛街'，线上基础品牌数量已有7 000多个，注册用户数近400万，交易额累计已突破20亿元。"

伴随着"银座云逛街"上线，银座"拎不动我们送"服务应运而生，"遛娃买油拿不走""孕妈扫货缺帮手""心疼父母拎不动"等若干场景均可免费送，记者了解到，"拎不动我们送"的订单是由银座的员工配送的。"大家充分利用交接班的空当时间送货，店里会给员工一定的补贴。"超市工作人员介绍说。

新人才输出

伴随直播业务的兴起，银座还以直播为抓手，组建专业的直播团队，通过不断迭代与完善多平台矩阵，提升消费者数字化体验，配合线上抖音美团平台券、独有银座云逛街、总经理直播、明星云互动等形式，为消费者提供增进线上线下互动社交的机会。为充分发挥门店及员工优势，2023年，银座集团与抖音平台合作，打造抖音本地职人计划，培养银座集团的专属"达人"，银座迄今已培养了5 000余名职人。2023年2月职人百人排行榜中，银座获奖37人。2023年，银座通过抖音本地平台打造超500万直播2场、超1 000万直播3场、超2 000万元直播1场，屡次夺得抖音带货榜全国周榜、全国月榜第一名。

银座的数字化经验也传播至鲁商集团各产业。2023年8月，银座、福瑞达联合承办了鲁商集团全渠道数字化转型培训暨直播训练营活动。此次培训将理论与实践相结合，不仅帮助门店员工深入了解直播行业的前沿理论知识，而且通过短视频及直播演练，提升门店员工的实操技能。培训期间，学员共发布视频超1 000个，累计直播43场，直播销售额超90万元。近两年，银座驶入线上线下全面融合发展的快车道，先后荣获商务部"电子商务示范企业"，中国百货商业协会"2021年零售业优秀数字化实践案例"、

"2022年导购数字化场景创新十佳案例"、"2022年度零售业十佳创新案例"和"2023年优秀零售实践案例",2022年山东电商"十佳合作平台",山东省商业经济学会"数字场景技术创新奖"等荣誉。

窥一斑,知全豹。为消费者不断升级购物新体验,不仅是"技术范儿"支持,亦是银座践行"品质消费引领者 美好生活服务商"的真实写照,更是整个银座集团所孜孜以求的目标和初心。银座集团正乘着数字风帆,以提升消费者体验为核心,聚焦商业模式创新与商品力、服务力、运营力提升,飞速前行。

资料来源:佚名. 山东商超国企的数字化转型之路:让逛商场、超市更自在. [EB/OL]. [2023-12-12]. http://gzw.shandong.gov.cn/articles/ch04565/202312/ec66946a-70c1-4168-b1d8-fc412bc43e07.shtml.

要求:通过调查了解商超国企的数字化转型之路,在市场调查的基础上思考新零售相关岗位职业规划的重点内容。

任务一　开展市场调查与设计调查问卷

学一学

一、开展市场调查的步骤

市场调查是新零售企业经营决策的基础。企业开展市场调查可以采用两种方式:一是委托专业的市场调查公司来做;二是企业自己来做,企业可以设立市场研究部门负责此项工作。市场调查工作的基本过程包括:明确调查目标、设计调查方案、制订调查工作计划与实施、调查资料的整理和分析以及撰写调查报告。

(一)明确调查目标

按照新零售企业不同发展阶段的需要,市场调查的目标有所不同:企业制定经营战略时,必须调查宏观市场环境的发展变化趋势,以此来预测所处行业未来的发展状况;企业制定市场营销策略时,要调查市场需求状况、市场竞争状况、消费者购买行为和营销要素情况;当企业在经营中遇到了问题,这时应针对存在的问题和产生的原因进行市场调查。

(二)设计调查方案

一个完善的市场调查方案一般包括以下几方面内容:调查目的和要求、调查对象、调查内容、调查问卷、调查范围、抽样方法等。要进行市场调查与分析,首先就需要明确调查的目的,如果目的侧重于发现事物新的属性、规律,则进行探寻式分析;如果目的侧重于验证某件事物的真假情况,则进行验证性分析;如果目的侧重于更加客观地描述事物,则进行描述性分析。其次还需要明确调查的对象,并明确基于此对象分析的目的,调查的目的不同,其方法和渠道也不一样,使用的调查手法也不同。

（三）制订调查工作计划与实施

调查工作计划具体包括组织领导及人员配备、访问员的招聘及培训、工作进度、费用预算等，市场调查的各项准备工作完成后，开始进行问卷的实地调查工作。组织实地调查要做好两方面工作：实地调查的组织领导工作和实地调查的协调、控制工作。

（四）调查资料的整理和分析

实地调查结束后，即进入调查资料的整理和分析阶段。收集好已填写的调查表后，由调查人员对调查表进行逐份检查，剔除不合格的调查表，将合格的调查表统一编号，进行数据录入，并清洗数据以备分析之用；或者采用问卷星等工具在线收集调查数据。初步收集到的调查数据往往数据量大、杂乱无章，如果直接在此基础上进行调查分析，就会无形中增加分析的难度，难以高效率地推导出所期望的、具有一定意义和价值的结果。调查数据加工的方法有多种，例如，可以将收集到的数据进行分组、排序、筛选，或者简单计算以方便下一个流程高效进行等。在进行调查数据分析时，Excel 就是一个既实用又功能强大的工具。分析调查数据涵盖了方差分析、因子分析、回归分析、主成分分析、聚类分析、逻辑回归等方法，工具也可能涉及专业的分析软件 SPSS、EVIEWS等。但是对于一般的店铺经营者来说，只用 Excel 表进行简单操作分析即可。

（五）撰写调查报告

市场调查与分析的结论需要有完整的分析框架，并且图文并茂，层次清晰，让阅读者一目了然。分析的结论要明确清晰，最好是包含结论的同时也包含建议或解决方案，以便在决策时做参考。市场调查工作的成果将体现在最后的调查报告中。市场调查报告要按规范的格式撰写，一个完整的市场调查报告由题目、目录、概要、正文、结论和建议、附件等组成。调查分析的结果要遵循以下原则：能用图及图表说明问题的就不用表格，能用表格说明问题的就不用文字。通常情况下，调查分析最常用的表现形式是图表。常用的数据图表包括饼状图、柱形图、条形图、折线图、散点图、雷达图等。

二、设计调查问卷

问卷（Questionnaire）一词源于法文，意为"一种为了统计或调查用的问题表格"，也叫调查表，它是一种以书面形式了解被调查对象的反应和看法，并以此获得资料和信息的载体。问卷设计是依据调研与预测的目的，开列所需了解的项目，并以一定的格式，将其有序地排列，组合成调查表的活动过程。

（一）调查问卷设计的原则

1. 目的性

目的性指的是问卷必须与调查主题紧密相关，目的明确是问卷设计的基础。目的明确具体，才能提出明确的假设，才能围绕假设来设计题项。违背了这一点，再精美的问卷都是无益的。而"问卷体现调查目的"，其实质是，在问卷设计之初要找出与"调查目的相关的要素"。

2. 常识性

常识性即问题的设置是否符合一般常识，具有普遍意义。应该说，这是问卷设计的一个基本要求，但有时仍然能够在有些问卷中发现这类带有一定常识性的错误。这一错误不仅不利于调查成果的整理分析，而且会使调查委托方轻视调查者的水平。

3. 逻辑性

问卷的设计要有整体感，即问题与问题之间要有逻辑性。独立的问题本身也不能出现逻辑上的谬误，从而使问卷成为一个相对完善的小系统。

4. 规范性

所谓规范性，事实上是指问题设置要明确，不能似是而非。这一原则具体包括：命题是否准确，提问是否清晰明确、便于回答，被访问者是否能够对问题做出明确的回答等。

5. 非诱导性

诱导性是指提问的时候，刻意地要得出某种结论而甘愿放弃客观性的原则；非诱导性指的是问题设置要中性，不参与提示或主观臆断，完全将被访问者的独立性与客观性摆在问卷操作的限制条件的位置上。

6. 合适性

在设计问卷时要考虑到调查对象、问卷的结构（开放式或封闭式）、题项的形式及用语的合适性。

7. 便于整理、分析

成功的问卷设计除了要紧密结合调查主题与方便信息收集外，还要考虑到调查结果的容易得出和调查结果的说服力。这就需要使问卷调查结果便于整理与分析。首先，能够通过数据清晰明了地说明所要调查的问题。只有这样，调查工作才能收到预期的效果。这要求调查指标是能够累加和便于累加的。其次，指标的累计与相对数计算是有意义的。

（二）调查问卷设计的注意事项

调查问卷应该紧紧围绕调查目的，遵循问卷的设计原则，按照问卷的结构和内容来设计，应注意以下几方面：

1. 引言

引言是问卷的开头部分，为使被调查者能够乐意配合，最好在开头写一封短信，告知他们调查的目的、意义和性质，请求协助，并保证为被调查者保密（这点很重要，能够消除被调查者的后顾之忧，使其坦诚地合作）。

2. 变量

为了配合整个研究，在问卷设计时要明确区分自变量、中间变量和因变量，围绕每个变量设计多个问题，以方便后面的统计分析。例如，一般把性别、年龄、文化程度、职业等基本资料作为自变量；把能够感知、测量到的变量作为中间变量，如日常的视听习惯、视听时间、视听兴趣等；把对事物的认知、态度和评价等作为因变量。其中，中间变量既可以当作自变量又可以当作因变量。

3. 题项

设计题项时，其内容应包含所研究概念的内涵和外延；题项内容应明确，避免含混不清、语意不清的措辞，避免一个题项中包含两个或两个以上的概念或事件；尽量避免题项内容用专有名词、双重否定句来表达，令被调查者费解；题项内容应避免社会禁忌等敏感性问题；应避免暗示和诱导，以免得到不准确的回答；项目内容不应超过被调者的认知水平和能力范围。

4.问卷测试

对于所设计的问卷，一般要进行预试和分析，特别是对于意见、态度和评价类型的题项，要进行严密的分析，剔除不合适的项目，反复修改，才有可能得到高质量的问卷。在预试时应当注意：预试对象应取自将来正式调查的对象，取样应具代表性；预试的测试方式应与正式调查方式相同；在指导语中或口头请求他们对问卷多方面予以分析批评；还要给预试的被调查者足够的时间用于思考和回答，以提出有价值的意见。

5.答案设置

对于封闭式问卷，可选择的答案要包括所有的可能性，防止被调查者找不到适合自己的答案；对于单项选择题，可供选择的答案不能有重叠的部分，防止出现被调查者认为有不止一个答案适合自己的情况，而多项选择题中可供选择的答案最好是完备的。

做一做

通过对经常到新零售平台购物的消费者群体的生鲜农产品购物习惯进行调查，为决策如何打通农产品供应链全链路数字化，反向推动农业基地确定性供应，实现订单农业打下基础。

微课1-1

实践案例：新零售背景下消费者对生鲜农产品的购买意愿调查

（一）调查问卷设计

根据量表与测量度对问卷进行设计，第一部分是对问卷目的介绍；第二部分是对答卷人员的基础信息进行采集，同时也对答卷人员对新零售平台的购物经验进行调查，以便对结果数据进行筛选；第三部分是参考成熟的量表设计问卷，采用李克特五级量表进行评估，其中1～5分别代表完全不符合、基本不符合、偶尔符合、基本符合与完全符合。为了确保问卷设计的合理性，选择身边的朋友和同学进行预调研，并根据具体的数据反馈对问卷进行了部分修改，最终确定终稿。

消费者对新零售平台生鲜商品的购买意愿问卷

您好！本问卷主要面向经常到新零售平台（如盒马鲜生等）购物的消费者群体展开。

问卷中的生鲜商品是指蔬菜、水果、肉、蛋、奶以及水产品等生活中的必需品，具有储存时间短、常态下容易腐烂变质的特质。新零售模式是一种将线上、线下和物流全面融合，运用大数据和人工智能等技术进行精准营销的新型的零售模式，典型的案例为阿里巴巴的盒马鲜生。问卷数据不涉及个人隐私并严格保密，问卷结果仅用于学术研究，请按实际情况填写，谢谢。

1.您的性别（　　）（单选）。

A.男　　　　　　　　　　B.女

2.您的年龄（　　）（单选）。

A.18岁以下　　　　　　　B.18～25岁　　　　　　　C.26～35岁

D.36～45岁 　　　　　　　　E.45岁以上

3.您的学历（　　）（单选）。

A.高中及以下 　　　　　　　B.专科 　　　　　　　　　C.本科

D.硕士 　　　　　　　　　　E.博士

4.您的月可支配收入（　　）（单选）。

A.1 500元以下 　　　　　　B.1 500～3 500元 　　　　C.3 501～5 000元

D.5 001～7 000元 　　　　　E.7 000元以上

5.您的职业（　　）（单选）。

A.全日制学生 　　　　　　　B.公司职员 　　　　　　　C.机关事业单位工作人员

D.自由职业者 　　　　　　　E.其他

6.您的生鲜商品购买频率（　　）（单选）。

A.每周一次 　　　　　　　　B.两周一次 　　　　　　　C.一月一次

D.半年一次 　　　　　　　　E.其他

7.您购买生鲜商品经常选择的渠道（　　）（多选）。

A.盒马鲜生等新零售平台 　　B.多多买菜等电商平台

C.当地大型连锁超市 　　　　D.当地大型农贸市场

（二）研究样本

问卷的发放通过线上和线下两个渠道进行。线上渠道使用问卷星进行问卷的发放，线下渠道主要选择山东青岛地区盒马鲜生业务覆盖的小区，如银座和谐广场小区、万科生态城小区等，确保了问卷的人群覆盖度。之后对回收的问卷进行了筛选，主要删除掉没有新零售购物经验、重复回答、前后矛盾等问题的答卷。共剔除问卷60余份，剩余有效问卷211份。

（三）描述性统计分析

本问卷所涉及的答卷人特征以及生鲜农产品购物习惯等，通过描述性统计分析结果见表1-1。

表1-1　　　　　　　　　　　　消费者基本情况

变量	类型	频数	百分比（%）
性别	男	124	58.77
	女	87	41.23
年龄	18岁以下	3	1.42
	18～25岁	11	5.21
	26～35岁	43	20.38
	36～45岁	90	42.65
	45岁以上	64	30.33

变量	类型	频数	百分比（%）
学历	高中及以下	16	7.58
	专科	35	16.59
	本科	91	43.13
	硕士	57	27.01
	博士	12	5.69
月可支配收入	1 500 元以下	10	4.74
	1 500～3 500 元	18	8.53
	3 501～5 000 元	25	11.85
	5 001～7 000 元	39	18.48
	7 000 元以上	119	56.4
职业	全日制学生	11	5.21
	公司职员	67	31.75
	机关事业单位工作人员	86	40.76
	自由职业者	29	13.74
	其他	18	8.53
生鲜农产品购买频率	每周一次	134	63.51
	两周一次	19	9
	一月一次	16	7.58
	半年一次	8	3.79
	其他	34	16.11
合计		211	100

　　从表 1-1 消费者基本情况可以看出，参与调查答卷的主要为本科以上的中产消费者，其中 36 岁以上年龄段占比 72.98%，本科以上学历占比 75.83%，月可支配收入 7 000 元以上的占比为 56.4%。主要职业为机关事业单位工作人员、公司职员以及自由职业者。这些和问卷的发放范围主要集中于青岛市的高校教师、校友群体以及中高档小区等有一定的关系。同时也说明，随着盒马鲜生在青岛开店速度的加快，新一线城市的中产消费者对新零售这种新型业态有了一定的认可度。从调查可知，当前消费者主要通过大型农贸市场（68.15%）、大型连锁超市（60.19%）以及盒马鲜生等新零售平台

（33.65%）购买生鲜农产品，每周购买一次的频数达到了63.51%。

　　案例说明：该案例从调查问卷设计入手，提供了《消费者对新零售平台生鲜商品的购买意愿问卷》的参考以及研究样本选择，在此基础上对收集的数据进行了描述性统计，旨在了解问卷设计的过程与具体的应用。

任务二　选择市场调查工具与数据分析方法

学一学

一、市场调查的主要工具

（一）市场调查工具

　　市场调查的主要工具包括访谈提纲、调查问卷、观察表以及互联网工具等。

1.访谈提纲

　　在访问调查前，要准备好详细的访问调查提纲，熟悉调查问题，并清楚如何将调查问题化为询问的问题，对本次访谈的主要目的、谈话步骤、谈话重点要预先准备好。

2.调查问卷

　　调查问卷是一种根据调查目的和要求，按照一定的理论假设设计出来的，由一系列问题（调查项目）及备选答案组成，向被调查者收集资料的一种工具。

3.观察表

　　应用观察法进行市场调查时，需要事先根据不同的观察对象设计出不同的观察表，在设计观察表之前必须明确调查目的。

4.互联网工具

　　这是指将问卷的设计、样本的抽取、具体的调查和数据处理等整个调查过程实现的方式。如设计好的调查问卷，可借助问卷星、腾讯问卷、调查派、问卷网等互联网问卷工具进行调查；行业发展情况可借助相关行业网站、行业报告进行调查；行业趋势可采用百度指数、360指数、巨量算数等相关指数工具进行调查；竞争对手数据可以通过店侦探或者竞争店铺页面信息等进行调查等。

（二）常用数据收集渠道

　　在明确市场调查与分析的目的后，就可以着手进行调查数据的收集，通常市场调查与分析的数据来源如下：

1.自家门店的信息管理系统

　　随着近年来市场的发展和数据分析技术的进步，众多新零售企业开始利用数据分析工具来分析客户关系和商品销售系统，或利用单品管理信息系统中内置的数据分析工具软件来对客户数据及销售数据进行处理和分析等。

2.互联网

在互联网高速发展的时代，网络上发布的数据越来越多，例如国家及地方统计网站、行业网站、政府机构网站、传媒网站等，从这些网站的数据中都可以得出与行业相关的动态。

3.行业市场调查

行业市场调查就是指用可实施的方法，有目的、系统地收集、整理有关市场营销的信息与资料，分析市场情况，了解市场现状及发展趋势，为市场预测和营销决策提供客观、正确的数据资料。行业市场调查可以弥补其他数据收集方式的不足，但是进行行业市场调查的缺点是调查所需要的费用较高，因此不太适合中小规模的店铺。市场调查常用的数据采集工具根据功能及适用不同，具体见表1-2。

表 1-2　　　　　　　　　　　　　　数据采集工具汇总表

数据采集工具	功能及适用
生意参谋、京东商智	店铺运营，产品的流量、交易、客户、服务，以及市场的趋势、规模、人群等数据
逐鹿工具箱	淘宝平台的市场行情、竞争等数据
店侦探	竞品、竞争店铺推广渠道，排名，销售等数据
火车采集器、八爪鱼、后羿采集器等	网页数据采集，如产品信息、价格、详情、用户评价等

二、市场调查中常用数据分析方法

（一）定性分析方法

定性分析方法是从事物的质的方面入手，利用经验判断、辩证思维、逻辑思维、创造性思维等思维方法对事物的本质属性进行判断和推理。

1.SWOT分析

外部环境中，通常将机会与威胁一起分析。威胁指的是环境中一种不利的发展趋势所形成的挑战，如果不采取果断的战略行为，这种不利趋势将导致企业的竞争地位受到削弱。机会就是对企业行为富有吸引力的领域，在这一领域中，该企业将拥有竞争优势。相对的，就是内部环境中的优势与劣势分析，是从整个价值链的每个环节上，将企业与竞争对手做详细的对比，如产品是否新颖，制造工艺是否复杂，销售渠道是否畅通，以及价格是否具有竞争性等，如图1-1所示。

2.PEST分析

对宏观环境因素作分析时，由于不同行业和企业有其自身特点和经营需要，分析的具体内容会有差异，但一般都应对政治、经济、社会、技术这四大类影响企业的主要外部环境因素进行分析，如图1-2所示。

内部环境

外部环境		优势（S）	劣势（W）
	机会（O）	SO战略：机会、优势组合（最大限度的发展）	WO战略：机会、劣势组合（利用机会、回避弱点）
	威胁（T）	ST战略：威胁、优势组合（利用优势、降低威胁）	WT战略：威胁、劣势组合（收缩、规避、合并）

图1-1　SWOT分析

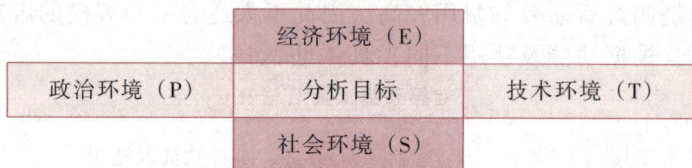

	经济环境（E）	
政治环境（P）	分析目标	技术环境（T）
	社会环境（S）	

图1-2　PEST分析

（1）政治环境：政治体制、经济体制、财政政策、税收政策、产业政策、投资政策等。

（2）经济环境：GDP及其增长率、进出口总额及其增长率、利率、汇率、通货膨胀率、消费价格指数、居民可支配收入、失业率、劳动生产率等。

（3）社会环境：人口规模、性别比例、年龄结构、生活方式、购买习惯、城市特点等。

（4）技术环境：折旧和报废速度、技术更新速度、技术传播速度、技术商品化速度等。

（二）定量分析方法

定量分析方法是从事物的数量方面入手，运用一定的统计分析方法进行对比研究，从而挖掘事物的本质特征和规律性，即从数据对比中得出分析结论和启示。

1.频数分析

（1）频数（Frequency）：指变量值在某个区间（或某个类别）中出现的次数。

（2）频率（Percent）：指各频数占总样本数的百分比。

（3）有效百分比（Valid Percent）：各频数占有效样本数的百分比，有效样本数为总样本与缺失样本数之差。

（4）累计百分比（Cumulative Percent）：各备份比逐级累加起来的结果，最终取值为100。

2.基本描述性统计

（1）描述集中趋势。

集中趋势是指一组数据向某中心值靠拢的倾向，是描述数据分布的一个重要特征。

① 均值（Mean）：又称平均数，是一组数据大小相互抵消的结果，可以看作数据集的重心。

② 中位数（Median）：是将变量取值按大小顺序排列后，处于中间位置的那个变量值。适用于定量变量，以及定性变量中的顺序变量取值的集中趋势测度。

③ 众数（Mode）：是指一组数据中出现次数最多的变量值，主要用于测度分类数据的集中趋势。

（2）描述离散程度。

离散程度是指一组数据远离其"中心值"的程度，也叫变异程度。

① 级差（Range）：是一组数据的最大值与最小值之差，也称全距。级差主要用于测度顺序数据和定量数据的离散趋势。

② 方差和标准差：方差（Variance）是一组数据与其均值离差平方的算术平均数；标准差（Standard deviation）是方差的平方根。方差、标准差是实际中应用最广泛的离散趋势度量值。

（3）描述分布形态。

① 偏态（Skewness）：是对数据分布对称性的测度。

② 峰度（Kurtosis）：是指数据分布的集中程度或分布曲线的尖峭程度。

3. 交叉分析

当观察的现象与两个因素有关时，如某种服装的销量受价格和居民收入的影响；某种产品的生产成本受原材料价格和产量的影响等。交叉列联表分析可以较好地反映出两个因素之样本数据，产生二维或多维交叉列联表；在交叉列联表的基础上，对两个变量间是否存在相关性进行检验。

4. 均值比较

在经济社会问题的研究过程中，常常需要比较现象之间的某些指标有无显著差异，特别是考察的样本容量比较大时，由随机变量的中心极限定理可知，样本均值近似地服从正态分布。所以，均值比较检验主要研究关于正态总体与均值有关的假设是否成立的问题。

5. 方差分析

市场现象往往受到众多因素的影响，比如，农作物的产量受种子的品种、施肥量、气候、地域等条件的影响，如果能够掌握在众多的影响因素中，哪些因素对农作物的产量起到了主要的、关键性的作用，就可以根据实际情况对这些关键因素加以控制。方差分析就是从观测变量的方差入手，研究诸多控制变量中哪些变量对观测变量有显著影响，以及对观测变量有显著影响的各个控制变量的不同水平以及各水平的交叉搭配是如何影响观测变量的一种分析方法。

6. 相关分析

客观现象总是普遍联系和相互依存的。客观现象之间的数量联系存在着不同的类型，一种是函数关系，另一种是相关关系。当一个或几个变量取一定的值时，另一个变量有确定值与之相对应，我们称这种关系为确定性的函数关系。当一个或几个相互联系的变量取一定数值时，与之相对应的另一变量的值虽然不确定，但它仍按某种规律在一定的范围内变化。变量间的这种相互关系，称为具有不确定性的相关关系。

7.聚类分析

统计中，聚类分析是将一批样本（或变量）数据根据其诸多特征，按照在性质上的亲疏程度（各变量值上的总体差异程度），在没有先验知识（没有事先指定的分类标准）的情况下进行自动分类，产生多个分类结果。聚类内部的个体在特征上具有相似性，不同类间个体特征的差异性大。例如，根据人均国内生产总值可将全国的城市聚类为发达城市、中间城市和欠发达城市。聚类分析中常用的方法有系统聚类法、K均值聚类法、动态聚类法、模糊聚类法等。

8.因子分析

因子分析是一种信息浓缩的分析方法，比如此例中有14项，此14项可以浓缩成几个关键词来描述，好比一个人说了14句话，事实上用4个词语直接描述即可。当然14句话最终用4个词语表示，那么肯定会丢失一些信息（方差解释率表达4个词语可以提取出14项的信息量），最核心的其实是找出对应关系，比如14句话可以和4个词语对应起来，这才是关键。

做一做

微课1-2

实践案例：
新零售岗位
胜任力特征
调查

近年来，随着我国新零售模式与业态的飞速发展，作为相对独立经营实体的新零售门店，人才是立于不败之地的关键因素，新零售岗位胜任力特征确定的具体思路如下：

（一）调查问卷设计与研究样本

第一，编写新零售岗位胜任力访谈提纲，对新零售企业的人力资源负责人、门店店长进行访谈，抽取关键行为特征组成初步的胜任力项目。第二，在国内知名招聘网站，搜索近年来有关新零售职位的岗位描述与招聘要求，最终确定胜任力项目。第三，编制调查问卷并进行调查，发放对象以新零售企业为主，正式问卷调查的样本为盒马鲜生、家家悦等新零售企业人力资源负责人、门店运营管理人员，收回有效问卷120份；同时为了更好地了解新零售相关专业的毕业生就业情况，在相关专业毕业生中进行问卷调查，共回收有效问卷167份。第四，运用SPSSAU软件对所得的调查数据分别进行描述性统计及主成分因子分析，最终确定新零售岗位胜任力特征，为开展新零售人才培养奠定了基础。

新零售岗位胜任力特征调查问卷

您好！

非常感谢您在百忙之中抽空配合我们的问卷调查！

目前，我们正在对新零售相关专业的办学效果进行调研，以期进一步改进和完善，促进教学改革的开展，更好地为新零售企业和社会服务。本次问卷调查的目的是：通过新零售门店店长（部门经理）岗位相关人员（包括店长、部门经理岗位任职者，上下级或者工作上联系紧密的人）对问卷中所列问题的回答，初步探索新零售门店店长（部门经理）取得出色的工作业绩所需要具备的关键技能及能力素质。本调查为无记名调查，对于您的回答，我们将严格保密。本次调查仅做研究之用，请您客观地回答下述问题。

非常感谢您的配合与支持！

姓名：　　　　　　　　　性别：　　　　　　　　就业单位：

1.您认为企业最欣赏拥有以下哪种素质的员工（　　）（多选）。

A.学习能力强　　　　　B.人际关系好　　　　　C.勤奋踏实

D.工作富有激情　　　　E.抗压能力强　　　　　F.执行力强

2.您认为学生在校期间应重点加强哪些方面的训练和学习（　　）（多选）。

A.职业素养　　　　　　B.办公技能　　　　　　C.专业知识

D.专业技能　　　　　　E.与人合作　　　　　　F.公关和礼仪

3.您认为在新零售企业中工作应重视的职业知识和岗位分布（　　）（多选）。

A.商圈分析与门店规划　　B.卖场布局设计　　　　C.商品陈列

D.品类管理　　　　　　E.市场调查与预测　　　　F.营销策划

G.顾客服务　　　　　　H.商品采购　　　　　　I.物流配送

J.信息管理系统操作　　　K.人力资源管理　　　　L.财务管理

M.数据分析　　　　　　N.英语应用　　　　　　O.经济法规知识

4.您认为刚毕业的学生在企业工作期间，遇到的主要问题是（　　）（多选）。

A.人际关系不好　　　　B.工作太苦　　　　　　C.领导不重视

D.师傅不积极　　　　　E.没发展机会　　　　　F.报酬太低

5.您喜欢的工作岗位主要有什么样的特点（请把下列特点按您认为的重要性从高到低进行排列，最高为1、其次2，依此类推）。

A.工资待遇高（　　）　　B.工作轻松（　　）　　C.工作环境好（　　）

D.发展潜力大（　　）　　E.上班时间规律（　　）

F.能学到的知识（技术）多（　　）　　　　　　G.人际关系融洽（　　）

6.您认为表1-3中所列的45项特征行为描述中哪些对于新零售门店店长（部门经理）岗位任职者取得出色绩效非常关键？请您对它们的重要性进行评价，并在相应的数字上打钩。1代表"非常不重要"，2代表"一般"，3代表"比较重要"，4代表"重要"，5代表"非常重要"。

表1-3　　　　　　　　　**新零售门店任职者45项特征行为描述**

编号	项目	特征行为描述	重要性评价
1	X1	跟踪店铺商品的补充和库存情况，致力于店铺商品管理的不断改进	1　2　3　4　5
2	X2	对本地市场及竞争情况进行调查和分析	1　2　3　4　5
3	X3	组织实施盘点、控管商品库存，满足顾客需求并管理库存周转	1　2　3　4　5
4	X4	对于门店货品管理、进货、退货、调整，做到及时准确到位	1　2　3　4　5
5	X5	负责监督所辖商品的价格，并组织人员对价格进行市场调研	1　2　3　4　5
6	X6	配送订单的异常处理及逆向操作跟进	1　2　3　4　5
7	X7	日常KPI指标跟进及向总部报备各类异常状况	1　2　3　4　5
8	X8	日常物资发放、统计和管理工作	1　2　3　4　5
9	X9	保持与客户的日常沟通，处理投诉，及时收集客户意见和建议并上报	1　2　3　4　5

续表

编号	项目	特征行为描述	重要性评价				
10	X10	规划所辖区域运力，对运力服务质量负责	1	2	3	4	5
11	X11	按公司的运营指示，领导店铺员工完成线上线下销售指标	1	2	3	4	5
12	X12	定期进行市场调查并回馈信息给相关部门	1	2	3	4	5
13	X13	线上与线下促销计划的落实、实施、执行与分析	1	2	3	4	5
14	X14	通过以商业化运作为中心以及优秀的客户服务尽可能扩大销售机会	1	2	3	4	5
15	X15	监督并且建立店铺销售目标、营销计划以及销售预算	1	2	3	4	5
16	X16	控制门店损耗、提高库存周转率、降低运营成本	1	2	3	4	5
17	X17	防范店铺风险、确保经营安全	1	2	3	4	5
18	X18	监督店铺内部环境，各项设备都能得到保养维护，达到公司的标准	1	2	3	4	5
19	X19	监督门店商品损耗管理，把握商品损耗尺度	1	2	3	4	5
20	X20	监督门店内外的清洁卫生，负责保卫、防火等作业管理	1	2	3	4	5
21	X21	确保每日、周、月财务正确性	1	2	3	4	5
22	X22	信息管理与基础会计报表分析	1	2	3	4	5
23	X23	负责店铺销售业绩提升、销售数据的统计分析	1	2	3	4	5
24	X24	根据公司目标建立并监管营销计划、预算以及成本控制并能优化利润	1	2	3	4	5
25	X25	控制店铺日常费用支出，监督员工合理使用包装品等	1	2	3	4	5
26	X26	协助各店与各部门沟通使顾客服务得到满足，运营顺畅	1	2	3	4	5
27	X27	适时回馈运营，收集与品牌经营相关信息，协助公司持续改进	1	2	3	4	5
28	X28	协调能力强，具有良好的沟通、承压及执行能力	1	2	3	4	5
29	X29	保持与顾客的沟通，了解客户需求，提高客户满意度	1	2	3	4	5
30	X30	带动及推动店员完成店铺运营目标，并倡导良好的工作氛围	1	2	3	4	5
31	X31	运营人力有效安排及实时指导、落实人员绩效评估及开发人员潜能	1	2	3	4	5
32	X32	较强的领导才能，能充分调动店员积极性、主动性，激发团队精神	1	2	3	4	5
33	X33	目标导向明确，有较强的销售能力，能带领团队完成销售指标	1	2	3	4	5
34	X34	有活力，诚实开朗，乐于奉献，有高度的工作责任心	1	2	3	4	5
35	X35	通过个人贡献、态度及领导力，起到良好的模范及激励作用	1	2	3	4	5
36	X36	严格执行业务流程操作并监督所辖各岗人员工作的规范性	1	2	3	4	5
37	X37	确保日常线上线下运营质量，维护并落实运营标准	1	2	3	4	5
38	X38	针对运营绩效提出可执行方案并追踪成效	1	2	3	4	5
39	X39	带领店铺员工完成销售、毛利、损耗及成本等各项指标	1	2	3	4	5
40	X40	公司政策、企划活动的贯彻与执行，定期向总部汇报工作进度和计划	1	2	3	4	5
41	X41	主动了解客户需求，引导及向顾客提供最佳服务	1	2	3	4	5
42	X42	注重店铺和员工的形象管理，确保服务质量及店铺内良好的购物环境	1	2	3	4	5
43	X43	积极处理店铺内所有顾客纠纷及投诉	1	2	3	4	5
44	X44	建立客户资料卡及客户档案，完成相关销售报表	1	2	3	4	5
45	X45	与客户建立良好的关系，以维护品牌和企业形象	1	2	3	4	5

（二）描述性统计

1. 用人单位体验方面

在企业最欣赏的员工选项方面，79.1%的用人单位管理者更青睐勤奋踏实的员工，74.6%的用人单位管理者更喜欢学习能力强的员工，73.1%的用人单位管理者喜欢执行力强的员工。虽然目前新零售技术水平不断提高，但在一定程度上仍然具有劳动密集型属性，所以大部分企业更为器重勤奋踏实、执行力强和学习能力强的员工。当然人际关系好、工作富有激情以及抗压能力强也是优秀员工必不可少的素质。

2. 毕业生体验方面

在缺少的能力方面，35.8%的毕业生选择了业务操作能力，这说明部分毕业生还没能更好地适应自己的技能岗位，而选择缺乏专业知识和人际沟通能力的毕业生分别占20.9%和23.9%。因此，专业知识、人际沟通能力以及业务操作能力的培养是职业院校在专业教学中应该特别重视的问题。

3. 毕业生整体素质方面

从企业问卷中可以看出，新零售人才培养规格应重点强调以下三个方面：第一是基本知识要求方面，要求毕业生掌握专业所必需的新零售门店运营管理、会计核算、商品学及电子商务等专业知识；第二是职业素质要求方面，要求毕业生具有良好的职业道德，正确的经营思想、经营理念和服务意识；第三是核心技能要求方面，要求毕业生具备市场调查、预测与决策能力，掌握新零售门店各岗位操作的基本工作流程，掌握新零售企业采购管理、物流配送管理、管理信息系统、人力资源管理等相关的管理流程，掌握电子商务基础知识与数据分析技能。从调查结果来看，专业技能、与人合作、公关和礼仪、办公技能、专业知识和职业素养，都是毕业生认为的在校重点学习内容，占比分别为65.7%、61.2%、56.7%、53.7%、49.3%与46.3%。

4. 职业发展轨迹方面

在工作中应重视的职业知识和岗位分布方面，占样本比例较高的选项分别是：卖场布局设计、营销策划、商圈分析与门店规划、数据分析、物流配送、顾客服务、品类管理和商品采购，分别占71.6%、65.7%、65.7%、56.7%、55.2%、55.2%、49.3%和44.8%。较低的选项分别为信息管理系统操作、财务管理、人力资源管理、商品陈列、经济法规知识和英语应用，分别占35.8%、35.8%、29.9%、28.4%、25.4%和17.9%。以上结果比较符合新零售岗位所要求的职业能力及主要职业发展轨迹。

5. 毕业生就业能力方面

在毕业生就业能力分析上，依照选项按重要性分别进行赋值，按学生期望的先后进行排序，得到排序结果为发展潜力、能学到的知识（技术）、人际关系融洽、工资待遇高、工作环境好、上班时间规律和工作轻松。从该结果可以看出，毕业生在工作期望上，对工作轻松的期待并不是很高，对工资待遇的要求也不是很高，但把期望的重点放在了发展潜力大和能学到的知识（技术）多等方面。这个结果可以反映出毕业生好学上进的心态，说明毕业生心态稳定，期待在未来的工作中学会更多的知识，能有更大的发展空间。

（三）因子命名与主要特征条目的对应关系

对调查所得数据应用SPSSAU统计软件进行因子分析，在KMO统计（KMO统计量为0.886）和巴特利特球形检验（P<0.001）通过的基础上，通过主成分因子分析提取出8个主要因子，累积方差解释率为95.815%，即问卷中的32项胜任力特征行为条目所代表的新商科岗位胜任力总体特征的95.815%可以用这8个核心胜任力因子来进行说明。8个主要因子分别是：商品管理能力因子、配送服务能力因子、商品推广能力因子、数据信息管理因子、沟通能力因子、团队合作精神因子、执行能力因子、顾客服务意识因子，具体的因子命名与主要特征条目的对应关系见表1-4。

表1-4　　　　　　　　　因子命名与主要特征条目的对应关系

重要因子	胜任力特征条目
商品管理能力因子	商品库存管理、市场调查和分析、商品进销存管理、商品价格管理
配送服务能力因子	订单异常处理、客户意见收集、区域运力规划、运力服务质量管理
商品推广能力因子	销售预算管理、营销计划管理、营销推广实施管理、营销推广绩效管理
数据信息管理因子	运营系统信息管理、会计报表解读、销售数据分析、预算以及成本控制
沟通能力因子	部门沟通、运营沟通、顾客沟通、员工沟通
团队合作精神因子	目标导向管理、运营人力有效安排、员工积极性调动、工作责任心激励
执行能力因子	运营计划执行、业务流程规范性、运营标准落实、运营绩效评估
顾客服务意识因子	客户需求调研、顾客投诉处理、客户档案维护、企业形象维护

案例说明：该案例从调查问卷设计与研究样本入手，提供了《新零售岗位胜任力特征调查问卷》的参考，在此基础上对收集的数据进行了描述性统计和因子分析，为学习描述性统计的关注重点以及因子分析法的应用奠定基础。

任务三　撰写市场调查报告

学一学

一、市场调查报告基本格式

（一）封面

封面包括调查报告的标题、调查人员的姓名及所属单位或调查公司、完成和呈报报告的日期等。

（二）目录

如果报告内容较长，需要编制目录。

（三）摘要

摘要是对本次调查情况的简介。

（四）正文

正文包括调查目的、方法、步骤、样本的分布情况、调查问卷的内容、统计方法及数据、调查结果、结论及意见建议等。

（五）附录

附录包括用来论证、说明或进一步阐述正文有关情况的补充或扩充资料。

二、调查报告的撰写注意事项

（一）标题

单行标题可由调查对象、调查内容（范围）构成，如"西安花卉在国内外市场地位的调查"；也可以直接揭示调查结论，如"合江荔枝在成都市场畅销"；或提出问题，如"鸡胸肉为何如此受减肥人士喜欢"。

（二）开头部分

开头的形式一般有：开门见山，揭示主题；结论先行，逐步论证；交代情况，逐层分析；提出问题，引入正题。

（三）论述部分

论述部分是调查报告的核心部分，决定着整个调查报告质量的高低和作用的大小。这一部分着重依据调查了解到的事实分析和说明调查对象的发生、发展和变化过程，调查的结果及存在的问题，提出具体的意见和建议。

1.基本情况部分

先对调查数据资料及背景资料做客观的说明，然后再阐述对情况的看法、观点或分析；提出问题、分析问题，找出解决问题的办法；先肯定事物的一个方面，再由肯定的一面引申出分析部分，再由分析部分引出结论，循序渐进。

2.分析部分

原因分析，这是对问题的基本成因进行分析；利弊分析，这是对事物在市场活动中所处的地位和起到的作用进行利弊分析等；预测分析，这是对事物的发展趋势和发展规律做出的分析。

3.结尾部分

概括全文，经过层层剖析后，综合说明调查报告的主要观点，深入文章的主题；在对真实资料进行深入细致的科学分析的基础上，得出报告结论；通过分析，形成对事物的看法，在此基础上提出建议和可行性方案；展望未来，说明意义，通过调查分析展望未来前景。

◼ 做一做

微课1-3

实践案例：零售门店数字化赋能与人才培养

当前，随着零售行业发展格局的多样化，数字化转型成为零售门店运营水平的竞争拐点，服务全链路沉淀下的消费者数据资产将是零售门店最重要财富之一，可帮助管理者获得新的可持续发展动力。构建科学的零售门店数字技术方案体系，提升管理者数字化运营能力，包括数据获取的能力以及数据分析的能力，并进一步通过人工智能、边缘计算等零售新科技手段，指导零售门店的决策与执行。作为零售门店运营管理人才培养主力军的高职院校，在新零售相关专业人才培养定位中应对学生数智化运营能力的培养给予充分的重视。本研究报告以零售门店数字化转型为切入点，引出数字化门店所必备的要素，在帮助零售门店构建高效能的管理体系的同时，为适应零售新模式、新业态创新发展的需要，探讨如何进行电子商务、连锁经营与管理、市场营销等新零售相关专业学生的培养，以满足数字化转型背景下零售门店对数据分析和人工智能应用人才的迫切需求。

1. 零售行业数字化认知与分析模型

适应中国市场的零售门店数字化管理5P模型，即用户互动（People）、员工赋能（Personnel）、供应链高效（Process）、商品展现（Product）和设施完备（Premise）。

用户互动关注消费者交互数字化场景，提升用户体验；员工赋能关注零售企业内部员工数字化赋能，提升操作效率；供应链高效关注商品流转数字化，提升商品周转效率；商品展现关注商品展示的数字化赋能，提升商品动销；设施完备关注门店设施数字化应用，提升全面性。另有四项驱动力将促进各类数字化场景不断迭代，即零售业态创新发展、企业蓝图协同一致、零售生态开放合作和数字技术领先升级。零售门店数字技术关联图如图1-3所示。

2. 零售门店数字化应用趋势

整体零售门店数字技术方案（如图1-4所示）围绕5P场景展开，旨在建立以业务需求为导向、以门店设备为抓手、以边缘计算为赋能的蓝图。

从5P数字化场景（如图1-5所示）角度来看，零售各业态也有着各自不同的关注点。在用户互动领域，零售各业态均重视用户互动数字化场景，其中百货与购物中心及专业店更关注导购管理与用户体验互动；在员工赋能领域，零售各业态中超市、百货与购物中心应用场景更多元，便利店和专业店聚焦在员工管理相关场景；在供应链高效领域，数字化场景广泛应用于各业态，基于各业态到家业务模式的不同，相关场景有一定差异；在商品展现领域，除百货特有的商户规划和超市特有的门店布局执行与商品上架测试等场景外，各数字化场景广泛应用于超市、便利店与专业店业态；在设施完备领域，不同零售业态建筑空间决定了相关设施管理数字化场景的不同应用，如自助结算、AI防损、停车管理等。

零售业态				零售企业数字化应用蓝图			零售生态	
超市	便利店	百货购物中心	专业店	前台	中台	后台	供应商	合作伙伴

创新：业态发展促进场景迭代　　协同：企业蓝图促进场景迭代　　开放：生态合作促进场景迭代

零售门店数字化场景

用户互动（People）	员工赋能（Personnel）	供应链高效（Process）	商品展现（Product）	设施完备（Premise）
用户触达	员工行为管理	采购计划/销售预测	门店布局与动线管理	门店资产运维管理
精准营销	员工优化与排班	库存管理	货架陈列执行	能耗管理
会员管理	灵活用工	货架缺货补货管理	促销与价格标签管理	触点管理
营销评估	员工发展	前置仓履约	理货管理	餐饮区管理
售后投诉		全渠道履约	巡店与门店审计执行	安全管理
增值服务			商品上架 A/B 测试	防损管理
导购管理			商户规划管理	收银结算管理
用户体验互动				Wi-Fi/网络热点管理
				环境氛围管理
				停车管理
				物业管理

领先：技术进步促进场景迭代

零售门店数字技术

大数据	云计算	人工智能	物联网	边缘计算	5G

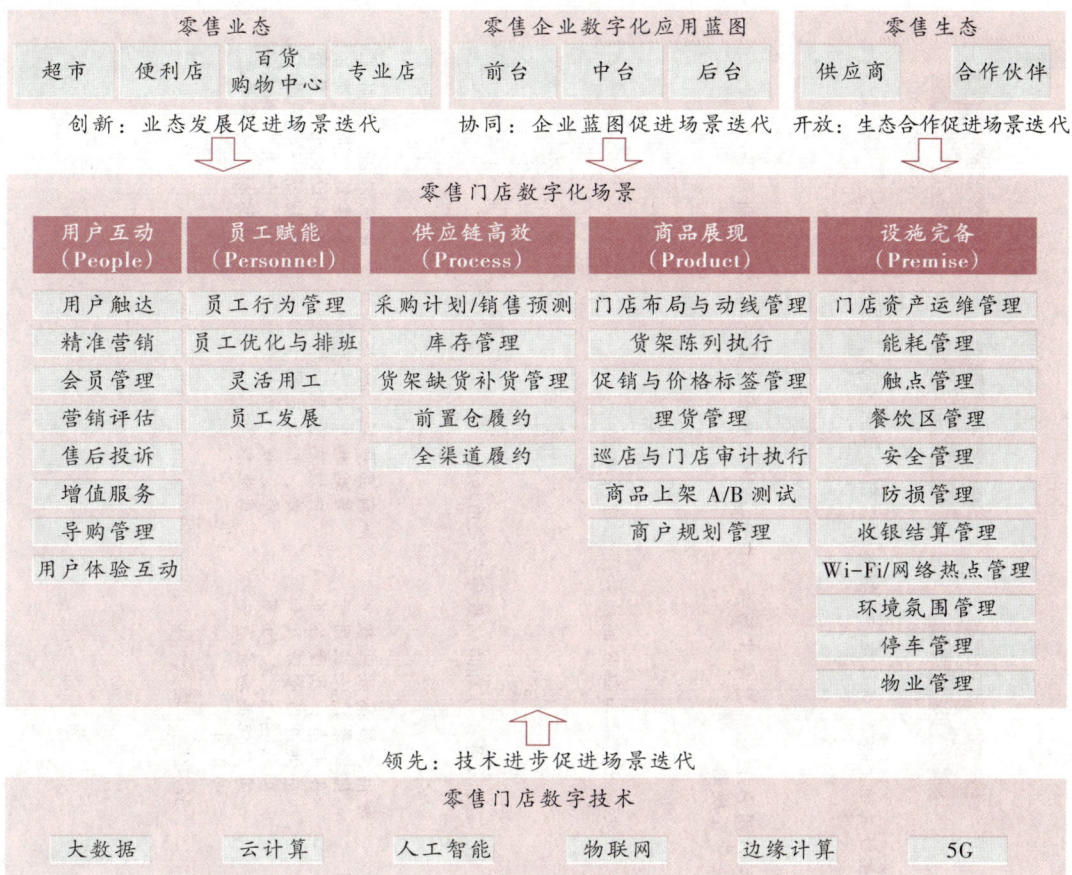

图1-3　零售门店数字化管理5P模型

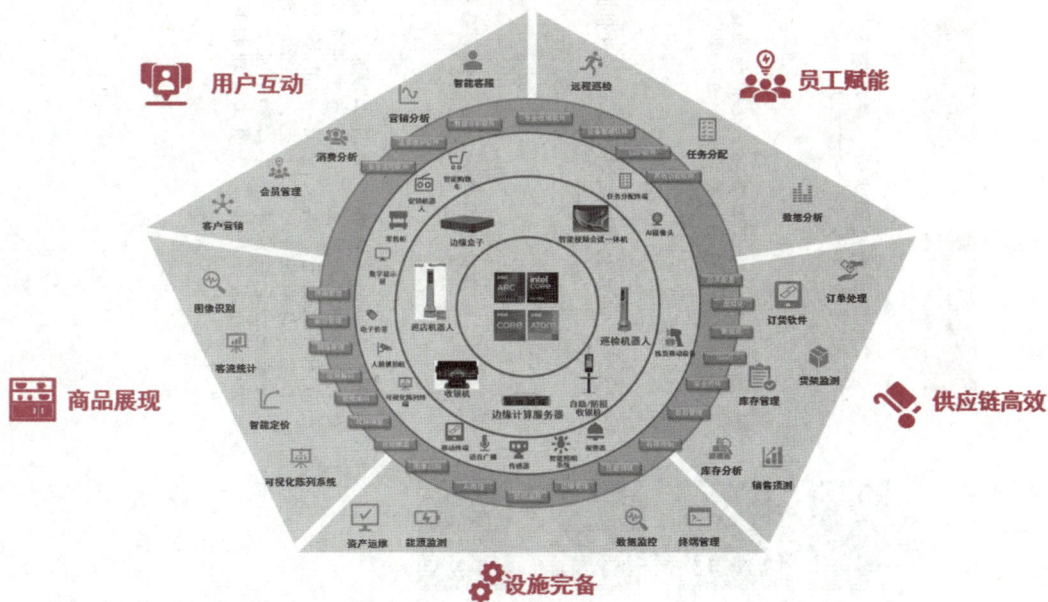

图1-4　零售门店数字技术方案

用户互动（People） 员工赋能（Personnel） 供应链高效（Process） 商品展现（Product） 设施完备（Premise）

超市
百货与购物中心
便利店
专业店

▲ 提升全面能力，实现降本增效：相较其他业态，商超在5P各领域数字化需求未全面，关注领先数字技术和升级解决方案，潜力巨大

▲ 注重顾客互动，优化物业运营：关注用户/设施端数字化场景，由于其物业运营商业务特征，个别商品/员工/供应链端数字化场景未纳入整体数字应用

▲ 匹配即时商品，打造高效供应链：重点关注商品与供应链端端数字化应用场景

▲ 焕新顾客体验，主动化商品展现：重点关注用户与商品端端数字化应用场景

▲ 用户互动：零售各业态均重视用户互动数字化场景，及其中百货专业店中心更关注用户体验及购物与店店专业店购物管理与购物互动

▲ 员工赋能：零售各业态应用场景中，超市及便利店中应用场景多无，百货专业店中心和专业店聚焦于员工管理相关场景

▲ 供应链高效：数字化应用于各业态各业态供应链管理及业务模式，家业务场景的不同，相关场景有一定差异

▲ 商品展现：除百货与购物中心特有商户规划管理应用于专业店与便利店专业外，广泛应用于超市、便利店业态

▲ 设施完备：不同业态定了不同决策空间相关设施建筑场景数字化管理的不同结算应用，如自助结算、停车管理、AI防损等

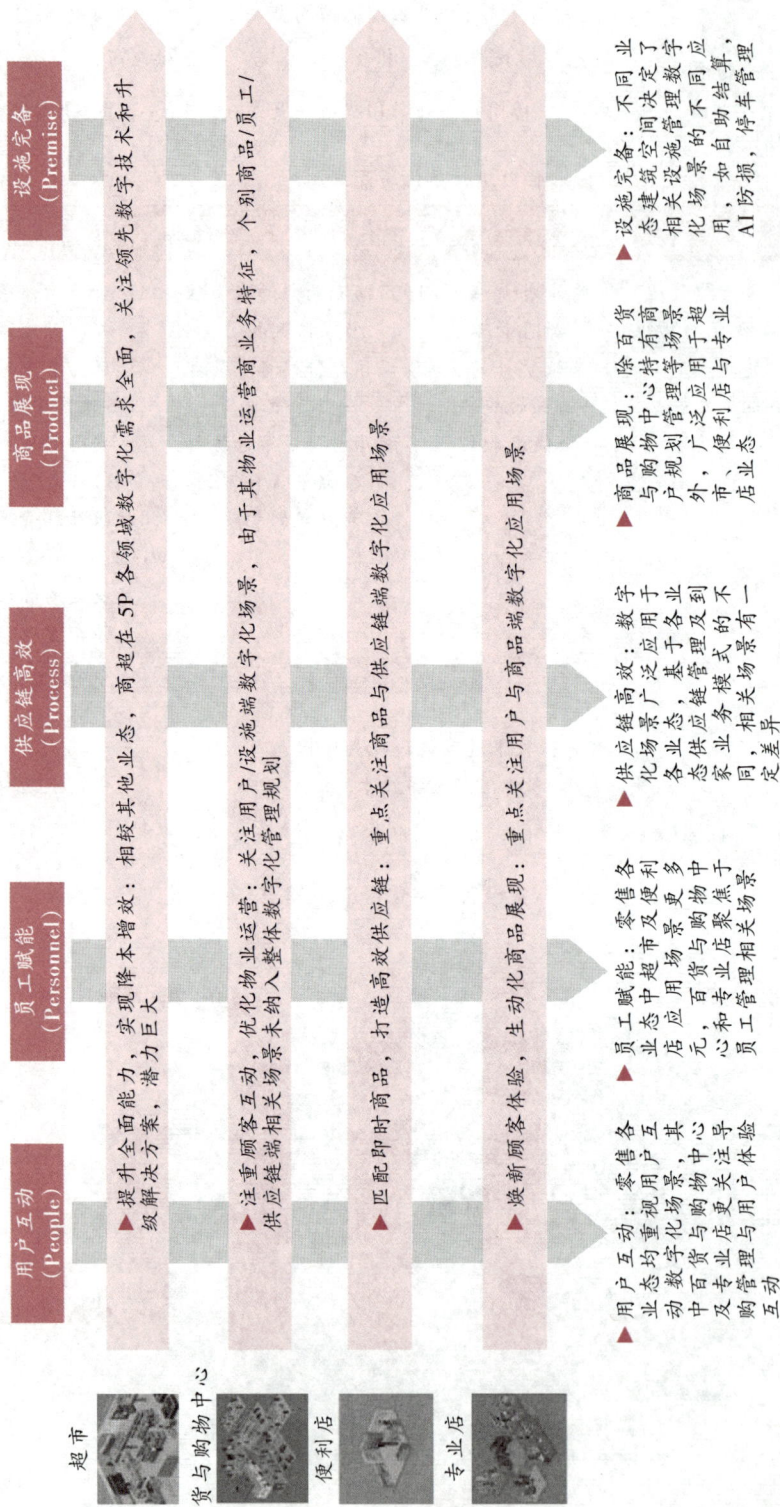

图1-5 5P数字化场景

3.零售细分业态数字化转型管理思路

（1）超市

传统超市行业面临三大核心挑战，即到店消费客群持续流失、商品差异竞争逐步缺失和门店运营成本不断增长。面对挑战，超市企业数字化转型将重点关注"从流量到留量"的用户运营提升和基于数字化手段的门店效率提升。

（2）百货与购物中心

中国商业地产处于"从有到优"的转型过程中，百货与购物中心数量众多但同质化严重，面临业态同质化严重和精细化运营不足两大核心挑战。面对挑战，百货与购物中心企业数字化转型将重点关注业态创新破局和卓越运营提升。

（3）便利店

我国便利店行业稳健增长，对比发达国家便利店覆盖率，有可观的市场潜力尚待挖掘。面对国内市场环境，便利店企业易形成"连而不锁"的局面，并面临两大核心挑战，即运营成本和服务体验差异化。便利店企业数字化转型将重点关注门店一线操作及管理赋能和门店标准化与精细化结合提升。

（4）专业店

相比大而全的综合零售业态，专业店依赖于专业的用户服务与精深的产品供应，在"专业产品、深度服务"的发展过程中面临两项核心挑战，即消费者体验尚存升级空间和商品端效率有待持续提升。面对挑战，专业店企业数字化转型将重点关注消费者体验促销售与商品端效率增收益。

4.零售门店数字化转型管理思路

零售门店数字化的成功来源于数字化对业务降本增效的实质性提升。中国连锁经营协会提出的"基于门店价值创造的评估六步法"（如图1-6所示）可以帮助零售企业提升业绩。

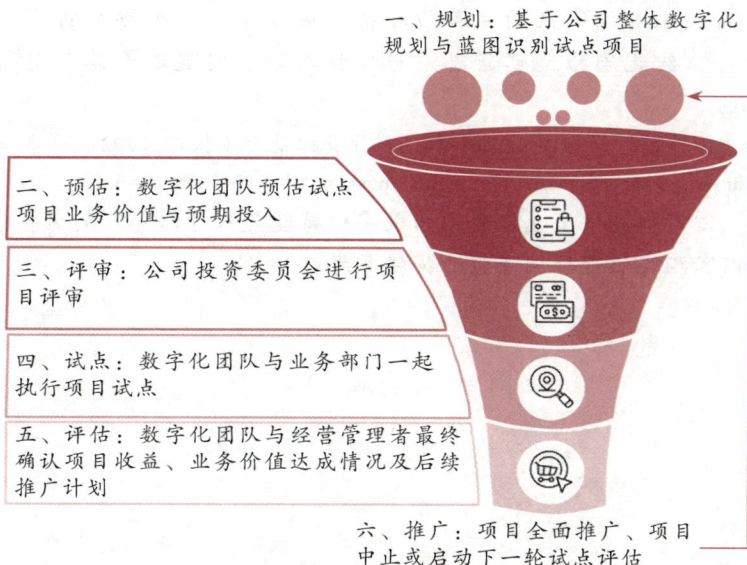

一、规划：基于公司整体数字化规划与蓝图识别试点项目

二、预估：数字化团队预估试点项目业务价值与预期投入

三、评审：公司投资委员会进行项目评审

四、试点：数字化团队与业务部门一起执行项目试点

五、评估：数字化团队与经营管理者最终确认项目收益、业务价值达成情况及后续推广计划

六、推广：项目全面推广、项目中止或启动下一轮试点评估

图1-6　基于门店价值创造的评估六步法

按照 AI 应用的深浅程度，零售商可划分为三个阵营：初级应用者、深度使用者、科技转型者。目前，绝大多数零售商都处于初级应用者阵营，利用第三方平台做些文本、图片和视频之类。深度使用者会利用机器学习、人工智能等工具建模，形成算法，在某些业务环节替代人工，如呼叫中心、销售预测和订货、智能排班甚至门店选址等。有的企业自建团队，自行开发，有的则采取内外结合的方式。例如，银泰作为本土百货业态的头部品牌，数字化和 AI 布局在零售业是领先的，这与银泰结缘阿里巴巴存在一定的关联。2023 年，银泰经营着 59 个百货店和购物中心，销售额达到 315 亿元，其中线上销售占 25%。出色的业绩表现，在一定程度上也得益于数字化和 AI 的深度应用。

结论

随着数字化浪潮的不断推进，零售行业正经历着一场深刻变革，AI、边缘计算、云计算、数字孪生等技术在人们看不见的地方正在与零售业深度融合。然而，对于众多中小企业，尤其是区域性零售企业而言，如何有效利用这些先进技术，实现业务增长和效率提升，仍然是一个亟待解决的问题。

高等院校作为新零售运营管理人才培养的主阵地，根据岗位需求，应重点考虑如何满足数字化转型背景下对零售门店数智化运营专业人才的需求。通过对零售门店数智化运营人才素质进行分析可知，设计新零售数智化运营"全链路"项目化教学的目标，应该根据零售门店数智化运营的真实技术和流程构建项目化教学内容、实训项目全景课程包和产教融合育人环境，实现专业链与产业链、课程内容与职业标准、教学过程与生产过程的对接；结合零售门店数智化运营"AI+数据"赋能业务、流程、产品以及决策的"全链路"，设计包括运营数据来源、运营指标体系与运营项目化教学内容等多层次多项目的项目化教学内容谱系图（如图 1-7 所示），通过教学改革来应对人工智能带来的变革与冲击，培养学生的数据分析技能和人工智能应用能力，锻炼系统化思维、创新思维与工程思维，实现培养复合型高素质技术技能型人才的目的。

资料来源：中国连锁经营协会.《零售门店数字化赋能专项报告（2024 年）》发布［EB/OL］.［2024-03-15］. http://www.ccfa.org.cn/portal/cn/xiangxi.jsp?id=445470&type=33.

案例说明：该案例提供了《零售门店数字化赋能与人才培养》的调查报告模板，为如何撰写一份内容翔实的市场调查报告提供参考。

AI+数据赋能

AI+数据赋能业务	AI+数据赋能流程	AI+数据赋能产品	AI+数据赋能决策

全链路运营项目化教学内容

- **平台销售运营**：全平台运营分析／单平台运营分析；**店铺销售运营**：店铺运营总览
- **推广投放运营**：全平台推广分析／淘系平台推广分析／京东平台推广分析／抖音平台推广分析；推广拉新分析
- **直播运营**：直播运营总览／直播效果分析／直播达人分析／自播竞品分析
- **商品分析**：商品运营总览／商品品类分析／爆品/衡品分析／商品价格带品分析
- **供应链分析**：商品库存预警／商品滞销分析／供应商采购分析／库存监控
- **会员运营**：用户复购分析／会员整体监控／会员拉新分析／会员人群分析
- **活动分析**：活动效果监控／历史活动总览／活动对比分析／大促竞品分类
- **市场分析**：市场大盘分析／品牌定位分析／品牌竞争分析／市场关键词分析／爆品波士顿矩阵分析
- **客服分析**：客服考核指标／客服服务表现
- **财务分析**：电商财务对账／利润成本/费用分析

全链路运营指标体系

- 销售额／销售目标／销售达成率／毛利率／订单数／客单价／退货数量
- 流量/流量转化率／推广费用／信息营销费用／信息费用占比／ROI／收藏加购成本
- 销售目标达成／销量／PV/UV／新客数／客单价
- 品类目标完成／毛利率(毛利率)／品类增长贡献／单品增长率／新品SKU/新品占比
- 采购量／采购金额／采购价格／成本价／订单数／入库量出库量
- 会员数／新增会员数／复购会员数／会员价值／会员类别／客户增长数
- 销售目标达成／支付转化率／购买天人数访问客数／达成目标／加购/加购率
- 销售额／成交均价／销量／市场占有率／增长率
- 通话时长／报价量／通话数量／接通率／售后单率／利润成本/费用

全链路运营数据来源

- **电商平台**：天猫／小红书／淘宝／京东／快手／抖音
- **业务系统**：ERP／OMS／OMS／OA／WMS／HR
- **RPA+API抓取**：分类数据汇总／商品维度／订单数据／库存维度／售后维度／店铺维度／……
- **DM层／DW层**：ADS_BI 自助数据集

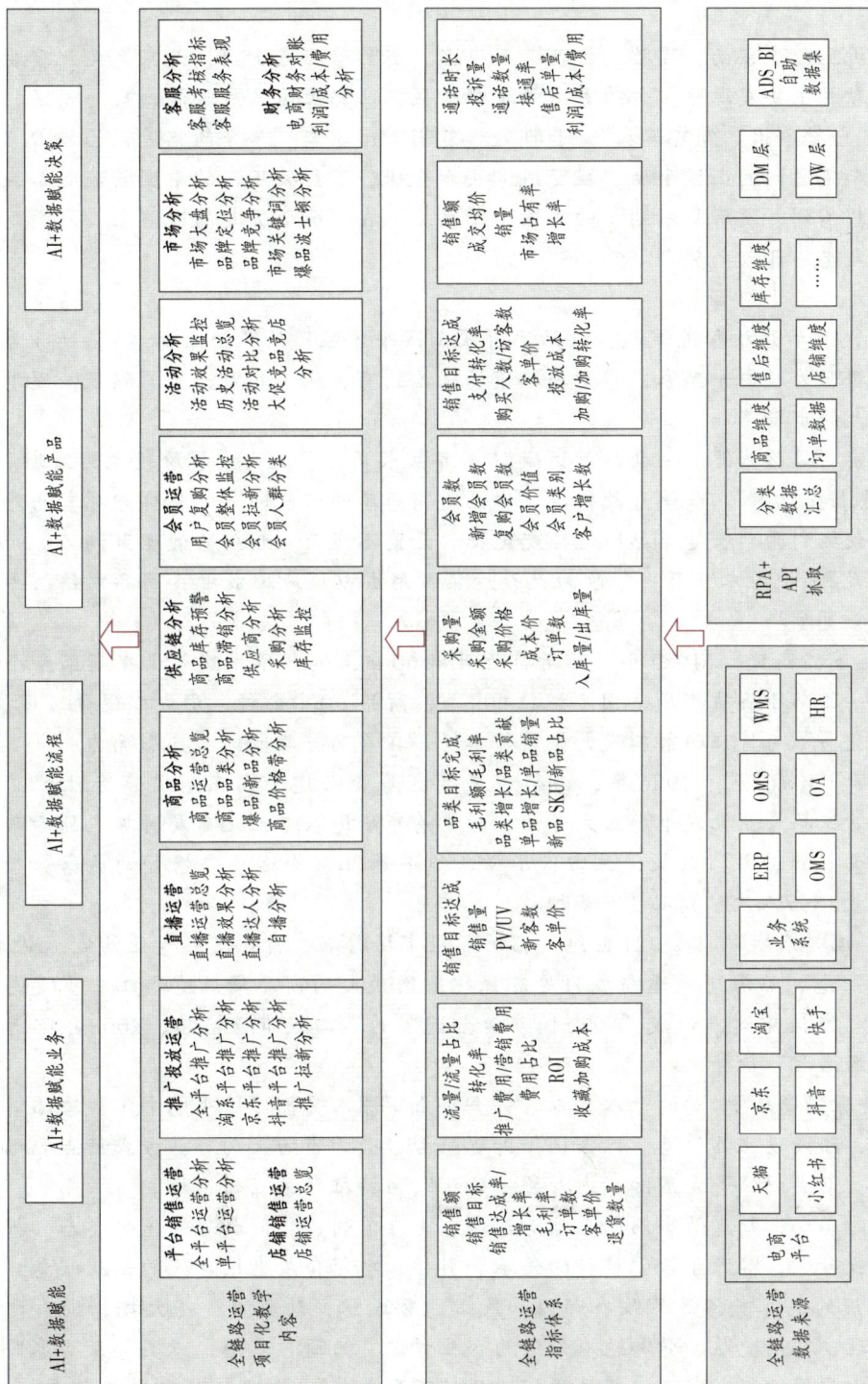

图1-7　新零售数智化运营项目教学内容谱系图

润心启航 | 临沂：从"舟车不通"到"货行天下"

山东临沂地处鲁东南，因临"沂河"而得名，史称琅琊或沂州，是东夷文化重要发祥地、沂蒙精神主要发源地。作为著名的革命老区，历史上这里底子薄、交通闭塞、自然条件差，"内货不出、外货不入"，长期处于贫困封闭状态。如今的临沂，已经由"四塞之崮、舟车不通"的山区小城，蝶变成"买卖全球、货行天下"的中国物流之都，崛起为"只有想不到、没有买不到"的中国市场名城。在这蝶变崛起的道路上，写满改革之力、奋进之志、开放之势。

以改革之力，建中国大集

1978年，改革开放春风乍起，激活了沂蒙山区个体经商的"一池春水"。勤劳勇敢的临沂人顺势而为、白手起家，推动马路市场从无到有、从小到大、从弱到强，逐步打造成全国最大的市场集群。

春华秋实，筚路蓝缕。细数临沂商城40多年成长历程，五个发展阶段尤为清晰。

"马路边上摆地摊"。改革开放初期，城区走街串巷的"货郎"、"见样学样"的外地商人，陆续聚拢到西郊长途车站附近摆起地摊。无商不成市，政府的管理做到"管而不死、活而不乱"，把原本五天一集改为天天逢集，形成以"地摊成堆、商品内销"为特征的第一代集贸市场。

"大棚底下搞商贸"。1982年，临沂就近开辟60亩土地，率先建起山东省第一个小商品市场——西郊小百货市场，固定摊位600个，商品1 000余种，形成以现金、现货、现场"三现交易"为特征的第二代大棚集贸市场，在鲁南苏北地区初具影响力。

"千家万户兴市场"。1986年，由街道居委会筹资兴建的山东省首家专业批发市场——临沂纺织品专业批发市场正式开业，标志着市场进入专业化布局时期。随后政府出台"谁投资、谁受益"政策，兰田、华强、华丰等20多个专业市场如雨后春笋般兴起，日客流量15万人次、商品3万多种。

"买卖全国起名城"。进入21世纪，临沂顺应市场需求，引导发展专业物流、电商、会展等新兴业态，临沂商城逐渐成为鲁苏豫皖地区最大的商品集散地和江北重要的人流、物流、信息流中心，形成"买全国、卖全国"的第四代市场格局，2008年临沂荣获"中国市场名城"称号。

"放眼全球强商城"。党的十八大以来，全市上下深入贯彻习近平总书记视察临沂重要指示精神，陆续设立临沂港、综保区等外贸平台，叠加市场采购贸易方式试点、跨境电商等政策，形成以"走向国际、内外贸一体化"为特征的第五代市场。

明者因时而变，知者随事而制。临沂商城以走在前列、勇闯新路的先行姿态，推动专业市场迭代升级，既源于沂蒙精神的传承和引领，也蕴含着老区人民的创业智慧，凝聚着党委政府的包容支持。从政府部门知民心、顺民意，改集市、建大棚，到多元建设、统一管理、共同受益，党和政府始终为企业考虑、为商户着想，以实际亲商惠民行动诠释着"党群同心"新实践。坚持用好政府"有形之手"，放开市场"灵活之手"，推动城市围绕市场建、产业围绕市场办，出台26条措施，每年拿出8 000万元专项资金支持商城转型升级，直接提供就业岗位20多万个，提升了人气、激发了活力。

40多年间，临沂商城跃阶升级，已建成专业批发市场136处，数量居全国地级市第一，经营商品27大类、600多万个品种，每天有千余款新品上市、30万人洽谈生意，日交易额达到18亿元，在中国商贸版图上形成"南有义乌，北有临沂"的发展格局，使临沂成为山东对接长三角的"桥头堡"、全国统一大市场建设的重要战略支点。

以奋进之志，兴物流之都

物流"跑得快"，市场活力足。市场支撑物流，物流托举市场，临沂商城的成长过程既是一部市场崛起史，也是一部物流拓展史。

早在20世纪80年代，临沂的物流市场还是仅有"一张桌子、一部电话"的配货市场，货物运输主要靠长途客车托运。到1990年，临沂建成专为西郊批发市场服务的首家民办客运站后，临沂物流开始由城乡客运载货向专业物流园区、干线物流配载发展。2011年，临沂被授予"中国物流之都"称号。转型升级跨越发展，把脉定向至为关键。2013年11月，习近平总书记在临沂商城视察时指出："临沂物流搞得很好，要继续努力，与时俱进，不断探索，多元发展，向现代物流迈进，你们的事业大有可为。"殷殷嘱托，厚望如山。千万老区人民始终牢记，感恩奋进，物流格局加快重塑，"多元智能"功能提速，"货行天下"梦想开启。

"强核"牵引物流能级之变。2023年，一座"航母"式现代物流城拔地而起，老城区32家传统物流园区"退城西迁"，1 653家物流企业搬迁入驻。这座规划面积176平方千米的"硬核式"现代物流城，按照一年"成形成势成城"要求和"布局集中、功能集成、资源集约"原则，在国际陆港片区建设公路、铁路物流枢纽和快递分拨中心"两枢纽一中心"，配套临沂商谷、产业基地、滨水宜居三个片区，打造成"园线互通、仓配一体、降本增效"的物流枢纽先行区，使发货成本降低20%，作业效率提升20%以上，实现了当年建成、当年搬迁、当年达效的目标，以及集约化、数智化、绿色化的全面转型。

围绕"缺什么就补什么，弱什么就强什么"，持续挖潜力、补短板、聚优势，推动物流多式联运、高效直达。2018年10月，满载建材、轮胎、冰箱的首列临沂"齐鲁号"中欧班列，从临沂济铁物流园驶向莫斯科，填补了临沂铁路货运直达出关的空白。2024年开通4条TIR国际公路运输线路，运输规模居全国第5，实现中国至吉、乌、俄、白俄"一单制""点对点"的"万里跨国送货"。

现代物流，"数网"赋能。目前，Chinamarket数字商贸综合服务平台1.0版上线运营，入驻商家达500余家，归集商品3万种；"沂链通"票据平台直连上海票交所，供票发生额、服务企业数量分别列全国第5、第7位；临沂商贸物流大数据中心接入专线物流企业1 200家、车辆2万多台，带动商城产品出口190多个国家和地区，用数据"一张网"撑起了临沂"大物流"。

万物涌流，澎湃新生。蓬勃发展的临沂商贸物流业，构筑了区域发展的重要引擎，其直接、间接创造的地区生产总值占全市的16.9%，对经济增长贡献率达到28%，全市有20个制造业集群是在商城相关专业批发市场的引导下产生的，约60%的规模以上工业企业原始资本积累来源于临沂商城，实现了"建一个商城，带一批产业，富一方百姓，兴一座城市"。

以开放之势，做世界超市

风从海上来，波向沂河生。新时代的全球化大潮，将临沂商城推向国际贸易的"新蓝海"，商城国际化迈出铿锵步伐，走出了一条内陆城市独特的对外开放之路。

"走出去"海阔天空。临沂每年开展"百团千企"拓市场行动，2024年组织2 000多家企业"抱团出海"，到哈萨克斯坦、阿拉伯联合酋长国等20余个国家和地区促展销、抢订单，对接采购商9万余人次，意向成交额达61亿元。

"请进来"山高水长。临沂举办国际采购商活动30场、接待外宾外商3.1万人次，架起与世界交流合作的桥梁。2024年10月的一场盛会，让临沂再次与世界紧紧相拥，在共建"一带一路"第二届临沂商城国际采购商大会上，63个国家和地区的1 344名国际商协会代表和采购商云集临沂，签约44个项目，设立39处国际采购商服务中心和办事处，推动临沂商城向"世界超市""全球大集"迈进。

临沂商城融入全球是"一根扁担挑两头"，"扁担"是货行天下的临沂国际物流大通道，"内头"是市内"集聚集成"的外贸经营主体，"外头"是沿"一带一路"布局的海外商城。外贸主体是商城进出口最活跃的因素，临沂先后组织阿里巴巴国际站暨临沂商城新商家培训会、亚马逊临沂产业带高质量出海论坛等系列活动，累计发展外贸企业1.5万家，招引锦澜国际、优一速递等外贸综合服务企业，培育新明辉等规模过亿元的垂直电商平台20家，阿里巴巴国际站临沂注册商铺位居全国地级市第一，快手、抖音等平台交易额均居山东省第一，形成大型外贸企业顶天立地、中小外贸主体铺天盖地、头部电商企业枝繁叶茂的态势。立足打造"不落幕的展会"，共建设40处海外商城、海外仓，重点开展商品展示、仓储物流、批发零售等业务，扩大了商城"朋友圈"和影响力。2024年正式运营的兰华（马来西亚）海外商城，是临沂打造"市内有园区、海外有商城、选品有展会、贸易有平台"全产业链闭环的又一生动实践。

天时相催，奋楫争先。改革开放以来特别是近10年来，临沂市上下坚持以习近平新时代中国特色社会主义思想为指引，大力弘扬沂蒙精神，锐意改革，砥砺奋进，扎实推动经济社会发展取得显著性突破，实现历史性跨越。2024年全市物流总额首次突破万亿元，达到10 074.4亿元，是2013年的2.9倍，物流总额实现"万亿级"标志性跨越，在临沂高质量发展史上刻下崭新高度。在波澜壮阔的市场经济大潮中，临沂商城正书写着一部物阜民丰的商业传奇，努力为中国式现代化添上浓墨重彩的一笔。

资料来源：张宝亮. 临沂：从"舟车不通"到"货行天下"[EB/OL]. [2025-02-28]. https：//www.linyi.gov.cn/info/4797/393209.htm.

互动话题：结合临沂商贸物流业崛起发展的动因及启示，探寻您所在城市在商贸活动传承商业文化积淀方面的典型案例，并有针对性地提出构建现代商贸物流体系发展的侧重点。

Excel应用小技巧①

对店铺销售额趋势进行分析，需要了解数据初步呈现的发展规律，选择合适的趋势分析方法，从而完成趋势预测与数值预估。可以通过图表趋势法选择合适的趋势线预测店铺销售额。表1-5为某店铺1—10月销售额数据，请预测11月和12月的销售额。

微课1-4

Excel应用小技巧：店铺销售额趋势分析

表1-5　　　　　　　　　　某店铺1—10月销售额数据　　　　　　　　　单位：万元

月份	销售额
1月	222
2月	265
3月	311
4月	370
5月	439
6月	522
7月	625
8月	781
9月	852
10月	956
11月	
12月	

插入折线图，选中图表，为该折线图添加指数趋势线，双击插入的趋势线，完成趋势线格式设置，如图1-8所示。本例中需要预测之后2个月的销量，故在"趋势预测"选项区中"向前"文本框中输入2，选中"显示公式"和"显示R平方值"复选框，根据公式"189.89*EXP（0.1677*11）"即可预测销售额。

---

① 为方便学习，本教材为"Excel应用小技巧"部分提供了Excel数据包，欢迎登录东北财经大学出版社网站（www.dufep.cn）免费下载使用。

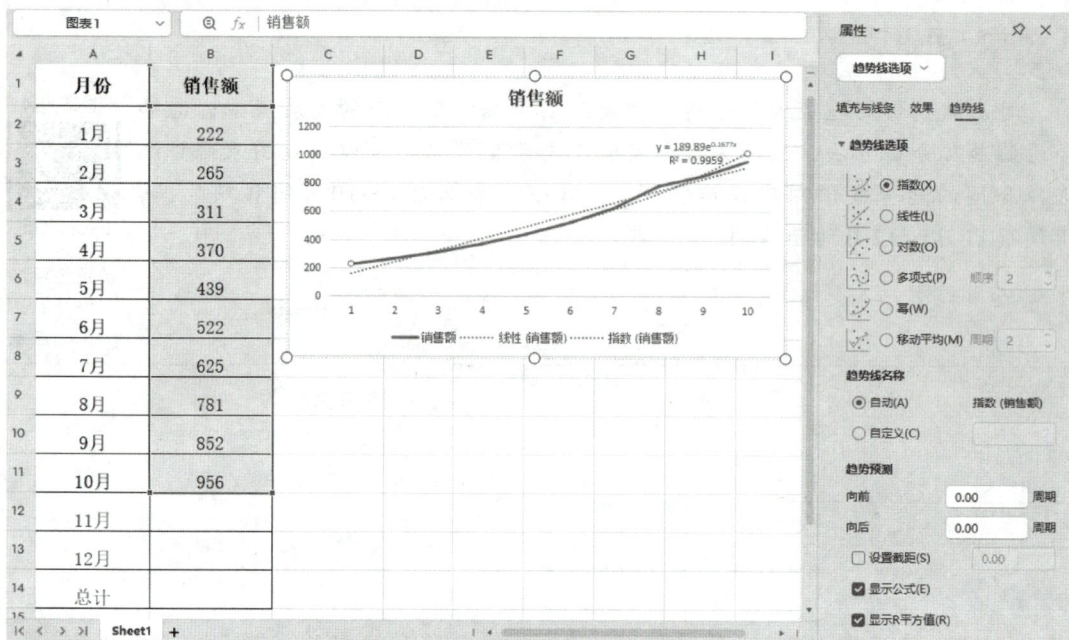

图1-8　趋势线添加过程图

拓展阅读

新零售视角下农产品可电商化水平提升路径

新零售及生鲜电商视角下实施"数商兴农"行动，可以统筹新零售高质量发展与农村高质量发展的需求，集聚多方力量聚焦"三农"，从而带动村民增产增收、实现共同富裕。主要从以下四个方面的实施路径展开。

1."三品一标"追溯管理赋能生鲜农产品质量全面提升

依托规模化经营，做强做优做大精深加工，确保农业生产产地环境和农产品质量安全，在培育"三品一标"产品的基础上，将绿色食品、有机农产品、地理标志农产品率先纳入追溯管理，建立起农产品质量安全追溯平台，实现农产品从田间到餐桌全程可追溯管理。全面推进食用农产品合格证制度，开展农产品认证资助和市场推广运营，不断强化农产品质量安全监督抽查和风险监测，建立农产品定量与定性相结合的监测机制。

2."产购储销"一体化赋能生鲜农产品流通效率提升

发展服务农村的农村电商新基建，建设农村电商公共服务中心和仓储物流配送中心，对农村传统零售终端进行数字化改造，发挥消费大数据对生产制造的引导作用，推动新零售平台与农产品企业对接合作。实现"产购储销"一体化，打通供应链、延长产业链、提升价值链。引导流通企业与农民专业合作社、联合社建立长期稳定合作、产销密切衔接的新型农商关系，确保农村群众持续稳定增收。

3."果园+农庄+新零售"营运赋能数商应用场景打造

通过研究数字电商的政策需求、服务需求和配套需求，为电子商务产业的集聚发展提供更优质、更全面的服务，通过数字电商发展带动特色产业发展。发挥数字电商产业园资源优势，推进电商新业态新模式及自营电商供应链有序发展。采取"果园+农庄+电商"的运营模式，创新搭建网络消费平台，帮助传统电商、直播带货等网络销售渠道加速下沉。借力"短视频+直播+电商"的形式，通过内容营销、短视频营销、直播营销等方式，把优质农产品进一步展示给全球。

4."产品+营销+运输"闭环赋能新零售平台建设

有机统一农产品生产、加工与销售，构建多层级农产品仓储保鲜冷链网络，完成"产品+营销+运输"农产品运营销售闭环的打造。稳定生鲜农产品价格、丰富生鲜农产品种类。新零售平台通过杜绝个人信息泄露、质量描述不一致以及支付系统风险等措施，丰富平台的基本功能与附加功能，全面提升消费者的购物体验，增加消费者的购买意愿，从而带动生鲜农产品在新零售平台的销售。

资料来源：赵琪，吴健妮. 新零售及生鲜电商视角下"数商兴农"实施路径探析［J］. 安徽农业科学，2023，51（13）：204-209.

实战与提升

设计调查问卷对校园超市的快餐品类进行调查并录入问卷星，具体包括（不限于）以下问题：学生通常在什么时段去校园超市购买快餐类商品；在校园超市购买快餐类商品的原因；在校园超市的快餐类商品中更喜欢的品类；在选择校园超市快餐类商品时对价格、包装、规格大小、品种数量、营养搭配与口感味道因素的重要程度排序；对校园超市快餐类商品的满意度；购买快餐类商品的相关套餐搭配等。明确调查背景与方法并在学生群体中实施网上问卷调查，根据调查结果对快餐类食品的销售现状进行分析，发现校园超市在商品运营中存在的问题并提出整改建议。

实战与提升
参考性提示

项目二　门店选址数据分析

■ 学习导图

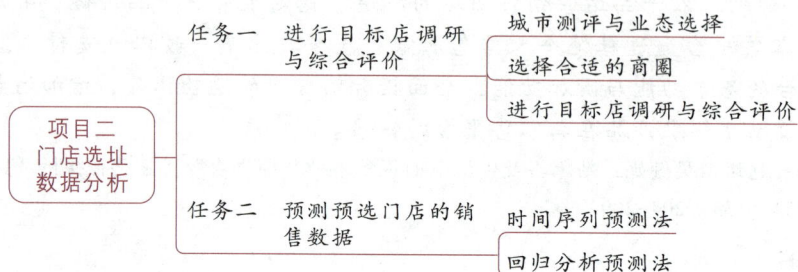

项目二
门店选址
数据分析

任务一　进行目标店调研与综合评价
- 城市测评与业态选择
- 选择合适的商圈
- 进行目标店调研与综合评价

任务二　预测预选门店的销售数据
- 时间序列预测法
- 回归分析预测法

■ 学习目标

知识目标
- 了解门店选址城市测评与业态选择方法
- 掌握门店选址商圈调查方法
- 掌握门店选址目标店调查流程
- 掌握门店选址综合评价方法
- 掌握移动平均分析法和季节变动分析法
- 掌握一元线性回归与多元线性回归方法

能力目标
- 具备门店选址城市测评与业态选择的能力
- 具备商圈范围确定，进行顾客群调查、竞争店调查的能力
- 具备预选店址收入预估的能力
- 具备使用综合评价方法对门店选址进行评价的能力
- 具备移动平均分析法和季节变动分析法的应用能力
- 具备一元线性回归与多元线性回归方法应用的能力

素养目标
- 培养学生主动探究、独立思考与解决问题的能力
- 鼓励学生掌握多种市场预测数据方法，增强数据意识和研判能力
- 把握新零售门店选址技术发展的趋势，树立与时俱进的意识

项目导入

李村商圈见证发展足迹

李沧，一端承载着青岛重工业的记忆，一端依托崂山余脉下的绿水青山，在两者中间，是延续了数百年的商圈。2024年，是李沧区成立30周年。30年弹指一挥间，李沧区作为步入而立之年的"90后"，已然褪去青涩，依然活力满满。古语云，无商不活。30年来，李沧区的商业基因，为这片年轻的土地增添了活力，带来了吸引力。最新数据显示，这个夏季，李村商圈每日最高人流量接近40万人。

提出"三产领先、商贸兴区"

刘万春、江东流撰写的《李村商圈的形成与发展》文章中认为，李沧区成立的1994年，也是李村片区开始蓄力腾飞之时。1994年8月，李沧区提出了"三产领先、商贸兴区"的经济发展方针，决定用5年时间，将李沧区建成青岛市第二个商业中心。1995—1997年的3年间，北方国贸大厦、利客来购物中心、北方家具城、滨河路商业街、崂山百货大楼等大型商场相继建成或扩建；经过10年的努力，李沧区对店铺林立的向阳路进行了大规模的规划改造，将这条全长600米的道路建成了一条集购物、娱乐、服务、休闲为一体的商业步行街，商圈的辐射能力由此进一步增强。2005年年底，向阳路步行街改建工程全部竣工，维客集团完成百货大楼旧楼改造工程，利客来集团建成大型购物中心，北方国贸集团完成第二次扩建改造，东李商城、东李家具市场、青岛新锦华酒店用品综合市场等也相继建成开业。当时，商圈的卖场总面积已达20.5万平方米，拥有商业网点2 780处，其中有大中型商企150余家、大型专业店和各类专卖店500余家。

地标性商业建筑不断崛起

统计数据显示，2006—2009年，李沧区社会消费品零售额从86.2亿元增长到150.7亿元。李村商圈繁华的背后，新的潮流已经开始涌动：网购，成为越来越多市民的选择。随着集吃、玩、购为一体的大型城市综合体的出现，传统的商场模式，也开始面临新的竞争。2011年9月21日，位于商圈东部的李沧万达广场举行了盛大的开业庆典，引进国内外450家品牌入驻，其中42家第一次进入山东、56家第一次进入青岛，填补了李沧区高端商业的空白，提升了青岛市民的消费品质，打破了李沧在市民心中的固有形象，也极大提升了青岛市北部城区的品质和服务业档次。继李沧万达广场之后，李村商圈的地标性商业建筑不断崛起：2013年，乐客城开业；2015年，银座和谐广场开业；2016年，奥克斯广场开业。这些商业新名片，为李村商圈注入了新的活力。

10多年前李村商圈就有"首店经济"

2013年开业的乐客城，在当时不仅是商圈"新势力"，更带来了新思维——不再是传统的百货商场，而是复合体验型商业中心。"我们当时的建设标准，就是要放眼全球，对标全世界的一流。"乐客城总经理祁晓告诉记者，秉承全新的"时间消费型"经营理念，通过商业品牌的引入，把消费者在乐客城的时间无限延长，通过吃、喝、玩一系列消费方式，来增加黏性。祁晓回忆，当时乐客城也面临着行业壁垒等问题，为了破局，乐客城不得不把目光投向全国乃至世界：乐客城在青岛较早开始了品牌"首店经济"，Zara Home、C&A等品牌的山东首店，当年就设在乐客城。如今的乐客城，不仅是商业综合体，更是3A级景区。祁晓告诉记者，在"国潮"兴起的背景下，乐客城将投身文旅，在楼顶建设融合古风和仙侠元素的天空戏城项目，为游客打造一个充满神秘和想象的世界，建设李村商圈的文商旅文化地标、打造青岛夜经济时尚标杆和全国首屈一指的都市文商旅项目。

"地铁商业"开始兴起

2015年年底，地铁3号线北段开始试运营——这标志着李村商圈开始进入地铁时代。随着地铁3号线南段、2号线的陆续开通，李村商圈成为全省商业面积最大的双地铁商圈，地铁开始为李村商业的发展赋能。如今，乐客城、崂山百货等商场都已直通地铁站。2024年5月16日，位于李村商圈的维客星城招商推介会暨TOD地铁商业高峰论坛召开，当天，共有18个入驻品牌与维客星城签订协议。位于地铁2号线和3号线交汇点的维客星城，已经与地铁站融为一体，全方位连接城市商业要素。"地铁商业是业内外公认的全商业业态中，最积极、最稳定、最有效、最稀缺的商业业态。维客星城也会成为青岛的'地铁生活城，流量新主场'"，维客集团董事长张贤存在论坛上说。2023年8月，有市民在李村商圈逛街时发现，海底捞在乐客城夜市摆摊了。记者在乐客城夜市中发现，光顾海底捞摊位的，九成以上是20~30岁的年轻人，而且绝大部分是本市居民。在夜经济中，年轻人是消费主力。第七次全国人口普查显示，李沧区是青岛市新增人口重要承载区：常住人口增加22.5万人、增长43.9%，分别列10个区市中的第三位和第二位；青岛市60岁及以上人口比例为20.28%，在李沧区，这个比例为16.98%，低于市南区、市北区7~8个百分点，甚至低于崂山区——这也意味着，李沧区的人口结构更加年轻。

人口结构年轻被企业看上

李沧区人口结构年轻，受教育程度高于青岛平均水平：第七次全国人口普查数据显示，李沧区每10万人中，超过3.6万人受过大专以上的高等教育。这个数据排名全市第三。

李村商圈如今的青春底色，只是一个缩影——很多企业发现了李沧区人口年龄、教育水平的优势。2023年6月中旬，国内知名科技企业粤浦科技与李沧区签订了合作协议，双方正在联手打造的粤浦科技·青岛创新中心，是青岛城市更新和城市建设三年攻坚行动——胶州湾科创新区启动片区首开项目，其将瞄准硬科技赛道，聚焦智能制造、新能源新材料、新一代信息技术等硬科技产业。上海粤浦科技有限公司总裁肖云表示，这次粤浦科技在李沧区投资的项目，主要集中于高附加值、高成长性的科技类型企业，这些都是李沧发展新动能的见证；这些高科技企业，也是年轻人驰骋的主战场。同年7月18日，又有一家巨头牵手李沧：李沧区政府与山东魏桥创业集团合作签约，涵盖魏桥新能源汽车管理总部、新能源汽车中央研究院等4个项目。其中新能源汽车中央研究院项目重点聚焦前瞻技术研究、核心技术开发及应用，将助力李沧区构建全球领先的千亿级新能源汽车产业集群——制造业离不开工业化的底蕴，高端智能装备制造业，离不开高学历、高科技的年轻化人才队伍。魏桥选择李沧区，理由很充分。位于李沧区重庆中路大枣园路路口西侧的王府井喜悦购物中心项目，也正在紧张施工——2023年9月，王府井选择牵手李沧，"我们对青岛的消费市场和潜力非常看好"。首旅集团党委书记、董事长，王府井集团董事长白凡表示，王府井喜悦购物中心和世园会项目，都是非常重要的布局。在王府井集团高层看来，李沧区交通方便，地理位置优越，是进入青岛沿海主城区的必经之路，本身也是主城区的重要区域。李沧区无论是人口密度还是营商环境，都让他们觉得满意。

　　如今的李村商圈在青岛体量最大

维客、利客来、北方国贸、乐客城、银座和谐广场、百通大厦、苏宁半岛总部和书院路地下商业街……如今的李村商圈，已成为超过百万平方米面积体量的大商圈，在青岛各大传统商圈中是最大的。古语云：城，所以盛民也。商业服务业态和渠道与时变迁、风云变幻，但城与市的相互依存关系没有变，以人为本的服务本质没有变。正如《李村赋》所云：东抵原国道，南至李村河，西接新高架，北临王埠河，是为商旅文化重镇李村。两河环抱，三山拱卫，上溯至商周，先民在此繁衍生息，至明正统年间日渐兴旺发达。有大集兴盛，河渠为证；存车水马龙，三山亲睹。至癸卯年二零二三，众商厦林立，以琳琅满目聚八方人气；双地铁通行，凭通达流畅引四海宾朋；高架临空，车有至前海之通途；绿树成荫，人可在此宜居宜业。来此置产，能观城中崛起，闻鸟语花香；投资兴业，可临四通八达，握万千商机。以酒为媒，觥筹交错尽显英雄豪情壮志；以茶会友，丝缕清香映衬贤达博古通今。凭数百年来人声鼎沸之积淀，昔日集市已成胶东第一商圈；借腾笼换鸟城市更新之良机，今朝李村崛起腾飞日渐焕新。

　　资料来源：刘卓毅. 李村商圈见证发展足迹［EB/OL］.［2024-06-29］. https://news.qingdaonews.com/qingdao/2024-06-29/content_23584594.htm.

　　要求：通过了解商圈调查的相关知识，思考门店选址城市测评与商圈调查的重点内容，以及开好一家新零售门店如何对其经营规模进行预测与分析。

任务一　进行目标店调研与综合评价

■ 学一学

一、城市测评与业态选择

（一）门店选址城市测评

选择适合开店的城市是门店选址的第一步。城市测评即考察目标城市的基本状况，了解城市的基本信息。信息资料的采集来源主要以政府资料、市民调查为主，然后在对城市的现状进行全面了解的基础上，根据城市的信息对未来做出预测。具体考察的内容见表2-1。

表2-1 城市测评内容表

城市特征	自然特征	城市地形情况、气候特点、风土人情等
	社会特征	行政机构、产业结构、历史沿革、文化氛围等
交通状况	出行方式	市区公共汽车线路、出租车拥有量、私家车比例等
	交通条件	主要交通干道、道路设施、城市物流情况等
居民状况	人口密度	城市（市区）的总人口数、城市（市区）总面积
	行业分布	城市从业人员数量、行业分布、私营企业人员从业数量等
消费水平	居民消费	人均月收入（支出）、消费习惯、购物倾向等
	消费品市场	消费品市场容量、近两年来的发展情况、消费品市场的占比等
房产市场	住房情况	人均住房面积、商品房的平均价格、大型的居民聚集区位置等
	房产开发	在建小区数量、居住户数、出售单价、入住时间、销售状况等

新零售企业要考虑长期的经营策略，如果不能保持长期的发展，将对企业产生重大影响。因此，除了以上各种因素之外，门店的选址规划还应该考虑到城市的未来规划设计，重点考虑城市交通规划、城市道路设施规划、城市旧房拆迁政策等，这样才能同时着眼现状与未来，对新零售企业在某个城市的发展空间做出客观的评价。

（二）门店选址业态选择

零售业态是指零售企业为满足不同的消费需求而形成的不同经营方式，业态的产生与发展是零售企业经营方式的创新结果。2021年国家标准化管理委员会发布国家标准《零售业态分类》（GB/T 18106—2021），按照零售店铺的结构特点，根据其经营方式、商品结构、服务功能，以及选址、商圈、规模、店堂设施、目标顾客和有无固定营业等因素，将零售业分为17种业态。其中，购物中心主要业态分类表见表2-2。

表2-2 购物中心主要业态分类表

业态	选址	商圈与目标顾客	规模	商品结构	服务功能
都市型购物中心	城市的核心商圈或中心商务区，街区型或封闭型建筑结构	商圈可覆盖甚至超出所在城市，满足顾客购物、餐饮、商务、社交、休闲娱乐等多种需求	不包含停车场的建筑面积通常在50 000平方米以上	购物、餐饮、休闲和服务功能齐备，时尚、休闲、商务、社交特色较为突出	提供停车位、导购咨询、个性化休息区、手机充电、免费无线上网、ATM取款等多种便利措施
区域型购物中心	位于城市新区或城乡接合部的商业中心或社区聚集区，紧邻交通主干道或城市交通节点，以封闭的独立建筑体为主	辐射半径在5千米以上，满足不同收入水平顾客的一站式消费需求	不包含停车场的建筑面积通常在50 000平方米以上	购物、餐饮、休闲和服务功能齐备，所提供的产品和服务种类丰富	提供停车位，通常还提供导购咨询服务、个性化休息区、手机充电、免费无线上网、免费针线包、ATM取款等便利措施

续表

业态	选址	商圈与目标顾客	规模	商品结构	服务功能
社区型购物中心	位于居民聚居区的中心或周边，交通便利。以封闭的独立建筑体为主	辐射半径在3千米以内，以满足周边居民日常生活所需为主	不包含停车场的建筑面积通常为10 000~50 000平方米	以家庭生活、休闲、娱乐为主，配备必要的餐饮和休闲娱乐设施，服务功能齐全	提供停车位，通常还提供休息区、手机充电、免费无线上网、免费针线包、ATM取款等便利措施
奥特莱斯型购物中心	在交通便利或远离市中心的交通主干道旁，或开设在旅游景区附近。建筑形态为街区型或封闭型	辐射所在城市或周边城市群，目标顾客为品牌拥护者	不包含停车场的建筑面积通常在50 000平方米以上	以品牌生产商或经销商开设的零售店为主体，以销售打折商品为特色	提供停车位

例如，某大型零售企业在投资选址上强调位置原则，即在竞争对手进入前第一个进入能转化为长期销售优势，项目位置取决于商业街的繁荣程度，介于成熟和成长区域之间，重点选择紧邻住宅密集区域、公共交通便利区域、邻近商业区域以及自行车高流量区域。企业制定了一个业态建议的框架图，依据位置类型、扩展商圈、消费者数量以及公共交通等几个方面，将选址的业态分为：中型终点站型商店街，其净面积3万~5万平方米，相当于社区购物中心，缩写为MD；大型终点站型商店街，其净面积5万~10万平方米，相当于市区购物中心，缩写为LD；大型购物中心，面积在10万平方米以上，缩写为SM。业态选择基本标准如图2-1所示。

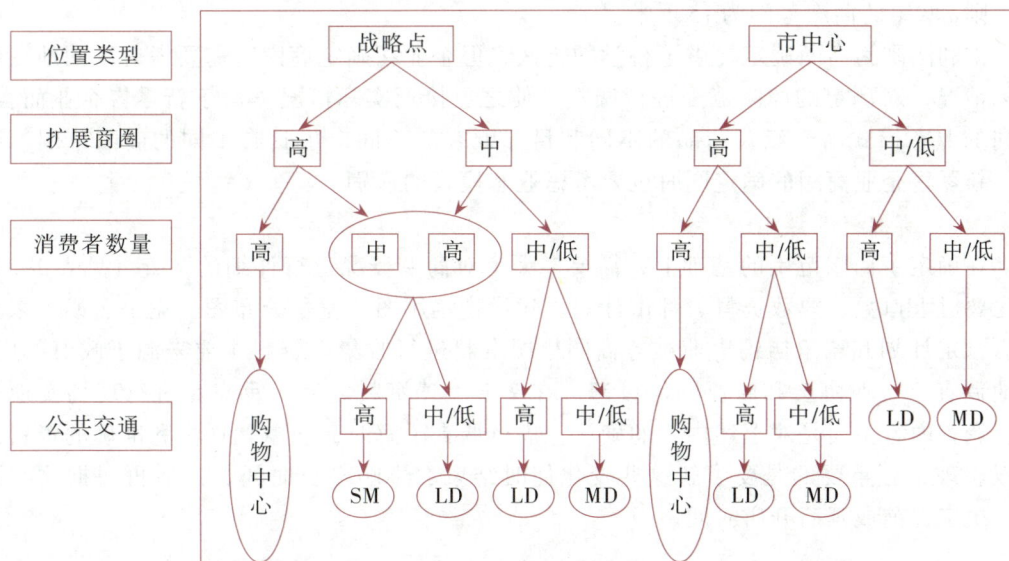

图2-1 业态选择基本标准

二、选择合适的商圈

城市测评和业态选择工作完成后，需要在此基础上进行商圈调查。商圈即商业圈，是指店铺吸引消费者的地理区域。商圈包括三个层次：中心商业圈、次级商业圈和边缘商业圈。中心商业圈吸引这一店铺顾客总数的55%～70%，这是最核心的区域，顾客密度最高，每个顾客的平均购货额也最大，很少同其他商圈发生重叠。次级商业圈吸引这一店铺顾客总数的15%～25%，这是位于中心商业圈外围的商圈，顾客较为分散，一般日常用品对这一商圈的顾客缺少吸引力。边缘商业圈吸收了剩余部分的顾客，他们最分散，如便利店对他们就不具有吸引力，只有一些特殊品、选购品才会吸引他们的到来。进行商圈调查首先要确定商圈的范围。

（一）商圈范围确定

要确定一家新店铺的商圈界限，可采用雷利法则（零售引力法则）。美国零售业专家雷利认为，商圈规模因邻近商圈人口的多少和距离店铺的远近而有所不同，店铺吸引力是由最邻近商圈人口和里程距离两方面共同发挥作用的。公式表示为：

$$Dab = \frac{d}{1 + \sqrt{Pb / Pa}}$$

式中：Dab 为 a 城镇的商圈范围；d 为 a 城镇和 b 城镇的里程距离；Pa 为 a 城镇的人口；Pb 为 b 城镇的人口。

假设 a 城镇人口为 90 000 人，b 城镇人口为 10 000 人，两个城镇相距 20 千米，那么：

$$Dab = \frac{20}{1 + \sqrt{10\ 000/90\ 000}} = 15（千米）$$

则 a 城镇的商圈范围为 15 千米。

雷利法则为商圈确定提供了科学的方法，但企业在确定商圈时需要考虑不同地点的实际情况，对测定的商圈范围进行调整，使之更接近实际情况。对于新零售企业而言，不同的业态模式由于经营商品的不同和目标顾客的不同，也具有不同的商圈范围。因此，新零售企业商圈的确定同时也要考虑业态模式的区别。

（二）商圈概况调查

在确定了商圈范围的基础上，需要多渠道对商圈概况进行详细的调查（见表2-3）。首先要对人口数、户数资料、都市计划、建设指定用图、竞争分布图、竞争店或未来大型店预定计划和竞争店销售业绩等商圈概况资料进行收集。资料主要来源于政府部门、实地调查、行业协会和商业同仁口碑。在掌握上述资料之后，重点是进行现场实地调查，调查内容主要是对上述内容的确认。进行调查了解时，应掌握详尽和准确的资料并加以整理，更重要的是要了解这些变化何时结束、影响多长时间，最后再根据这些资料，决定提前或延后开店时间。

表2-3 调查资料来源

资料类别	来源
人口数、户数资料	政府部门
都市计划、建设指定用图	政府部门
竞争分布图	实地调查、行业协会
竞争店或未来大型店预定计划	政府部门
竞争店销售业绩	实地调查、商业同仁口碑

（三）商圈内顾客群调查

商圈内顾客群调查主要是对顾客群收入水平与消费能力的调查。商圈内的顾客群分为两部分：一是当地住户，二是流动人口。这两类人群对单店销售额的影响不同。当地住户数的资料可以从居民委员会获得，首先预估每户家庭的平均消费水平，然后用住户数乘以平均每户消费水平就得到当地住户的总体消费能力。

住户营业额估计（元）=户数×入店率×客单价

而流动人口数的调查则需要实地测定，具体需要指定足够多的专人，分布到预定店址周围的各个交通路口处，测定流动人口数，取平均值，得到每日每小时平均人数，然后预估客单价与入店率。

流动人口营业额估计（元/小时）=每小时平均人数×入店率×客单价

本调查是所有调查最耗费时间、资金的工作，执行起来也最为困难，并易为一般人所疏忽。但是这项调查绝对不能省略，因为可从中获得许多消费者情报，而且店铺差别化的启示也来自此项调查。

（四）商圈内竞争店调查

商圈内竞争店调查的重点是商圈范围内的商业设施，对这些设施的概况要深入了解，调查项目主要有：商业设施的性质、产权所有人；占地面积、建筑面积；在商圈中所处的地理位置；在职人员数量、消费特点；内部设施及装修情况；外部停车情况、外部装修情况；建成时间等具体内容。在以上调查的基础上可测定商圈的饱和指数。

1.饱和指数的应用

饱和指数表明一个商圈所能支持的商店不可能超过一个固定的数量，饱和指数可由下列公式求得：

$$IRS = \frac{C \times RE}{RF}$$

式中：IRS 为某商圈的零售饱和指数；RE 为某商圈内消费者人均消费支出；C 为某商圈内的顾客人数；RF 为某商圈内经营同类商品的商店营业总面积。

一般来说，应选择饱和指数较高的商圈开店。因为饱和指数越大，就意味着商圈的饱和度越低；饱和指数越小，商圈的饱和度越高。

例如，根据表2-4的商圈数据表，计算A区、B区、C区的饱和指数，选择开店区域。

表2-4   商圈数据表

数值/区域	A区	B区	C区
商圈内的顾客数（C）（人）	80 000	50 000	30 000
商圈内消费者人均购买额（RE）（元）	10	15	20
商圈内经营同类商品的商店营业总面积（RF）（平方米）	25 000	30 000	10 000

IRS_A=80 000×10/25 000=32（元/平方米）

IRS_B=50 000×15/30 000=25（元/平方米）

IRS_C=300 00×20/10 000=60（元/平方米）

　　C区饱和指数最大，说明商圈内的饱和度最低；B区饱和指数最小，说明商圈内的饱和度最高。因此，应选择饱和指数较高的C区开店。

2.赫夫引力模型的应用

　　无论对外资零售企业还是本土零售企业来说，决定在何处营业都是所有零售商成功与否的关键。零售商选择一个完美的店址要经历艰难的过程。每个店址都有优势和劣势，在评估特定店址的可行性时，零售商必须明确该商店的目标顾客会不会光临该店址。美国零售学者迈克尔·利维和巴顿·韦茨所著的《零售管理》一书中，就主要介绍了著名的赫夫引力模型和多元回归分析法在投资预选店址的销售额预估方面的作用。

　　赫夫引力模型的目标是确定一位住在特定区域中的消费者在一家特定商店或购物中心购物的概率。模型的主要公式为：

$$P_{ij} = \frac{S_j \div T_{ij}^b}{\sum_{j=1}^{n} S_j \div T_{ij}^b}$$

　　式中：P_{ij}为顾客从既定的地点i到特定的购物中心j购物的概率；S_j为购物中心j的规模；T_{ij}为从顾客的起点到购物中心的时间或距离；b为T_{ij}的指数，表明去商店所需时间对不同购物者的影响。

　　该模型表明，购物中心的规模（S_j）与竞争对手的规模相比越大，顾客在此购物的概率就越高。目前很多外资零售商用赫夫引力模型来预测销售额和定义它们的销售范围。

　　假设一家外资零售企业想在大学城附近开一家购物中心，附近有两个主要的购物中心：老市区购物中心和开发区购物中心。由于大学购物中心的主要顾客是大学生，因此以大学生顾客为例，主要数据见表2-5。

表2-5   外商投资购物中心主要参考数据表

购物中心	规模（平方米）	到大学的距离（千米）
大学购物中心	10 000	3
开发区购物中心	5 000	5
老市区购物中心	5 000	2

　　步骤一，确定学生光顾购物中心的概率（假设b=2）。

$$P_{ij} = \frac{10\,000 \div 3^2}{(10\,000 \div 3^2) + (5\,000 \div 5^2) + (5\,000 \div 2^2)} = 0.43$$

步骤二，确定学生人数。用学生人数乘以概率得到顾客数。

0.43×12 000=5 160（人）

步骤三，预计销售额。假设每位顾客的客单价是120元，则预计销售额为：

120×5 160=619 200（元）

步骤四，估计整个商圈的销售额。

学生人口只代表了大学购物中心商圈的部分顾客，为了估计整个商圈的销售额，可以重复以上步骤，然后加总数据。

三、进行目标店调研与综合评价

在对商圈调研完成后，应在商圈内选择适当的目标店店址，店址选择应该注重现有的设施，确定是否处于客流集中地带，另外还要考察现在使用的情况，将所有商圈选择的目标店店址进行汇总分析。

（一）预选店址收入预估

预选店址收入预估首先要核算单店费用。单店费用由固定费用和变动费用两部分构成。根据调研结果仔细测算单店的费用，费用中所含内容主要有卖场租金、办公场所租金；广告费用；物流成本；人员工资、奖金费用；重新开张或装修费用；固定资产支出费用以及水、电、暖所用开支等。

预选店址的收入情况主要由预期销售额、预计前期毛利、预计后期返点、预计年进店管理费、户外广告费收入预测、其他收入预测等因素构成。其中预期销售额的确定可采用商圈调查所得出的数据。

（二）盈利分析模型

根据单店费用的核算以及对目标店未来销售状况的预测，可测算出单店经营的情况与损益状况，计算出损益平衡点，然后根据损益平衡点测算单店的经营是否能够达到损益平衡。一般常用的公式如下：

损益的计算方法如下：

单店营业收入

−单店销货成本

―――――――――

单店销售毛利

−单店变动费用

−单店固定费用

―――――――――

单店税前损益（单店责任损益）

−分担总部费用（进行连锁经营时）

―――――――――

单店实际损益

盈亏平衡点的计算方法如下：

总毛利额=（售价−进价）×销售量，即 $Y = (P - P_0)Q$

总费用=固定费用+可变费用=固定费用+单位可变费用×销售量，即 $C = F + QV$

总毛利额=总费用，即 $Y = C$

因此，

$$(P - P_0)Q = F + QV$$

由此可得盈亏平衡点产量为：

$$Q^* = \frac{F}{(P - P_0) - V}$$

盈亏平衡点销售额为：

$$PQ^* = \frac{F \times P}{(P - P_0) - V} = \frac{F}{\dfrac{P - P_0}{P} - \dfrac{V}{P}}$$

PQ^* = 固定费用 ÷（毛利率 – 变动费用率）

经营安全率的计算方法如下：

$$经营安全率 = (1 - \frac{PQ^*}{PR})$$

式中：PR 是预期销售额。

经营安全率是衡量店铺经营状况的重要指标，一般测定的标准为：安全率30%以上为优秀店；20% ~ 30%为优良店；10% ~ 20%为一般店；10%以下为不良店。

（三）综合评价

实施门店选址策略的最后一个步骤是以城市测评、商圈调查和目标店调研为基础，使用SWOT分析法对门店选址情况进行综合评价。

SWOT分析是管理学中帮助决策者在企业内部的优势（Strength）和劣势（Weakness），以及外部环境的机会（Opportunity）和威胁（Threat）的动态分析综合中，确定相应的生存和发展策略的一种有用而简单的决策分析方法。SWOT分析法同样适用于门店选址策略。表2-6为某家电零售企业进入青岛市场前所做的SWOT分析。

表2-6　　　　　　　　　　　某家电零售企业SWOT分析

内部优势（S）	内部劣势（W）
与供应商的良好关系 先进的管理模式及运营经验 科学的品牌管理及促销技术 系统的人员培训体系 优于竞争对手的工作条件和个人发展前景	在当地对供应商的控制能力暂时较弱 进入该城市的速度落后于竞争者 在本市的先期知名度较低 对本土市场的了解需要一定周期
机会（O）	威胁（T）
本市经济高速发展，当地消费人群的收入不断提高 此处店址是本市内重点发展项目，在本市开店影响力巨大 本市二三级市场的不断成熟	前期知名度及影响力可能影响门店的盈利水平 前期因只有一个门店，店面所需承担的运营费用较多 如开本店，同业态零售企业不会坐视不理，定会大举反攻

通过SWOT分析，完成对门店选址的综合评价后，门店的选址论证工作基本完成，

在此论证的基础上开始进行店址审批、谈判、房屋租赁、房屋装修等具体工作。新零售企业的经营开发也就完成了店铺选址这一重要步骤。

做一做

根据宏观经济各项数据和各地市场特性，对全国各地区的家电零售市场容量进行预测，为连锁发展提供决策支持。在每个财年开始前3个月开始，在新财年到来前完成。预测范围为未来的3~5年。数据采集来源表见表2-7。

微课2-1

实践案例：各地区家电零售市场容量预测

表2-7　　　　　　　　　　　**数据采集来源表**

数据名称	单位	数据来源
城镇	—	包括官方定义的地级市与县级市。在计算市场容量时计算市辖区部分。地级市和县级市互不包含
全国各城市城镇人口	千人	国家统计局 各省市统计局 以上单位发布的年鉴、人口普查统计表，包括《中国统计年鉴》《中国城市统计年鉴》等
各城市城镇人均可支配收入	元	
全国各省人均电器花费	元	
各省人均可支配收入与人均电器花费的关系	—	利用Excel工具，通过部分省市的人均可支配收入与在岗职工平均工资的关系换算得出
计算城市人均电器花费	元	根据已推算出的各省人均可支配收入与人均电器花费的关系，并推广到全国各城市，推算出各城市的人均可支配收入
市场容量	万元	利用以上步骤提供的数据，通过公式得出：各城镇家电零售市场容量=城镇人口×人均电器花费

具体操作步骤如下：

步骤一： 计算各省人均可支配收入与人均电器花费的关系。通过Excel表中的图表散点图可自动计算出各省人均可支配收入与人均电器花费的关系式：

$$Y = a \times \text{Ln}(X) + b$$

式中：假设人均可支配收入为X，人均电器花费为Y。

一般来说，用对数曲线去推算两者关系是相对准确的。公式将自动给出其中的a和b值。

步骤二： 计算城市人均电器花费。根据已推算出的各省人均可支配收入与人均家电花费关系公式中的a、b值和各城市城镇人均可支配收入(X)，即可通过公式推算出各城市的人均电器花费(Y)。

步骤三： 市场容量预测。根据前面推算出的未来每年各城镇的人口、人均电器花费便可得到各地级市和县级市的城镇家电零售市场容量。市场容量预测计算公式：

各城镇家电零售市场容量=城镇人口×人均电器花费

案例说明：该案例通过各地区家电零售市场容量预测过程，给出商圈概况调查方法的具体应用，并为学习任务三中一元回归模型在门店选址中的应用奠定基础。

任务二　预测预选门店的销售数据

学一学

一、时间序列预测法

时间序列是指把某种现象发展变化的指标数值按一定时间顺序排列起来形成的数列，有时也称为动态数列。任何一个时间序列都具有两个基本要素：一是现象所属的时间；二是与时间所对应的指标值。

（一）时间序列的构成要素

时间序列的构成要素主要包括长期趋势、季节变动、循环变动与随机波动等。

1.长期趋势（T）

长期趋势是现象在较长时期内的总的变化趋向。这种趋势是由于某种本质因素的影响，时间序列在相当长的时间内呈现出持续上升或下降的发展态势。它是现象在一段时间内发展变化的规律性表现，是时间序列分析的重点。例如，各国的 GDP 都有逐年上升的趋势。

2.季节变动（S）

季节变动是现象季节性的周期变动，指时间序列受季节性因素影响而发生的有规律的周期性波动。季节变动因素既包括受自然季节影响所形成的变动，也包括受工作时间规律等影响形成的变动。例如，每周 5 天工作制、每月末等所引起的波动，季节变动一般有旺季和淡季之分。

3.循环变动（C）

循环变动是现象以若干年为周期，呈现近乎规律性的盛衰交替变动。例如，经济危机就是循环变动，每一循环都要经历危机、萧条、复苏和高涨四个阶段。

4.随机波动（I）

随机波动是现象受偶然因素而引起的无规律可循的波动，是一些偶然因素引起随机变动，如自然灾害、战争、政局变动等。随机波动因素与时间无关，其无规律，难以测定，一般作为误差项处理。

（二）时间序列的数学模型

时间序列的数学模型主要包括乘法模型、加法模型与混合模型。

$Y=T×S×C×I$（乘法模型）

$Y=T+S+C+I$（加法模型）

$Y=T×S+C×I$（混合模型）

式中：Y为时间序列的各发展水平。

如果四种因素变动的影响是相互独立的，宜采用加法模型；如果四种因素的变动是相互影响的，宜采用乘法模型；既有独立发挥作用，又有相互影响的则采取适当的混合模型，视具体情况而定。

（三）移动平均分析法

移动平均分析法是指扩大原时间序列的时间间隔，选定一定的时距项数 N，采用逐次递移的方法对原数列递移的 N 项计算一系列序时平均数的方法。这些序时平均数形成的新数列消除或削弱了原数列中由于短期偶然因素引起的不规则变动和其他成分，对原数列的波动起到修匀作用，从而呈现出现象在较长时期的发展趋势。

移动平均分析法的特点主要有：一是移动平均对原数列有修匀作用，平均的时距数越大，对数列修匀作用越强；二是如果移动奇数项，则只需移动一次，且损失资料N-1项，如果移动偶数项，则需移动两次，损失资料为 N 项；三是当数列包含季节变动时，移动平均时距项数 N 应与季节变动长度一致；四是适宜对数据进行修匀，但不适宜进行预测。

（四）季节变动分析法

1.季节变动的概念

季节变动分析法是研究企业的经济活动受自然条件和生产条件影响而产生季节性变动的预测方法。季节变动是指有些社会经济现象因受社会因素和自然因素的影响，在一年内随着季节的变化而发生周期性的变化。这种周期性的变化是比较稳定的。在统计中，季节变动一般指的是一年内4个季度或12个月的周期性变动，但具体的方法及应用，早已超出了这一范围。凡是短期的、周期性的规律变动，如一个月上、中、下旬的周期性变动，一个星期内从周初到周末每天的周期性变动，甚至在一天内的周期性变动，亦都被称为季节变动。总之季节变动一般有三个特点，即规律性、重复性、稳定性。

测定季节变动的方法很多，从是否考虑长期趋势的影响看可分为两种：一种是不考虑长期趋势的影响，根据原始时间序列直接去测定季节变动；另一种是根据剔除长期趋势后的数据测定季节变动。如果数列包含有明显的上升（下降）趋势或循环变动，为了更准确地计算季节指数，就应当首先设法从数列中消除趋势因素，然后再用平均的方法消除不规则变动，从而较准确地分解出季节变动成分。数列的长期趋势可用移动平均法或趋势方程拟合法测定。

2.季节变动的测定

进行季节变动的测定一般采用长期趋势剔除法。长期趋势剔除法是在移动平均法的基础上，以乘法模型为理论基础的测定季节变动的方法。它能避免长期趋势和周期波动的影响，净化季节变动的规律，从而事先较为准确地预测。长期趋势剔除法的计算步骤如下：对序列通过12个月（或4个季度）的移动平均消除季节变动 I 和随机变动 R，计算出长期趋势与循环变动的影响；从时间序列中剔除这一影响，就得到季节波动与随机变动；将消除趋势变动的序列按月（或季）求平均数，从而剔除随机变动，得到各个季节的指数；之后对季节指数进行调整并计算预测值。举例如下，某门店4年来每季度的零售额见表2-8和表2-9，请根据数据计算季节指数。

表2-8 消费品零售额季度指数计算表（1） 金额单位：万元

年份	季度	零售额 Y	移动平均	趋势值 T	Y/T
2021	一季度	70.6			
	二季度	68.8			
			71.1		
	三季度	66.4		72.3125	0.918237
			73.525		
	四季度	78.6		74.6125	1.053443
			75.7		
2022	一季度	80.3		76.7625	1.04084
			77.825		
	二季度	77.5		78.6875	0.984909
			79.55		
	三季度	74.9		80.6875	0.928273
			81.825		
	四季度	85.5		82.8375	1.032141
			83.85		
2023	一季度	89.4		84.3125	1.060341
			84.775		
	二季度	85.6		85.3875	1.002489
			86		
	三季度	78.6		86.425	0.909459
			86.85		
	四季度	90.4		87.225	1.0364
			87.6		

续表

年份	季度	零售额 Y	移动平均	趋势值 T	Y/T
2024	一季度	92.8		88.4625	1.04932
			89.325		
	二季度	88.6		90.35	0.980631
			91.375		
	三季度	85.5			
	四季度	98.6			

表2-9　　　　　　　　　　　　**消费品零售额季度指数计算表（2）**　　　　　　　　　　　金额单位：万元

季度	2021年	2022年	2023年	2024年	合计	同季平均	季节指数
一季度		1.04084	1.060341	1.04932	3.155457	1.051819	105.17%
二季度		0.984909	1.002489	0.980631	2.968028	0.989343	98.92%
三季度	0.918237	0.928273	0.909459		2.755969	0.918656	91.85%
四季度	1.053443	1.032141	1.0364		3.121984	1.040661	104.05%
合计					12.00144	4.00479	400%

具体步骤：

步骤一，先根据各年的季度资料计算四季的移动平均数，然后为了正位，再计算两个季度的移动平均数，作为各期的长期趋势值。

步骤二，将实际数值除以相应的移动平均数，得到各期的 Y/T。这就消除了长期趋势影响的时间序列，这是一个相对数，称为季节指数。

步骤三，将 Y/T 重新按照同期平均法计算季节比率的方式排列。然后根据该方法要求，先计算异年同季平均数，然后再计算异年同季平均数的平均数，即消除长期趋势变动后新数列的序时平均数，最后计算季节比率。

二、回归分析预测法

（一）回归分析的概念

回归分析是指从样本数据出发，确定变量的数学关系式，然后对关系式的可信程度进行统计检验，找到影响某一特定变量的显著因素，最后根据变量的取值来预测或控制另一个特定变量的取值，并给出这种预测或控制的精确程度。

回归分析预测法的主要步骤为：

1.根据预测目标，确定自变量和因变量

明确了预测的具体目标，也就确定了因变量，如预测的具体目标是下一年度的销售量，那么销售量就是因变量。通过市场调查和查阅资料，寻找与预测目标相关的影响因素，即自变量，并从中选出主要的影响因素。

2.建立回归预测模型

对自变量和因变量的历史统计资料进行计算，在此基础上建立回归方程，即回归预测模型。

3.进行相关分析

相关分析是对具有因果关系的影响因素（自变量）和预测对象（因变量）所进行的数理统计分析。只有当自变量与因变量确实存在某种关系时，建立的回归方程才有意义，因此，作为自变量的因素与作为因变量的预测对象是否有关、相关程度如何，以及判断这种相关程度的把握性有多大，就成为进行相关分析必须解决的问题。进行相关分析，一般要得出相关关系，以相关系数的大小来判断自变量和因变量的相关程度。

4.检验回归预测模型，计算预测误差

回归预测模型是否可用于实际预测，取决于对回归预测模型的检验和对预测误差的计算。回归方程只有通过了各种检验，且预测误差较小，才能被作为预测模型进行预测。

5.计算并确定预测值

利用回归预测模型计算预测值，并对预测值进行综合分析，确定最后的预测值。

（二）一元线性回归的计算

线性回归是最为人熟知的建模技术之一。线性回归通常是人们在学习预测模型时首选的技术之一。在这种技术中，因变量是连续的，自变量可以是连续的也可以是离散的，回归线的性质是线性的。线性回归使用最佳的拟合直线（也就是回归线）在因变量（Y）和一个或多个自变量（X）之间建立一种关系。用一个方程式来表示它，即：

$Y=a+b \times x+e$

式中：a 表示截距，b 表示直线的斜率，e 是误差项。

这个方程可以根据给定的预测变量（s）来预测目标变量的值。一元线性回归和多元线性回归的区别在于，多元线性回归有 1 个以上自变量，而一元线性回归通常只有 1 个自变量。最佳拟合线（a 和 b 的值）可以使用最小二乘法轻松地完成。最小二乘法也是用于拟合回归线最常用的方法。对于观测数据，它通过最小化每个数据点到线的垂直偏差平方和来计算最佳拟合线。回归分析预测法的基本公式为：

$y=a+bx$

式中：y 为资金需要量；a 为固定的资金需要量（即不随销售额增加而变化的资金需要量）；b 为变动资金率（即每增加 1 元的销售额需要增加的资金）；x 为销售额。

参数 a、b 利用最小二乘法来确定，公式为：

$$b = \frac{\sum x \sum y - n \sum xy}{\left(\sum x\right)^2 - n \sum x^2}$$

$$a = \frac{\sum y}{n} - b \frac{\sum x}{n}$$

例如：某企业2018—2023年的销售额及资金需要量见表2-10，该企业的生产较为稳定，若2024年企业计划销售额达到500万元，利用回归分析法预测企业2024年的资金需要量。

表2-10　　　　　某企业2018—2023年的销售额和资金需要量表

年份	2018年	2019年	2020年	2021年	2022年	2023年
销售额（x）	380	460	400	480	520	560
资金需要量（y）	200	240	220	250	280	290

假设方程：$Y=a+bx$

$$b = \frac{\sum x \sum y - n \sum xy}{\left(\sum x\right)^2 - n \sum x^2} = \frac{2\,800 \times 1\,480 - 6 \times 702\,400}{2\,800^2 - 6 \times 1\,330\,400} = 0.49$$

$$a = \frac{\sum y}{n} - b \frac{\sum x}{n} = (1\,480 \div 6) - 0.49 \times (28\,00 \div 6) = 18（万元）$$

由此可得：

$$y = 18 + 0.49x$$

当2024年的销售额是500万元时，资金需要量为：

$$y = 18 + 0.49 \times 500 = 263（万元）$$

（三）多元线性回归的计算

1.主要步骤

第一步：首先对模型情况进行分析。包括模型拟合情况（比如R^2为0.3，则说明所有X可以解释因变量Y的30%变化原因），模型共线性问题（VIF值小于5则说明无多重共线性），是否通过F检验（F检验用于判定是否X中至少有一个对Y产生影响，如果呈现出显著性，则说明所有X中至少有一个会对Y产生影响关系）。

第二步：分析X的显著性。如果显著（p值判断），则说明具有影响关系，反之则无影响关系。

第三步：判断X对Y的影响关系方向。回归系数B值大于0说明正向影响，反之负向影响。

第四步：其他。比如对比影响程度大小（回归系数B值大小对比X对Y的影响程度大小）。

2.注意要点

自变量与因变量之间必须有线性关系；多元回归存在多重共线性、自相关性和异方差性；线性回归对异常值非常敏感，它会严重影响回归线，最终影响预测值；多重共线性会增加系数估计值的方差，使得在模型轻微变化下，估计非常敏感；结果就是系数估计值不稳定；在多个自变量的情况下，我们可以使用向前选择法、向后剔除法和逐步筛选法来选择最重要的自变量。

例如，多元回归分析法通常适用于那些具有一定连锁规模的零售门店来分析商圈的潜在需求量的情况，主要步骤有：第一，选择合适的衡量指标，销售额是回归分析中最常用的衡量指标；第二，选择一组变量，这些变量必须与预测的过程有关；第三，解这个回归方程，并用它来预测新销售点的业绩。

做一做

微课2-2

实践案例：天猫"双十一"销售额预测

根据已知2013—2022年社会零售品消费总额与天猫"双十一"历年成交额，应用回归分析法得出天猫"双十一"销售额预测模型。

回归分析用于研究 X（定量或定类）对 Y（定量）的影响关系：是否有影响关系，影响方向及影响程度情况如何。

第一：分析模型拟合情况，即通过 R 方值分析模型拟合情况，以及可对 VIF 值（或者容忍度值）进行分析，判断模型是否存在共线性问题，共线性问题可使用逐步回归进行解决。

容忍度=1/VIF 值

VIF 值>5，一般说明有共线性问题；容忍度<0.2，一般说明有共线性问题。

第二：写出模型公式（可选）。

第三：分析 X 的显著性，如果呈现出显著性（p 值小于 0.05 或 0.01），则说明 X 对 Y 有影响关系，接着具体分析影响关系方向。

第四：结合回归系数 B 值，对比分析 X 对 Y 的影响程度（可选）。

第五：对分析进行总结。

回归分析之前，可使用散点图直观展示 X 和 Y 之间的关联关系。回归分析之后，可使用正态图观察和展示保存的残差值正态性情况；或使用散点图观察和展示回归模型异方差情况（残差与 X 间的散点完全没有关系则无异方差）。根据表2-11、表2-12的数据分析社会零售品消费总额与天猫"双十一"历年成交额的线性关系，将数据导入SPSSAU可得回归结果。

表2-11 回归结果表

年份	社会零售品消费总额（亿元）	天猫"双十一"历年成交额（亿元）
2013	232 252.6	362
2014	259 487.3	571
2015	286 587.8	912
2016	315 806.2	1 207
2017	347 326.7	1 682
2018	377 783.1	2 135

续表

年份	社会零售品消费总额（亿元）	天猫"双十一"历年成交额（亿元）
2019	408 017.2	2 684
2020	391 980.6	4 982
2021	440 823.2	5 403
2022	439 732.5	5 571

表2-12　　　　线性回归分析结果　（n=10）

项目	非标准化系数		标准化系数	t	p	共线性诊断	
	B	标准误	Beta			VIF	容忍度
常数	−6 064.199	1 538.263	—	−3.942	0.004**		
社会零售品消费总额（亿元）	0.025	0.004	0.896	5.712	0.000**	1	1
R^2				0.803			
调整 R^2				0.779			
F				$F(1, 8) =32.633, p=0.000$			
D-W 值				1.173			

注：因变量=天猫"双十一"历年成交额；* 表示 $p<0.05$；** 表示 $p<0.01$。

从表2-11、表2-12可知，将社会零售品消费总额作为自变量，而将天猫"双十一"历年成交额作为因变量进行线性回归分析，模型公式为：

天猫"双十一"历年成交额=−6 064.199 + 0.025×社会零售品消费总额

模型 R^2 为0.803，意味着社会零售品消费总额可以解释天猫"双十一"历年成交额的80.3%的变化原因。对模型进行 F 检验时发现模型通过 F 检验（$F=32.633$，$p=0.000$，$p<0.05$），也即说明社会零售品消费总额一定会对天猫"双十一"历年成交额产生影响。最终具体分析可知：社会零售品消费总额的回归系数值为0.025（$t=5.712$，$p=0.000$，$p<0.01$），意味着社会零售品消费总额会对天猫"双十一"历年成交额产生显著的正向影响。总结分析可知：社会零售品消费总额均会对天猫"双十一"历年成交额产生显著的正向影响。

案例说明：通过天猫"双十一"销售额预测及实证过程，学习回归分析预测法之一元回归模型在销售预测中的具体应用。

润心启航 | 华润万家50家门店焕新背后

2024年年末，中央经济工作会议将"大力提振消费、提高投资效益，全方位扩大国内需求"列在2025年9项重点任务之首。随后商务部等7部门联合印发《零售业创新提升工程实施方案》。其中主要任务围绕"推动场景化改造，推动品质化供给，推动数字化赋能，推动多元化创新，推动供应链提升"五个方面展开。

伴随着2025年钟声的敲响，成立40年的华润万家正式进入不惑之年，作为极少数完整参与了中国零售行业从萌芽到成熟的"头号玩家"，华润万家无疑是我国消费市场漫长探索的经历者。这是华润万家躬身入局的40年，同样也是中国零售业日新月异、内生进化的40年。12月31日，华润万家全国50家店正式焕新亮相，一方面，在商品迭代、环境升级、服务提升等多个方面进行了焕新；另一方面，给了消费者更多如家般的烟火气和春天般的温暖，成为零售行业焕新首秀。

不惑之年：人间烟火

走过20的冲动奋进、30的卓绝而立，华润万家的不惑之年多了些温度。11座城市、50家新店，此番焕新亮相，这位零售"老将"将注意力放在"烟火气"上，从"人、货、场"三个维度升温，不仅是对品牌的重塑，更是对消费者需求的深刻洞察与回应。

"人"的层面，消费者是连接"货"和"场"的纽带和桥梁，所有的商品结构的组织规划和消费场景的打造，都离不开消费者的需求。华润万家通过40年的陪伴式服务，熟知各个消费阶层和年龄段的消费需求。不论是采购还是运营，都会从顾客的角度出发，优化商品结构，营造更好逛的购物环境，让消费者能够便捷式、沉浸式购物，以提升购物体验。

狭义的商品是产品本身，广义的商品是服务。一方面，华润万家从商品结构的规划、组织上，重点满足不同年龄段消费者的需求；另一方面，在服务上，也进行了优化，给消费者带来便利。带来温暖是服务层面的根本，从免费取冰、手机充电到食品加热，既有水果区域的科普贴士，又有肉类产品的食用建议，优化后的20余项服务项目透露着对消费者需求的细致关怀。此外，门店员工经过专业培训，以更加热情、专业的态度迎接每一位顾客，让服务成为华润万家的一张亮丽名片。

"货"的层面，新增品类，重点突出了"鲜"和"热"。在水产区和果蔬区，不仅有活蹦乱跳的龙虾、时鲜味美的贝类，还有产地直供、色泽诱人的水果可供挑选，现场的加工加热服务，让新鲜美味即刻入口；在烘焙区和熟食区，不仅有卤味、烤鸭、酱菜、炸鸡等大众小吃，还有瑞士卷、蛋挞、马里奥面包等精致甜点，大量的试吃点和自助区更是让人驻足，"体验感"拉满。逛累了，坐下来歇歇脚，现挑现选现入口，烟火气在一方空间内被具像化。

与供应商的紧密合作确保了商品的品质与价格优势，自有品牌的推出更是为消费者提供了更多高性价比选择，如9.9元的蓝莓、29.9元的榴莲、自有品牌定制啤酒、润家100%NFC橙汁等。新增的俄罗斯产品专区、0糖专区、年轻人酒水专区、生鲜专区、贵州山货专区等满足了消费者对新鲜与潮流的追求。消费者在享受品质生活的同时，也能感受到实实在在的优惠。这种秉承优选、优质、优价的"三优准则"，无疑是对消费者最真诚的回馈。

"场"的层面，拓宽店内主通道，提升空间通透性，进行货架人性化调整，让顾客在购物过程中更加方便、舒适自在。店内设计更是从"人"的需求出发,设置了多个品类分区,如文玩体宠集合区、酒水饮料区等,从灯光到色彩,从布局到陈列,都力求营造温馨、舒适的购物环境。走进焕新后的华润万家,感受最深的是:这里不仅是一家超市,更是一个充满生活气息与新鲜感的生活场。"华润万家变得更好逛了,也更有温度了。"店内人头攒动、客流如织便是最好的证明。

在零售这片红海之中,唯有设身处地回应消费者的需求和期待,才能赢得信任与忠诚。华润万家莲湖店店长表示:"我们始终坚持以消费者为中心,希望通过这次焕新,为消费者带来更加新鲜、实惠、贴心、舒适的购物体验。同时,我们也希望这次焕新能够成为门店发展的新起点,进一步提升品牌形象和竞争力。"

此次焕新升级,不仅仅是对门店外观的修葺,更是一次从内到外的全面蜕变。在不惑之年的沉稳步伐中,华润万家以一场盛大的焕新启幕,为人间烟火添上了浓墨重彩的一笔。50家门店遍布各大城市,每一处都散发着新的活力与光彩,成为了城市商业版图中的新亮点。

四十载蝶变:初心不改

从40年零售江湖的沉浮经验中,看到了一家企业持续"再破再立"的决心,以及一以贯之"开放进取,以人为本,携手共创美好生活"的初心。

华润万家的诞生是"迅而敏"的。在1984年中国经济刚刚开放的大背景下,华润超市敏锐地捕捉到了市场机遇,在香港地区开设了第一家门店。随着内地零售市场的逐步开放,华润超市于1992年在深圳开设了第一家分店——爱华店。此后不断摸索与尝试,扩张门店数量,迅速在全国范围内建立起连锁网络。彼时就致力于为消费者提供更加便捷、优质的购物体验,满足人民日益增长的物质文化需求。

步入21世纪,中国零售业进入黄金10年(2003—2013年),新兴零售业态进入中国,华润万家开始了快速并购与整合。2002年,华润集团收购万佳百货,组建华润万佳超级市场有限公司,随后更名为华润万家有限公司。通过一系列并购行动,如收购苏果超市、天津家世界超市等,华润万家整合资源,实现规模效应,迅速在全国市场占据领先地位。

互联网时代,面对电商的冲击以及消费者需求的日益多元化,华润万家在2014年成立了电商事业部,在组织和业务方面搭建了数字化与跨境供应链平台。门店方面,华润万家不断探索新零售模式,引入智能技术、优化商品结构,提升顾客购物体验。多业态发展布局,满足消费者多样化的购物需求。

这一阶段的华润万家,其初心在于紧跟时代步伐,不断创新服务模式,为消费者创造更加美好的生活体验。回顾华润万家40年的发展历程,不难发现,企业始终坚守着为消费者提供优质购物体验的初心。无论是初创时期的敢为人先、并购整合时期的战略眼光,还是创新与转型时期的智慧抉择,都彰显了华润万家对初心的坚守。

选择蝶变意味着面对"破茧",但正是持续的自我破茧、自我探索,才能让一家如此贴近消费者的企业持续进步,飞入万千烟火人家,成为美好生活的必要组成部分。

春天的温度：责任担当

一个行业的变革前奏往往发轫于不起眼的细节。但当"大象起舞"，零售行业中场战事的号角已然吹响。烈火烹油间，有"廉颇老矣"传统选手的逐步退场，亦有"异军突起"新势力的迅猛扩张。下半场的结局虽尚未揭露，但众人心知肚明，分野在这个漫长的冬天便已经开始。

2024年12月30日，商务部召开零售业创新提升工程推进视频会，部署落实7部门联合印发的《零售业创新提升工程实施方案》，明确提出"能否提供高质量、高性价比的商品，是提振零售业的关键；能否提供以人为本的服务，是提振零售业的核心；能否发展顺应时代要求的业态和管理模式，是提振零售业的根本"。

"人"再次被零售行业提到前所未有的高度。从几年前"摆货售卖"的场所到如今争做"美好生活伴随者"，对消费者需求的深刻理解与满足，正是下半场零售行业竞争的核心所在。华润万家秉持着"引领消费升级、共创美好生活"的理念，致力于为消费者提供更优质、更便捷、更贴心的服务。大象转身，无疑为整个行业树立了标杆，展现了行业领军者的决心与信心。

零售的脉络延展，向上连接着区域的发展，向下连接着千千万万个实体以及具体的个人。这个链条既是零售的新"战场"，也是中国经济转型升级中，无数个毛细血管里流动的内生动力。岁序更迭，华润万家以"焕新"为起点，开启了零售行业的新篇章。作为民生企业，华润万家不仅关注消费者的购物体验，更始终铭记社会责任。不仅是对自身品牌的全面升级，更是对整个消费市场的有力提振。

依托自身强大的供应链体系，华润万家的"万家焕乡计划"，致力于推广农产品，助力农民增收致富。通过直采直供等方式，减少了流通环节，降低了采购成本，同时为消费者提供了新鲜、优质的农产品。这种双赢的合作模式，不仅促进了农业产业的发展，也为消费者带来了实实在在的利益。

对于广大消费者来说，华润万家通过提供更加丰富、多元的商品选择，更加便捷、高效的购物方式，成功吸引了大量消费者的关注与青睐，无疑为消费市场注入了一股强劲的动力。人间烟火气，最抚凡人心，也唯有这烟火气，最能留住人。不惑之年的华润万家，既肩负"巨擘担当"，又将目光落到细节人情，用鲜活点燃烟火气，用实惠装满购物车，以温暖的好客心，给消费者一个进店的理由。这是零售行业2025年的首秀，也释放了另一种信号：和岁末寒冬一起到来的，还有春天的温度。

资料来源：中国网. 华润万家50家门店焕新背后［EB/OL］.［2025-01-08］. http://jilu.china.com.cn/2025-01/08/content_43006893.htm.

互动话题： 结合华润万家的管理理念，概括其在提供高质量、高性价比的商品以及提供以人为本的服务等方面的做法，并思考华润万家满足消费者的需求和期待，赢得顾客信任与忠诚的主要原因。

Excel应用小技巧

根据某家电零售企业在山东地区的店址选择与销售额情况的主要数据，构建"零售超市预选店址销售额预估模型"，表达形式为：

$$Y = \beta_0 + \beta_1 X_1 + \beta_2 X_2 + \beta_3 X_3 + \mu$$

将店址前公交站点数量、门店面积、社会消费品零售总额3个因素作为解释变量。以门店每月销售额为因变量。数据来源于该零售企业销售分析报告及区市社会经济发展统计报表，具体见表2-13。

微课2-3

Excel应用小技巧：某家电零售企业店址选择与销售额预测

表2-13　　　　　　　　某家电零售企业店址选址数据表

店址	每月销售额（万元）Y	店址前公交站点数量（个）X1	门店面积（平方米）X2	社会消费品零售总额（万元）X3
A店	2 081.94	22	3 509	1 637 257
B店	4 300.66	22	6 588.45	1 545 477
C店	1 022.19	10	3 500	805 440
D店	3 431.88	20	7 700	1 074 285
E店	830.61	12	3 535	532 184
F店	255.79	10	1 700	565 258
H店	486.86	6	2 100	623 166
I店	359.85	5	1 600	1 007 412
J店	1 633.06	8	5 412	1 290 941
K店	609.85	4	1 800	1 112 192
L店	398.71	3	2 560	900 451
M店	171.17	3	2 712	825 863

模型运算应用Excel数据分析模块，具体回归过程操作如图2-2所示。

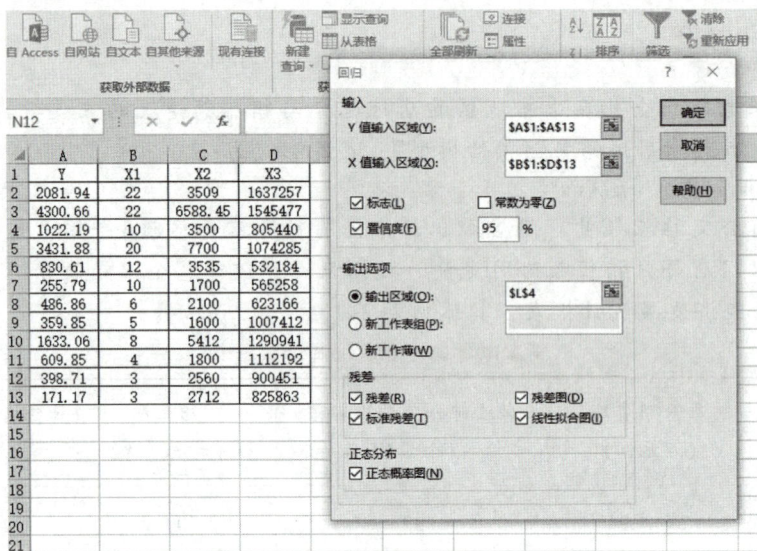

图2-2　回归过程图

从回归结果来看，3个解释变量的系数符号与预期相同，且多数达到较高的显著性水平，方程整体通过F检验，校正后R^2为0.919，表明模型有较好的拟合性。下面对估计结果进行分析，如图2-3所示。

SUMMARY OUTPUT							
回归统计							
Multiple R	0.970230424						
R Square	0.941347075						
Adjusted R Square	0.919352229						
标准误差	380.6894194						
观测值	12						
方差分析							
	df	SS	MS	F	Significance F		
回归分析	3	18607657.5	6202552.51	42.7985284	2.84327E-05		
残差	8	1159395.47	144924.434				
总计	11	19767053					
	Coefficients	标准误差	t Stat	P-value	Lower 95%	Upper 95%	下限 95.0%	上限 95.0%
Intercept	-1479.45028	344.915458	-4.2893128	0.00265384	-2274.826753	-684.07381	-2274.826753	-684.073808
X1	65.82046493	24.2929487	2.70944732	0.02668091	9.80082472	121.840105	9.80082472	121.8401051
X2	0.36496539	0.08255867	4.42067896	0.00222448	0.174584748	0.55534603	0.174584748	0.555346032
X3	0.000798528	0.00038998	2.04760786	0.07478542	-0.00010077	0.00169782	-0.00010077	0.001697825

图2-3　回归结果图

（1）店址前公交站点数量$X1$的估计系数为65.82，与预期符号一致，表明店址前公交站点数量每增加1个，则门店每月销售额增加65.82万元。在这里公交站点的数量间接地表明了该店址前的交通情况及商圈内的商业网点聚集情况较集中，即位于核心商圈位置。

（2）门店面积$X2$的估计系数为0.365，与预期符号一致，表明门店面积每增加1%，每月销售额增加0.365%，由此门店面积的增加有助于提高门店的销售额。

（3）社会消费品零售总额$X3$的估计系数为0.000799，与预期符号一致，从估计系数上可以看出，社会消费品零售总额对门店月销售额的影响不大。

拓展阅读

"电商下乡"视角下构建县域商业体系路径

加强县域商业体系建设，是畅通国内大循环、培育完整内需体系的必然选择，对促进农村消费、构建新发展格局具有重要意义。通过提升农村地区消费便利化、数字化水平，促进县域经济实现高质量的动态循环，不仅可以提高农民收入，增强人民的获得感和幸福感，同时还可以推动新型城镇化、加快县域内城乡融合发展，巩固拓展脱贫攻坚成果，促进乡村振兴战略的全面实现。

1.建设乡镇商贸中心，促进县乡村商业数字化、连锁化

首先，要把县域作为统筹城乡商业发展的重要切入点，打造县城、乡镇和村三级商业设施，在有条件的乡镇建设融合商业、餐饮与休闲娱乐等多种生活服务业态的商贸中心与新型一点多能、一网多用的乡村便利店，因地制宜丰富快递收发与农产品经销等业务，促进县乡村商业数字化与连锁化发展。

其次，要支持公益性农产品批发市场建设，提升农产品流通的民生保障能力，支持连锁超市与生鲜电商超市做大农产品订单销售，拓宽农产品的营销渠道。

2.健全农村流通网络，加快补齐冷链物流设施短板

健全农村流通网络需要提升物流设施建设水平及产地初加工、批发和零售等环节的服务功能，通过骨干流通企业和骨干农产品批发市场，带动农产品生产、运输、仓储和销售，保障农产品物流快捷高效畅通；支持新型农业经营主体建设则需要规模适度的产地冷藏保鲜设施，要加强农产品批发市场的冷链设施建设，引导生鲜电商、物流企业建设前置仓、分拨仓，配备冷藏和低温配送设备，促进农产品冷链各环节的有序衔接。

3.提升农产品电商化能力，扩大电子商务进农村覆盖面

通过提升农产品电商化能力、加强农产品品牌培育，推进农产品价值链提升和标准化生产，打通集农产品生产、加工、销售于一体的产业链，建设产业集群，提高农产品附加价值，打造"一村一品"；要扩大电子商务进农村覆盖面，首先需要引导农产品流通企业与新型农业经营主体通过发展订单农业、产销一体、股权合作等多种模式实现精准对接；此外，要大力发展订单农业等新业态，推动农业生产主体以市场需求为导向组织生产，支持邮政快递、商贸流通等企业开展市场化合作，积极发展统仓共配。

4.丰富农村消费市场，推动农村商旅文娱体融合发展

丰富农村消费市场，以农民需求为导向，推动农村耐用消费品更新换代，以满足农民民生需要与扩大农村消费。推动农村商旅文娱体融合发展，具体包括：

一是将村落的形象与商品结合起来，打文化牌、体验牌，打造乡村空间商品化新体验场景，通过提升县域文旅服务功能，支持乡村旅游、乡村民宿、休闲农业等发展；

二是吸引城市居民下乡消费，鼓励商旅文体娱融合发展，以产业融合带动农民增收致富；

三是重视县域商业的公共服务属性，开发针对老年人需求的商品与服务，深入挖掘农村老年市场消费潜力，进而扩大县域消费市场的规模，最终建成完善的县域商业体系。

资料来源：赵琪，董启锦. 电商下乡背景下县域商业体系的构建路径研究——基于山东省的案例分析 [J]. 科技创业月刊，2023，36（7）：89-93.

实战与提升

实战与提升
参考性提示

沈大成点心企业的销售渠道以传统的线下门店为主，但为了顺应如今的消费形势，企业不断进行品牌、产品与渠道升级，希望服务更多的线上消费者，产生更大的品牌价值。针对这一发展背景，沈大成食品有限公司将针对全新市场环境下消费者的新型需求，优化品牌建设，进行品牌发展战略规划，明确发展路径，建设具备文化底蕴的优质品牌。请以品牌优化和发展为目的，运用SWOT分析，制订"沈大成"品牌战略规划方案。

项目三 门店商品数据分析

学习导图

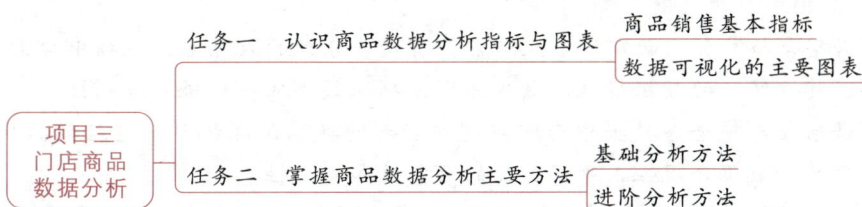

项目三
门店商品
数据分析

任务一　认识商品数据分析指标与图表　——　商品销售基本指标 / 数据可视化的主要图表

任务二　掌握商品数据分析主要方法　——　基础分析方法 / 进阶分析方法

学习目标

知识目标
- 了解商品销售的基本指标
- 掌握数据可视化的主要图表
- 掌握商品销售数据分析的基础分析方法
- 掌握商品销售数据分析的进阶分析方法

能力目标
- 具备绘制基础数据可视化图表的能力
- 具备应用销售数据分析基本方法的能力
- 具备应用销售数据分析进阶方法的能力

素养目标
- 引导学生学习大国工匠事迹，培养工匠意识和工匠精神
- 培养公平竞争的职业道德，加强服务社会、奉献社会的职业意识

项目导入

美宜佳控股有限公司BI经营分析驾驶舱

新零售行业正面临着数字化转型的时代浪潮，而数据中台的构建被视为实现数字化转型的关键步骤之一。数据中台以数据为核心，整合、管理和分析各类数据资源，为企业提供决策支持和商业洞察，推动新零售企业从传统模式向数字化、智能化发展。

（一）数据中台的重要性

新零售行业面临着消费者需求多样化、竞争加剧和供应链复杂化等挑战，数据中台的构建能够帮助企业应对这些挑战，具有以下重要性：

1.实时洞察市场趋势。数据中台整合各类数据源，包括销售数据、顾客行为数据、供应链数据等，通过数据分析和挖掘，帮助企业准确把握市场趋势和消费者需求变化，为产品研发和市场营销提供有力支持。

2.提升决策效率。数据中台打破了传统业务部门之间的信息孤岛，实现了数据的共享和流通，使得企业决策可以基于全面、准确的数据，降低决策风险，提高决策效率。

3.优化供应链管理。新零售行业的供应链管理面临复杂性和不确定性，数据中台整合供应链各环节的数据，实现供需信息的精准匹配，优化物流、库存和采购等关键环节，提高供应链的运作效率和灵活性。

（二）数据中台的关键要素

1.数据整合与集成。新零售企业通常拥有众多分散的数据源，数据中台需要整合这些数据源，建立统一的数据标准和数据模型，确保数据的一致性和准确性。

2.数据治理与安全。数据中台需要建立完善的数据治理机制，包括数据质量管理、数据安全保障和数据合规性，确保数据的可靠性和安全性。

3.数据分析与洞察。数据中台不仅是数据的存储和管理平台，更重要的是提供数据分析和洞察能力。通过数据分析技术，如人工智能和机器学习，挖掘数据中的商业价值，为企业提供深入洞察和预测能力。

4.组织架构与文化变革。数据中台的构建需要企业进行组织架构和文化变革。建立跨部门的数据团队，推动数据驱动的决策文化，培养数据人才，促进数据与业务的深度融合。

（三）数据中台的架构设计

1.数据采集层。数据中台的第一步是收集和整合各种数据源，包括销售数据、库存数据、用户数据、供应链数据等。这些数据可以通过传感器、POS系统、电子商务平台、社交媒体等多种渠道获取。

2.数据存储层。数据中台需要一个可靠的数据存储层，用于存储采集到的数据。常见的解决方案包括关系型数据库、分布式文件系统等。此外，为了应对大数据的挑战，许多企业还采用了数据湖或数据仓库来存储和管理海量数据。

3.数据处理层。数据中台的数据处理层负责对采集到的数据进行清洗、转换和整理，以提高数据质量和可用性。这一层通常具有数据清洗、数据集成、数据标准化、数据转换等功能。常见的技术工具包括ETL（提取、转换和加载）工具、数据集成平台等。

4.数据计算层。数据中台的数据计算层用于进行数据分析和挖掘，以获取有价值的业务洞察。这一层可以应用各种数据分析技术，如机器学习、数据挖掘、统计分析等。通过数据计算，企业可以识别趋势、预测需求、优化运营等。

5.数据应用层。数据中台的数据应用层是将数据转化为实际业务应用的关键一步。该层提供数据可视化、报表分析、智能决策支持等功能，帮助企业管理者和决策者更好地理解和利用数据。数据应用层还可以与企业的其他系统进行集成，实现数据的共享和应用。

数据中台作为新零售行业的关键基础设施，为企业提供了数据集成、清洗、分析和应用等功能。通过合理的架构设计和有效的功能应用，数据中台可以帮助企业实现数据驱动的业务增长，提升竞争力和创新能力。新零售企业应积极探索和应用数据中台，将其作为数字化转型的重要战略工具，迎接未来的挑战。

（四）美宜佳控股案例创新的背景及实施过程

美宜佳创立于1997年，系东莞市糖酒集团旗下的商业流通企业，也是在国内第一家连锁超市——美佳超市基础上发展起来的连锁便利店企业。20多年来，美宜佳以好物产品研发为核心，为消费者提供优质的商品与便民服务，构建国民美好便利生活场景，目前已成为中国门店数量最多的便利店品牌。随着美宜佳控股有限公司经营业务不断扩大，产生的数据越来越多，数据驱动业务决策的重要性愈发突出。门店拓展、总部出货、门店销售这三大核心指标渗透到经营的各个层面，是业务关注的数据焦点，然而在分析数据时普遍存在数据报表不成体系、呈现不直观、标准不统一、更新时效不足等痛点，不能直观快速定位经营问题，降低数据使用效率。基于公司可视化诉求，对美宜佳的整体业务进行梳理和解构，通过分析驾驶舱，总共规划12个主题，分别是：总体大盘、综合运营体系KPI、门店拓展、出货分析、销售洞察、星星榜、外卖经营、会员运营、医药经营、商贸批发、财务分析与宏观趋势。这些助力公司实现5年翻倍、最终达10万家门店的目标。

1.大盘数据直观可视，可快速辅助经营决策。主要体现为：一是各地区新增门店数每日更新，直观觉察市场潜力；二是各地区每月筹备门店数横向对比，便于抓住拓店机遇和时机；三是BI驾驶舱将指标数据通过可视化图表呈现，使数据的变化趋势更直观，数据的大小差异更显著，并且借助数据的位置/颜色区别，可以快速定位经营异常点，为业务提供快速的经营决策支持；四是以行业标杆作为参照，并结合美宜佳自身的场景，采用DEVOPS方法实现敏捷开发，使用数据湖技术作为数据底座，通过低代码方式完成驾驶舱配置化开发；五是总体大盘主题涵盖了门店拓展、总部出货、门店销售这三大核心指标，渗透经营的各个层面，是业务关注的数据焦点，其他主题则是总体大盘里指标的细化。

星星榜以排行榜形式可视化呈现公司PK指标，负责人清晰定位自身排名位置及与其他管理路线负责人指标差异，同时支持各管理路线人员灵活创建PK赛，打造良好的竞争氛围，调动员工工作积极性，提高团队凝聚力；推动公司战略有效实施与发展，为公司10万家店数据赋能。

2.统一数据标准，提升业务工作效率。在原来的信息系统中，业务部门各自完成数据分析，通常在智能报表平台导出（或提交）临时数据需求（或获取）数据，经常需要对数据进行多次加工处理。这导致各业务的指标规则混乱，数据分析结果互相冲突，影响业务工作开展。新驾驶舱统一了数据来源，建立了统一规范的数据分析规则，通过可视化的分析主题为业务直观呈现经营结果；并通过多种预警算法为业务提供经营异常的及时提醒；为业务快速做出应对决策提供数据支持；同时现成的图表有助于快速完成分析报告制作，大大提升工作效率。BI驾驶舱支持市场主流终端设备，如PC端、普通手机、平板电脑、LED大屏等，用户可随时随地查看数据，通过各种移动设备实现无障碍高效办公。驾驶舱大部分图表具备交互特性，通过切换维度、下钻即可全方位展示不同维度的指标表现。同时支持点赞、评论，促进形成社群互动氛围，增强产品的趣味性。

资料来源：中国连锁经营协会. 2023零售数字化创新案例集［EB/OL］.［2023-08-02］. http：// www.ccfa.org.cn/portal/cn/xiangxi.jsp?id=444824&type=10004.

要求：通过了解数据中台构建及美宜佳控股案例创新的相关知识，思考新零售门店的主要运营目标有哪些，以及哪些数据与指标可以快速辅助经营决策。

任务一　认识商品数据分析指标与图表

学一学

零售企业通常以快速消费品的销售为主。快速消费品大多是日常用品，在购买时常出现即兴的情形，可能由于某些因素引发冲动购物。并且，人们在购买快速消费品时，可能对周围其他人的建议不敏感，更多地取决于个人偏好，同时商品的外观、包装、广告、促销、价格、销售点等均对销售起着重要作用。在国内的快速消费品市场，商品的品种差异不大，价格竞争的空间也很小。如何对商品进行合理布局，如何设计受欢迎的促销方案就成了门店竞争客户的一个关键点。而布局、广告和促销的设计必须贴近消费者，这就要求通过数据来分析消费者购物的个人偏好，并且找到共性，根据顾客的购买情况来帮助其优化营销方案和提升客户满意度。

一、商品销售基本指标

商品销售的基本指标包括动销率、售罄率、缺货率等。

（一）动销率

动销率也被称为动销比，它是店铺有销售的商品的品种数与本店经营商品总品种数的比率，是一定时间内考察库存积压情况或各类商品销售情况的一个重要指标。其公式为：

动销率=门店有销售的商品的品种数÷本店经营商品总品种数×100%

它反映了进货品种的有效性。动销率越高，有效的进货品种就越多；反之，则无效的进货品种相对较多。对动销率的考核一般按照月度进行，主要用来评价店铺经营商品的销售情况，是评价店铺经营商品结构的贡献效率的指标。

例如：已知门店销售商品品种数量总计2 900种，2025年6月有销售的商品的品种数为2 850种，则该店铺的动销率为98.28%（2 850÷2 900×100%）。

（二）售罄率

售罄率是指一定时间段内某种货品的销售数量占总进货的比例，根据期间范围的不同可分为周售罄率、月售罄率、季度售罄率、季末售罄率。季末售罄率是指整个商品消化期的销售数量与商品的总进货数量的比值。售罄率的公式是：

售罄率=某时间段内的销售数量÷（期初库存数量+期中进货数量）×100%

售罄率为65%～70%是一个打折促销的参考点。售罄率的应用更多地适用于季末产品销售期即将结束时需要对利润贡献不大的滞销款进行处理时的决策。

（三）缺货率

缺货率的公式为：

缺货率=某个时期内门店有缺货记录的商品数÷（期初有库存的商品数+期中新进商品数）×100%

这里的缺货率主要针对销售端的缺货，适用于采购部和销售部。需要注意的是，这里的缺货率是指缺货的商品比率，不是缺货的数量或金额比率（缺货数量或缺货金额很难量化）。缺货率比较难以统计的是缺货记录，信息系统建设较好的门店，可以通过设置商品零库存状态以自动判断是否缺货。库存为零的一般是缺货的，但是库存大于零的商品也可能处于缺货状态，因为这里的库存很可能是残次或虚假库存，实际可供销售的库存为零，这种情况比较难以统计，需要用人工的方式来识别。缺货率公式中的某个时期，最短可以是1天，最长不建议超过1个月。在计算年平均缺货率的时候可以用月缺货率的平均值得出。

二、数据可视化的主要图表

根据数据呈现的目的和场景，图表类型可以被整理为三类：对比类图表、构成类图表和分析类图表。对比类图表，对比的数值对象是绝对值（包括这个绝对值是率值的情况），在不同分组、不同维度下的对比，都是如此。而构成类图表，其实是一种特殊的对比，但它通常比较的是部分与整体，比较的对象通常是有关联的，对比的数值对象通常是占比类的相对率值，并且会有一个明确的100%锚点所在位置。以上两类图表，都是数据值本身即重要信息且是必不可少的，但分析类图表更重要的目的是揭示数据背后的关系和特征。

（一）对比类图表

对比类图表通常用于多个分类项（时间周期算一类特殊的分类项）的数值对比，比较的就是绝对值大小，就是大量用到长度、宽度、高度来对比数值大小的图表类型。

1.柱形图

柱形图是最通用的图表之一，其他大部分图表都可以认为是它的衍生图表。柱形图通常使用垂直轴来表示数值大小，并使用颜色或标签来区分不同的类别。柱体之间的空隙最好控制在柱体宽度的0.5~1倍之间（比如1厘米宽的柱体，间距在0.5～1厘米最合适），柱体过细或者过粗、间距过大或者过小，都影响视觉效果。当需要对比同个分类下多个系列数据时（比如比较北京、上海、广州三个城市每个季度的销售额），适合用分组柱形图（簇状图），这样可以把不同季度的数据柱并排展示。而当同时对比各个分类的总量和内部构成时（比如看每个城市全年销售额中线上线下的占比），堆积柱形图会更直观，它既能展示总量，又能看到各组成部分的对比情况。

根据表3-1中的校园超市商品及服务调查数据可得柱形图（如图3-1所示）。

表 3-1　　　　　　　　　　　校园超市商品及服务调查数据表

项目	分类	很满意	一般满意	不满意
商品的安全性	教师	60%	35%	5%
	学生	74%	21%	5%
商品的质量	教师	57%	37%	6%
	学生	71%	24%	5%
商品的品种	教师	63%	30%	7%
	学生	49%	37%	14%
商品的价格	教师	48%	47%	5%
	学生	65%	33%	2%
服务态度	教师	58%	28%	14%
	学生	65%	33%	2%

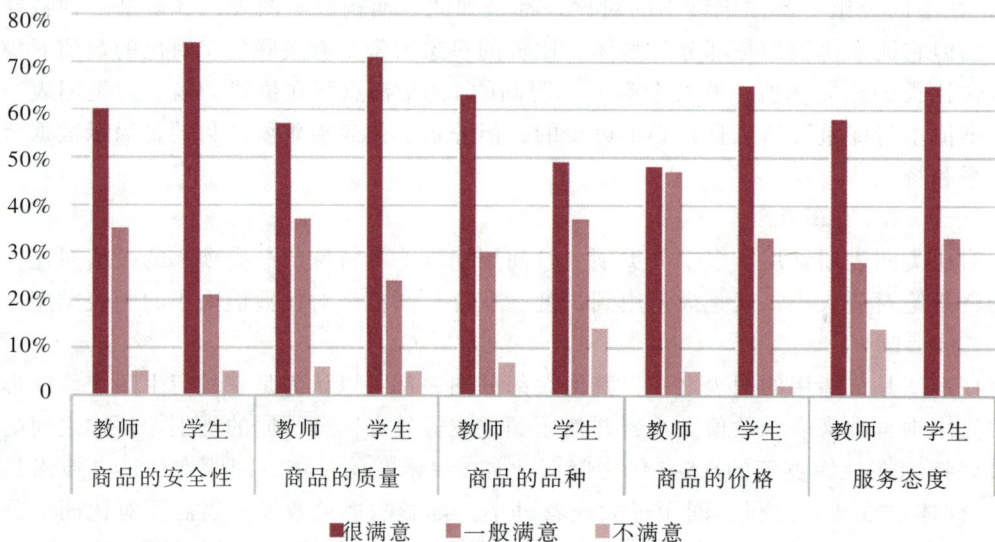

图3-1　校园超市商品及服务调查柱形图

2.条形图

条形图可以看作把柱形图横过来。大部分情况下，能用柱形图的尽量不用条形图。当数据量较多或者标签文本比较长时，适合改用条形图，但数量最好不要超过20条，否则容易带来视觉和记忆负担。当数据为时间长度等类似指标的时候，优先用条形图，根据表 3-2 的商铺综合评价数据可得条形图（如图 3-2 所示）。

表3-2　　　　　　　　　　　　　　　　商铺综合评价表

评价指标 商铺分类	服务态度	产品质量	价格合理	综合评价
眼镜店	4%	13%	10%	6%
移动厅	3%	3%	13%	3%
喜多多	4%	5%	10%	1%
手抓饼	21%	7%	8%	28%
麻辣烫	14%	8%	13%	8%
文具店	2%	6%	5%	3%
肉夹馍	3%	9%	8%	10%
照相馆	7%	18%	10%	10%
华蓉小屋	21%	6%	10%	4%
卤肉饭	1%	7%	15%	3%
水果	8%	15%	0	6%
鲜奶	14%	3%	0	19%

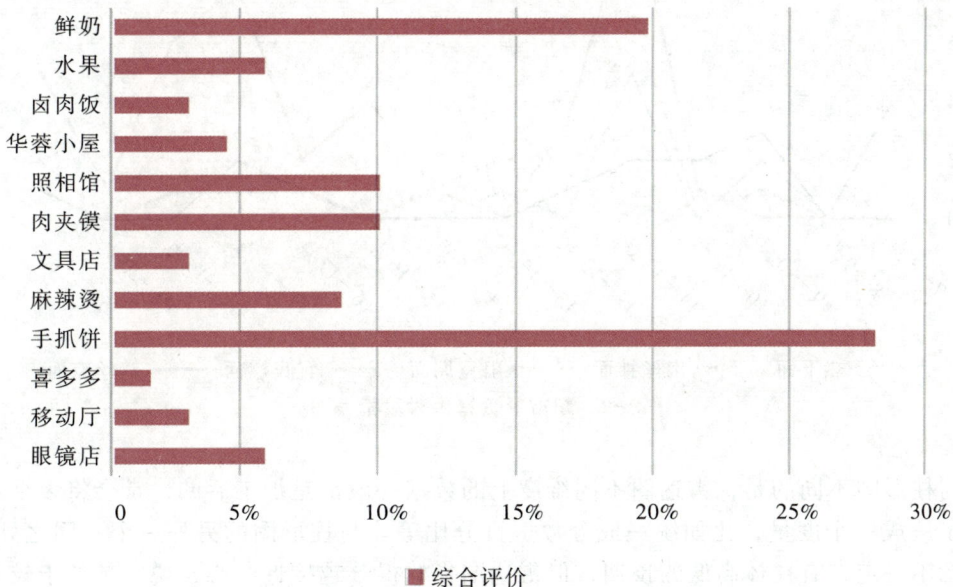

■ 综合评价

图3-2　商铺综合评价条形图

3.折线图

柱形图不适用于分类特别密的场景，此时折线图登场。一般来说，建议使用折线图反映趋势变化。柱形图强调各数据点值之间的差异，折线图则强调起伏变化的趋势；柱形图更适于表现离散型的时间序列，折线图适合表现连续型的时间序列。所以当x轴为连续数值（如时间）且注重变化趋势时，则适用折线图。但当x轴为非连续的分类数据时，使用折线图的话，在两个分类中间的连线处是没有意义的，不建议使用。根据表3-3的超市餐食销售时段可得折线图（如图3-3所示）。

表3-3 　　　　　　　　　　　　　　**超市餐食销售时段表**　　　　　　　　　　　　　　单位：份

时段 品名	7—8点	8—9点	9—10点	10—11点	11—12点	12—13点	13—14点	14—15点	15—16点	16—17点	17—18点	18—19点	19—20点	20—21点
热干面	0	0	0	1	11	3	0	1	4	2	8	6	0	5
肉丝拌面	0	0	1	0	7	1	1	3	1	2	3	3	0	2
扁豆焖面	0	0	2	0	3	2	2	1	0	1	2	2	3	2
宜宾燃面	4	0	2	0	5	0	1	0	0	1	1	1	0	1
鸡丝凉面	0	0	3	2	2	1	0	0	0	1	2	0	0	1

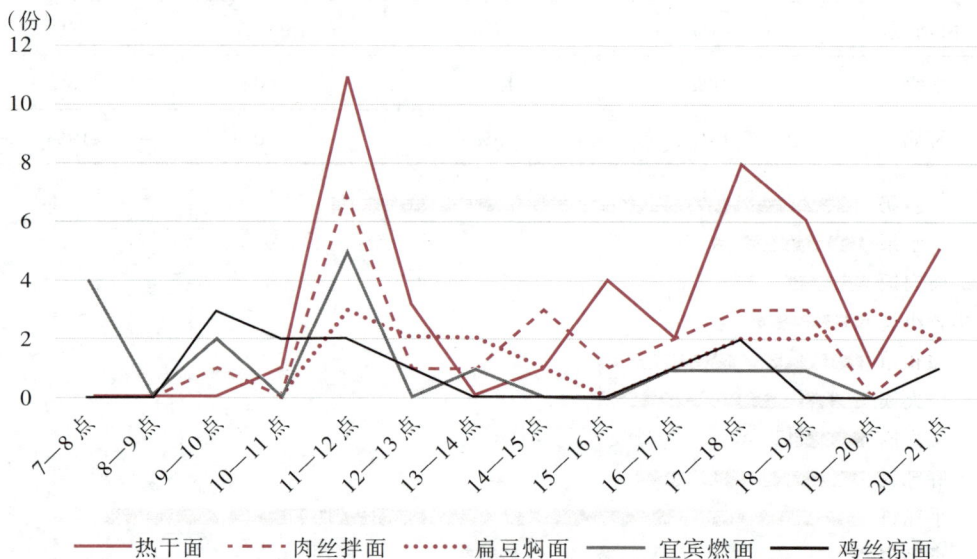

图3-3　超市餐食销售时段折线图

4.雷达图

与柱形图不同的是，雷达图不同维度上的数据一般都是加工后的，常会将多个坐标轴都统一成一个度量，比如统一成分数、百分比等。与柱形图的另外一个不同之处是，柱形图不一定带有柱体高低的预期，但雷达图指标得分越接近中心，说明越处于较差状态，应分析改进；指标得分越接近外边线，说明越处于理想状态。要分析企业内商品竞争能力，就需要对企业商品的关键指标进行分析，以了解各商品竞争力的强弱。在进行分析时，当希望所选图形能够在同一图表中呈现出多个维度的数据，可以选择雷达图。

根据表3-4的企业产品内部竞争力情况数据可得雷达图（如图3-4所示）。

表3-4　　　　　　　　　　　企业产品内部竞争力情况

产品编号	访客人数占比	收藏人数占比	加购人数占比	下单人数占比	支付人数占比
产品A	34%	32%	38%	45%	43%
产品B	9%	15%	17%	8%	9%
产品C	22%	19%	12%	13%	12%
产品D	29%	25%	24%	25%	25%
产品E	6%	9%	9%	10%	11%

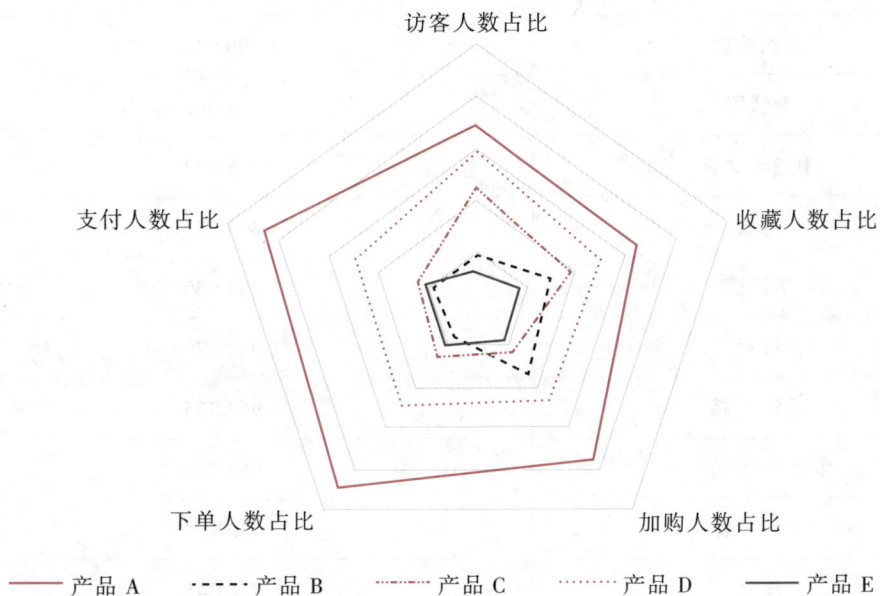

图3-4　企业产品内部竞争力情况

（二）构成类图表

构成其实是一种特殊的比较。它通常比较的是部分与整体，比较的对象关联性比较紧密，常常用来阐释"行业集中度""细分占比大头""每个因素/环节的贡献"等类型的观点。一般在数据指标上表现为占比类的率值，可以找到一个明确的100%锚点所在位置。

1.饼状图

饼状图是一种表示分类占比的图表形式。它通过扇形区块的面积、弧度和颜色等视觉标记，用来表示不同分类的占比情况，整个圆饼代表数据的总和，每个区块（圆弧）表示该分类占总体的比例大小。在使用饼状图时需要注意，要尽量避免使用两个及以上的饼状图，如果是为了表示对比，尤其是时间趋势上的对比，饼状图并不是很有效的图表形式，因为人的眼睛很难通过读饼状图准确看出各个分类占比的变化趋势和幅度，此时还是柱形图和条形图更清晰。根据表3-5的各子品类销售额指数可得饼状图（如图3-5所示）。

表3-5　　　　　　　　　　　　　各子品类销售额指数列表

子行业名称	销售额指数
连衣裙	4 071 394
裤子	2 532 755
T恤	1 674 579
套装/校服/工作制服	1 451 907
毛呢外套	1 399 941
羽绒服	1 398 906
中老年女装	1 295 282
毛衣	1 203 554
牛仔裤	1 064 960
衬衫	1 002 570
毛针织衫	964 735
蕾丝衫/雪纺衫	856 246
大码女装	732 434
皮草	718 045
短外套	679 768
半身裙	664 706
棉衣/棉服	653 233.5
皮衣	482 083

2.环形图

环形图是饼状图的一种变体，其本质是将饼状图中间区域挖空。与饼状图不同的是，环形图关注的是各个扇形之间（而不是整体）的角度和弧长的对比。与饼状图相比，环形图的中间区域可以放置标签文字，具有更高的空间利用率，适用于同一页面内重复使用、对其他元素干扰较小的情况。但如果是用于对比，也同样建议避免使用多个环形图，但可以使用多层环形图。根据表3-6的库存分析数据可得环形图（如图3-6

所示)。

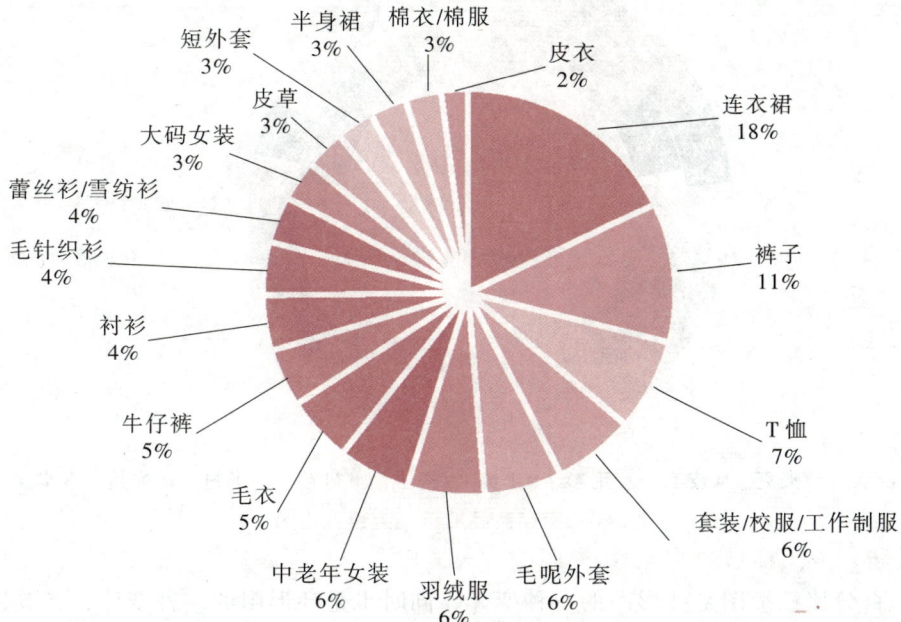

图3-5　各子品类销售额指数占比图

表3-6　　　　　　　　　　　库存分析表

品类	数量(件/条)	数量占比	金额(元)	金额占比	单价(元)
西服	778	2%	168	8%	2 160
夹克	1 762	5%	208.5	10%	1 183
皮衣	191	1%	77.2	4%	4 040
毛衫	1 239	3%	81.7	4%	660
T恤	4 412	12%	244.4	11%	554
裤子	13 237	37%	590	27%	446
衬衫	4 532	13%	212.1	10%	468
半衬	1 805	5%	96.5	4%	535
饰品	2 314	7%	121.6	6%	526
半T	5 296	15%	385.8	18%	729
合 计	35 566	100%	2 185.8	100%	615

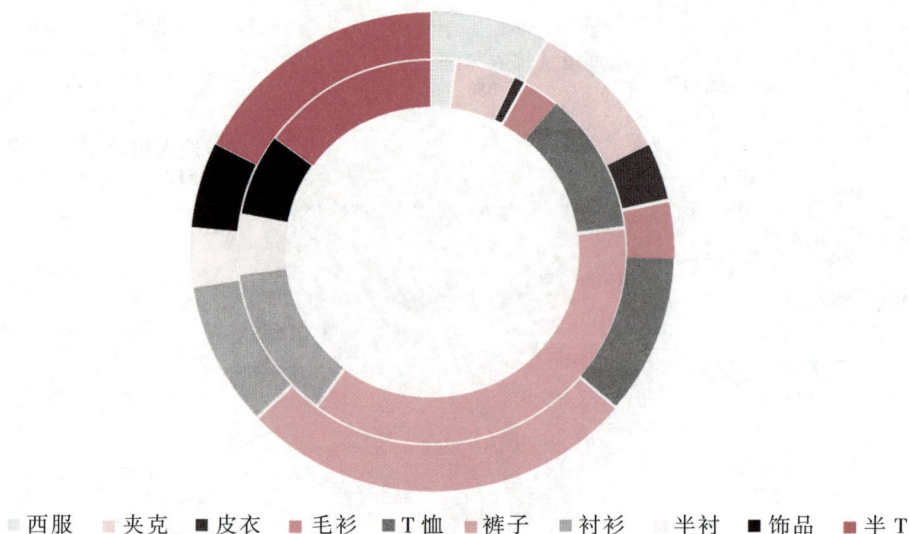

西服　夹克　皮衣　毛衫　T恤　裤子　衬衫　半衬　饰品　半T

图3-6　库存商品数量、金额占比图

3.堆积百分比柱形图/条形图/面积图

堆积百分比柱形图是柱形图的一种变体，同时也是环形图的一种变体，尤其适用于有总体的多个构成分类在不同时期的占比趋势变化。堆积百分比条形图与堆积百分比柱形图的差异，与对比类图表中提到的并无太大不同。堆积百分比面积图，其实是折线图的一种变体，其通过将多条折线的数据值堆叠在一起，以展示数据在不同时间段或类别之间的整体变化趋势。这种图表特别适用于显示多个构成分类在不同时期的占比趋势变化，如果不是趋势特征比较突出的数据，画出来会显得非常凌乱而且使人难以理解，堆积百分比面积图和普通的面积图都建议慎用。根据表3-7的推广数据可得堆积百分比面积图（如图3-7所示）。

表3-7　　　　　　　　　　　　　　　推广数据

购物环节	辅助列	人数	环节转化率	整体转化率
直通车展现量	0	10 000	100.00%	100.00%
直通车点击量	2 000	6 000	60.00%	60.00%
加购量	2 750	4 500	75.00%	45.00%
提交订单	3 875	2 250	50.00%	22.50%
核对订单信息	4 550	900	40.00%	9.00%
选择支付方式	4 820	360	40.00%	3.60%
完成支付	4 855	290	80.56%	2.90%

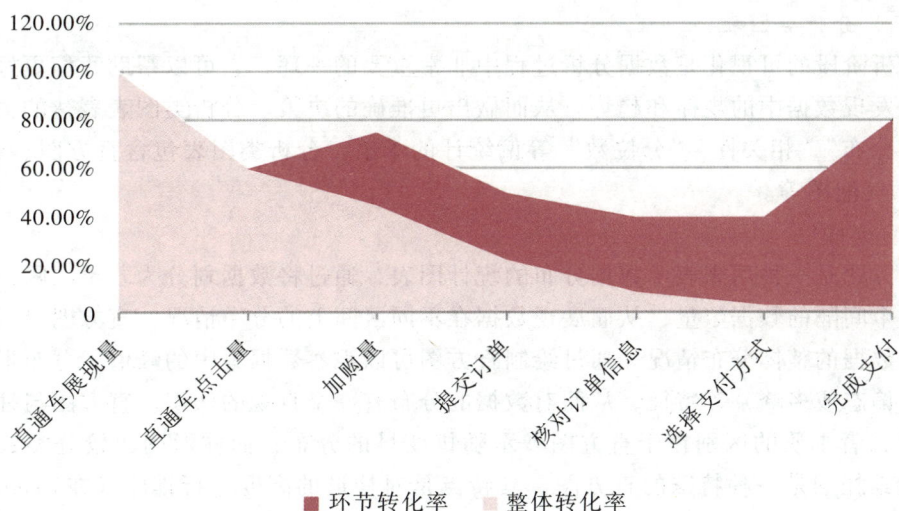

图3-7　环节转化率与整体转化率堆积百分比面积图

4.漏斗图

漏斗图适用于业务流程比较规范、周期长、环节多的单流程单向分析，通过漏斗各环节业务数据的比较能够直观地发现和说明问题所在的环节，进而做出决策。漏斗图从上到下，有逻辑上的顺序关系，表现了随着业务流程的推进业务目标完成的情况，适用于流程和流量分析。漏斗图总是开始于一个100%的数量，结束于一个较小的数量，不同的环节要用同一色系不同的颜色或者同一种颜色不同透明图进行区分，以帮助用户更好地区分各个环节之间的差异，不宜用多种不同颜色。根据表3-7的推广数据得出的漏斗图如图3-8所示。

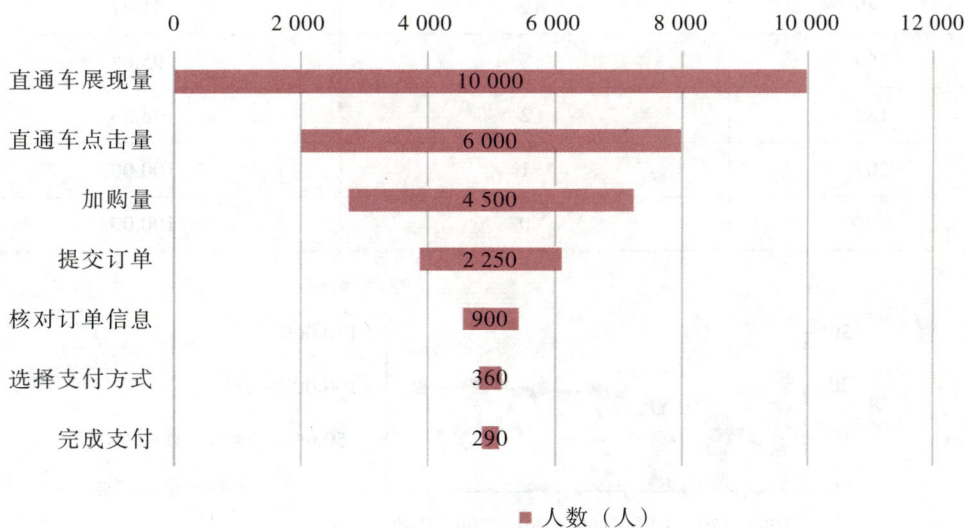

图3-8　漏斗图

（三）分析类图表

分析阶段的可视化是数据分析过程中非常重要的一环，它可以帮助我们更好地理解数据、发现数据中的规律和趋势，从而做出更准确的决策。分析类图表表达的关键词经常是"分布""相关性""分位数"等偏统计的术语。分析类图表包含直方图、箱线图、散点图/气泡图等。

1.直方图

直方图是一种用来表示数据分布的统计图表，通过将数据划分为若干间隔，并统计落入每个间隔的数据数量，从而展现数据在不同区间上的分布情况。直方图可以帮助我们了解数据的整体分布情况。通过绘制直方图可以观察数据集中的峰值、分布形态（如对称、偏态或多峰）等特征，从而对数据的分布有一个直观的认识。直方图与柱形图很像，但二者本质的区别在于直方图展示随机变量的分布，而柱形图比较分类数据的大小。帕累托图是一种特殊的直方图，其特点是对柱形的高度进行排序（在Excel中叫排列图），是"二八原则"的图形化体现。

例如，对客户购买频数进行分析，需要将整个统计时间等分为若干时间单位，然后统计各时间单位内客户购买的次数，进而发现客户购买频数的分布情况，以得出整个统计时间内客户购买频数的分析结果。根据表3-8的客户购买频次数据可得直方图（如图3-9所示）。

表3-8 客户购买频次表

分组上限	频率（次）	累积（%）
109	23	37.70
129	15	62.30
149	12	81.97
169	8	95.08
189	2	98.36
209	1	100.00
其他	0	100.00

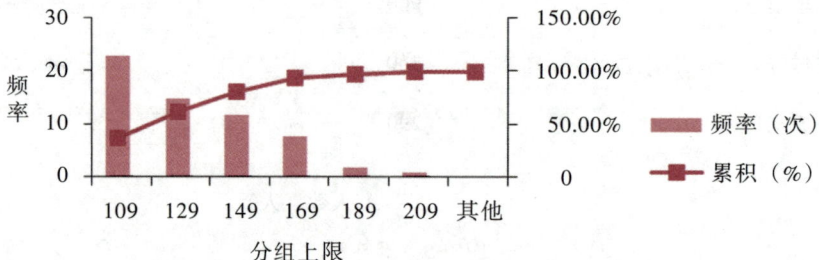

图3-9 购买频次直方图

2. 箱线图

箱线图是一种用统计学方法呈现数据分布特征的图表。它可以用来展示数据的中位数、上下四分位数、异常值等信息，从而帮助更好地理解数据集的概况。箱线图可以帮助观察和比较不同数据样本的分布情况，能够显示数据集中是否存在异常值。根据表3-9的购买人数数据可得箱线图（如图3-10所示）。

表3-9　　　　　　　　　　　　　　　　　购买人数

日期	购买人数
2023 年 8 月 1 日	98
2023 年 8 月 2 日	102
2023 年 8 月 3 日	105
2023 年 8 月 4 日	105
2023 年 8 月 5 日	108
2023 年 8 月 6 日	120
2023 年 8 月 7 日	110
2023 年 8 月 8 日	111
2023 年 8 月 9 日	102
2023 年 8 月 10 日	105
2023 年 8 月 11 日	108
2023 年 8 月 12 日	112
2023 年 8 月 13 日	106
2023 年 8 月 14 日	103
2023 年 8 月 15 日	115

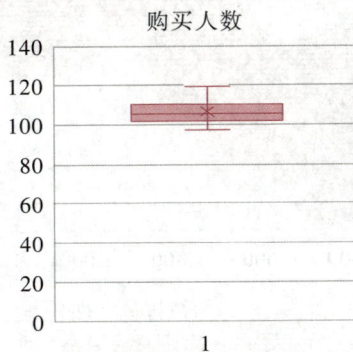

图3-10　箱线图

3.散点图/气泡图

散点图是一种将数据以二维平面的形式进行展示，用不同的颜色或标记来表示不同数据点之间的差异或相关性的图表。散点图有助于了解变量之间的趋势和相互影响，对于预测和预测建模很有帮助，能够指导进一步的数据分析和决策。在散点图的基础上通过增加颜色、面积等元素，就成了多一个（或几个）度量维度的气泡图，可继续增加对数据的度量。增加面积元素，可以增加度量维度；增加颜色元素，可以表现多分类的散点聚类分布情况。例如：客户地域分布旨在展示数据的分布关系，适合选用气泡图。根据表3-10的不同地域商品销售统计数据可得气泡图（如图3-11所示）。

表3-10   **不同地域商品销售统计表**

地域	销售量（件）	销售额（元）	利润（元）
北京	411	12 003	5 700
上海	712	14 521	8 562
陕西	210	4 321	2 805
浙江	860	20 851	12 541
福建	413	5 632	3 659
广东	1 520	28 541	17 521
四川	589	10 588	6 289
江苏	1 105	18 255	12 548

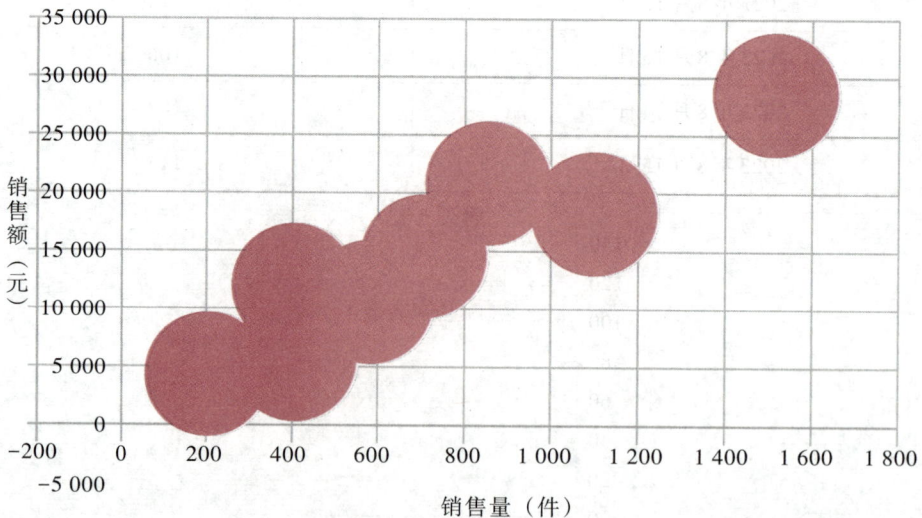

图3-11 销售额气泡图

做一做

根据门店的主要经营指标及公式完成相关的计算。

微课 3-1

实践案例：门店的主要经营指标计算

1.进价、售价与差价

进价指商品进货时的价格；售价指商品上的标价；差价指通过销售商品使顾客得到满足时，预定可得到的报酬（成果）。因此，售价-进价=差价。进价率指进价在售价中所占的比例；差价率指差价在售价中所占的比例，因此，进价率+差价率=100%。

2.毛利与毛利率

进价销售额指被销售商品的进价；营业额指商品被买走时，从顾客那里收到的款额；毛利指门店提供的服务使顾客满足时应得的款额。因此：

毛利=营业额-进价销售额

毛利率=毛利÷营业额×100%

3.差价与毛利

售价变更及损耗部分，相应地会减少营业额与毛利；发生售价变更、损耗时，进价是不变的（进价不变原则）。因此：

毛利=差价-售价变更-损耗

毛利额=营业额-进价销售额

毛利率=（差价-售价变更-损耗）÷营业额×100%

毛利率=（营业额-进价销售额）÷营业额×100%

　　　=1-进价销售率

问题一：进价500元，售价800元的商品共100个，其中10个因不清洁售价降至600元，另外5个商品被偷。问：营业额是多少？进价销售额是多少？毛利额是多少？毛利率是多少？

答：营业额=800×85+600×10=74 000（元）

进价销售额=500×100=50 000（元）

毛利额=74 000-50 000=24 000（元）

毛利率=24 000/74 000=32.4%

问题二：差价率为25%的商品，若减价5%，毛利率为多少？

答：**思路1**：假设商品售价2 000元，差价500元，进价1 500元，如果减价5%，售价1 900元，进价销售额1 500元，毛利为400元，毛利率为21.1%。

思路2：根据下面的公式得出结果。

售价变更后的毛利率=（售价变更前的差价率-售价变更率）÷（1-售价变更率）×100%

案例说明：案例通过对门店的主要经营指标计算，旨在让学生了解门店的主要经营指标，为后续学习商品数据分析的主要方法打下基础。

任务二　掌握商品数据分析主要方法

■ 学一学

一、基础分析方法

（一）趋势分析法

常用的趋势分析法指跟踪数据指标随时间周期的变化而变化的情况，立足过去、现在不同的时间段的数据变化，挖掘业务现象的发展情况或者变化规律，一般情况下用于辅助预判业务的发展趋势。趋势分析法是日常工作中比较常用的基础分析方法，特别是在销售场景中，由于所销售商品属性的不同，每家零售企业的销售都会在不同的时间点呈现出不同的销售变化规律。除了观察销售变化情况，趋势分析法还有很多适用场景。例如，观察一定时间长度的活跃会员数变化、新增会员数变化或流失会员数变化、企业销售订单数的变化、营收变化、应收账款变化、商品价格变化等诸多业务指标。趋势分析法最经典的可视化图表是折线图，折线图也是最基础的可视化图表之一，在销售工作汇报中很常见，如月度销售额趋势分析、年度销售额趋势分析。例如，某部门年度、月度销售业绩见表3-11，依此可绘制该部门年度、月度销售趋势变化图，并对销售情况进行分析，如图3-12所示。

表3-11　　　　　　　某部门年度、月度销售业绩　　　　　　　金额单位：万元

年份	3月	4月	5月	6月	7月	8月	9月	10月	11月	12月	1月	2月
2022	791	1 051	946	998	1 090	1 010	692	1 056	1 100	1 528	1 663	925
2023	903	1 185	1 037	1 167	1 194	1 160	868	1 140	1 252	1 645	1 728	1 056
2024	967	1 235	1 080	1 143	1 253	1 245	837	1 035	1 210	1 436	1 570	996

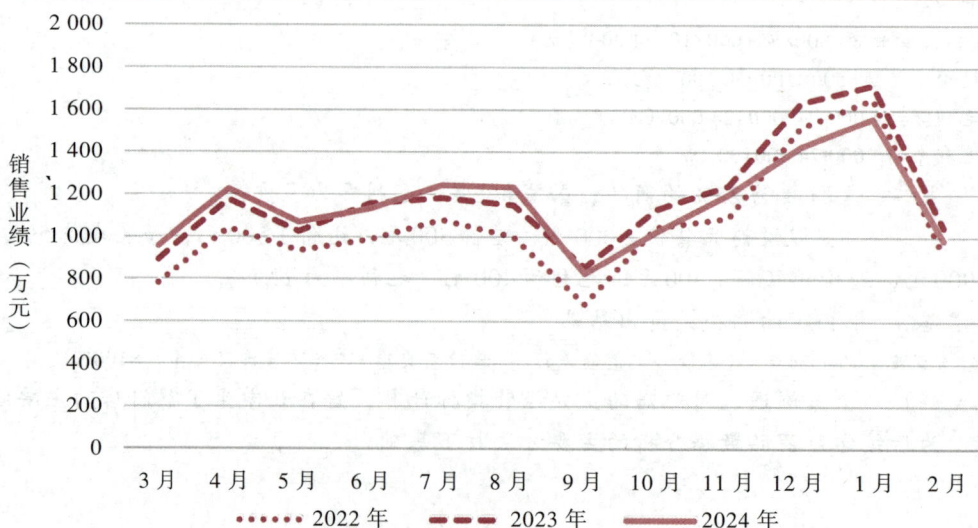

图3-12　某部门年度、月度销售业绩

从图3-12中可以看出，每年元旦前后是销售旺季，9月份是销售淡季。2024年3—8月的月度销售额对比2022年和2023年同期销售额有一定增长，但2024年9月份后的销售额比2023年同期有所下降，因此要考虑货品结构是否合理，部门运营是否存在问题。

（二）对比分析法

常用的对比分析法是指将同一业务指标放在不同维度上进行比较分析，据此观察业务指标在不同维度上的差异表现，通过与"合适"的对象进行对比，判断业务指标的优与劣。对比分析法的重点在于"比"，选出合适且具有可比性的对象非常关键。例如，将本月销售额和历史平均月度销售额进行对比，通过对比结果评判当月销售额是否达到或者已经超过历史平均水平。用来进行对比分析最经典的可视化图表是柱形图和条形图。月度销量环比分析与年度利润同比分析是常用的两种对比分析方法。

1.月度销量环比分析

选择同年的不同时期进行相同事物的对比，可以采用环比分析法。用某一期的数据和上期的数据进行比较，可以计算趋势百分比，观察数据的增减变化情况。根据表3-12的分公司7月销售数据分析之品类环比数据绘制销售业绩-毛利环比图（如图3-13所示），从中可以看出，打印机虽然在销售额上环比增长，但是对于利润的控制不如6月和大盘，这主要是本月旗舰店的毛利控制较差导致的，8月将重点考虑提升毛利。投影仪在7月份的销售环比很差，而产生这部分差额的原因是门店投影仪销售下滑，8月的门店工作中应将提升投影仪销售额作为工作重点之一。传真机在7月份总体缺货，各分公司都在清理库存。

表3-12　　　　　　　　　　　分公司7月销售数据分析之品类环比　　　　　　　　　　金额单位：元

品类	销售额			毛利		
	6月	7月	环比	6月	7月	环比
打印机	228 233.5	250 411	9.7%	18 230.9	15 481	−15.1%
扫描仪	5 675	7 726	36.1%	851.25	1 095	28.6%
投影仪	47 839	22 299	−53.4%	3 967	1 899	−52.1%
电话机	2 669	2 800	4.9%	398.66	415	4.1%
传真机	49 783	36 123	−27.4%	6 650	4 299	−35.4%
伪钞鉴别仪	2 378	1 778	−25.2%	238	318	33.6%

2.年度利润同比分析

选择不同年的相同时期，进行相同事物的对比，可以采用同比分析法。用某一期的数据和上期的数据进行比较，可以计算趋势百分比，观察数据的增减变化情况，从而分析数据变化原因。对比不同年同月的利润，从对比结果可以看出本年某月利润相比上年

毛利（元）

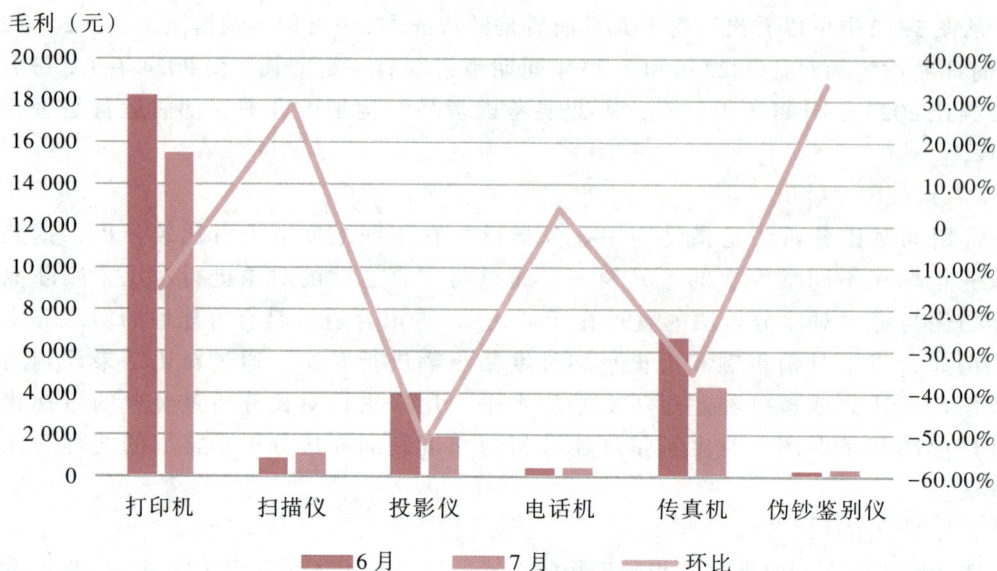

图3-13 销售业绩-毛利环比图

相同月份利润的变化情况，如有所下滑，则需调整运营方案。根据表3-13的华东区域7月销售数据分析之品类同比数据绘制销售业绩-毛利同比图（如图3-14所示），从中可以看出，投影仪、电话机、传真机、复印机的毛利同比下滑比较大，而扫描仪和考勤机的销售额与毛利同比上升幅度较大。

表3-13　　　　　　　　华东区域7月销售数据分析之品类同比　　　　　　金额单位：元

品类	销售额			毛利		
	2023年	2024年	同比	2023年	2024年	同比
打印机	296 243	250 411	−15.5%	20 419	15 481	−24.2%
扫描仪	1 587	7 726	386.8%	187	1 095	485.8%
投影仪	73 518	22 299	−69.7%	5 018	1 899	−62.2%
电话机	5 977	2 800	−53.2%	897	415	−53.8%
传真机	79 048	36 123	−54.3%	9 130	4 299	−52.9%
碎纸机	2 610	1 918	−26.5%	420	328	−21.9%
考勤机	1 620	2 089	29.0%	295	379	28.5%
伪钞鉴别仪	5 310	1 778	−66.5%	630	318	−49.5%
复印机	37 580	11 900	−68.3%	3 780	900	−76.2%

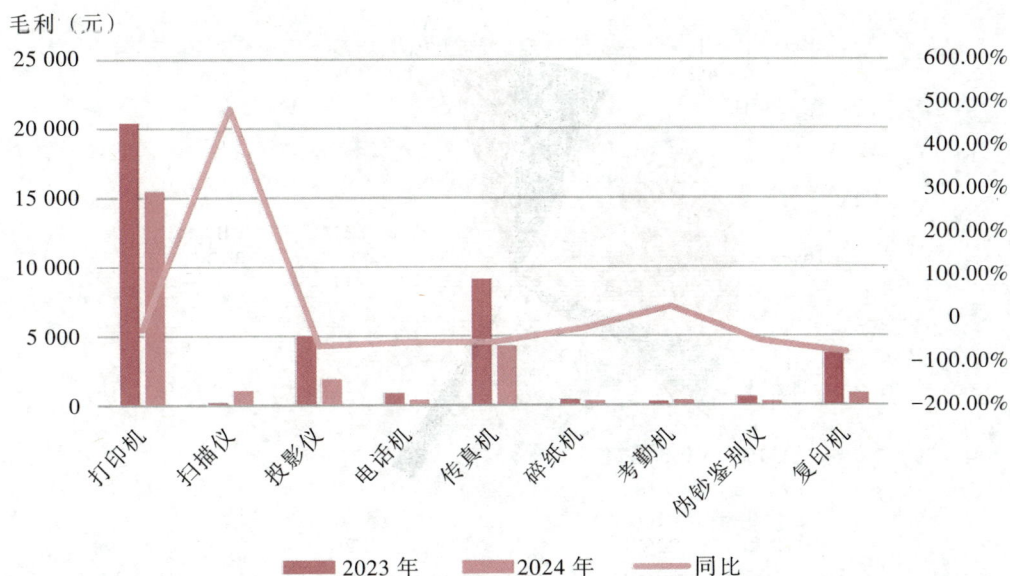

图3-14　销售业绩-毛利同比图

（三）组成分析法

通常，组成分析的一个数据项由多个子项组成，通过可视化图表，可以直观看到每个子项占据的比例。组成分析法适用的业务场景非常广泛，如分析财务费用构成、分析企业各渠道贡献的商品销量、分析企业各品类贡献的商品销量。组成分析法最经典的可视化图表是饼状图。根据表3-14的商品一周销售数量、销售额数据绘制销售额绝对占有率占比图（如图3-15所示），以分析商品销售情况。

表3-14　　　　　　　　　商品一周销售数量、销售额一览表

商品	售价（元）	周销售数量（件）	周销售额（元）	销售额构成比（%）
A	40	35	1 400	4.7
B	60	180	10 800	36.0
C	20	30	600	2.0
D	60	110	6 600	22.0
E	30	10	300	1.0
F	24	50	1 200	4.0
G	80	60	4 800	16.0
H	45	20	900	3.0
I	30	40	1 200	4.0
J	55	40	2 200	7.3
合计	—	575	30 000	—

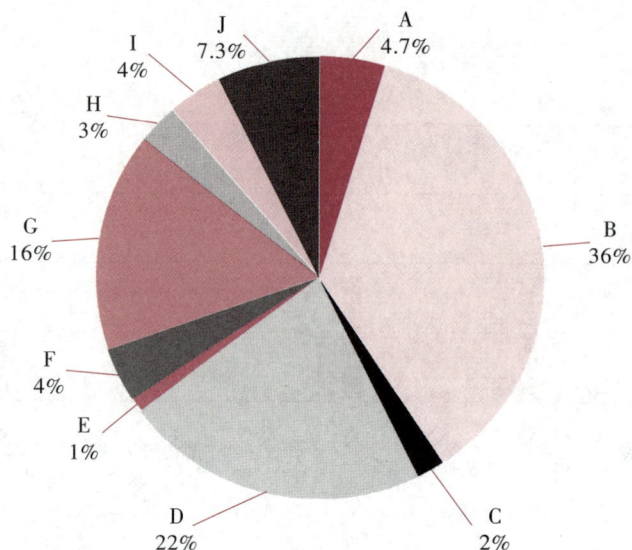

图3-15　销售额绝对占有率占比图

从图3-15中可以看出，B、D、G三种商品的销售额分别占总销售额的36%、22%、16%，属于A类商品，是主力商品；J和A两种商品的销售额分别占总销售额的7.3%和4.7%，属于B类商品，是辅助性商品；F、I、H和E分别占总销售额的4%、4%、3%和1%，属于C类商品，是滞销商品。

（四）关系分析法

在需要描述2个指标变量或者2~4个指标变量间的关系时，可以使用关系分析法，如销量和利润间的关系、复购率和销量间的关系、会员消费频次和销量间的关系、促销时间和促销销量间的关系等。关系分析法最经典的可视化图表是散点图。散点图适用于描述2个指标变量的相关性关系，x轴和y轴单独表示不同的变量指标，散点图可以展示当x轴值变大时y轴值的变化情况。根据表3-15的陈列列数与销售数量数据绘制图3-16，可以看出商品销售数量与陈列列数的相关关系。

表3-15　　　　　　　　　　　　销售数量与陈列列数

陈列列数	销售数量
2	15
4	34
6	40
8	50
10	50
12	52
14	55
16	55
18	56

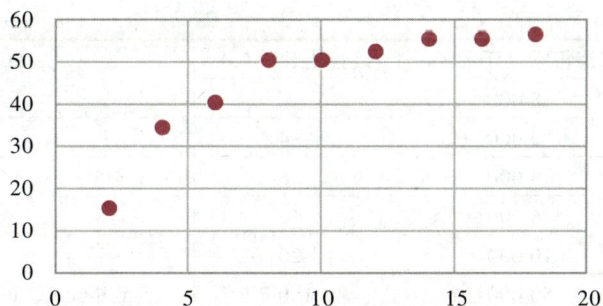

图3-16　销售数量与陈列列数相关关系图

二、进阶分析方法

（一）ABC分析法

ABC分析法来源于80/20分析，但是比80/20分析更为细化。它是按照一定标准对管理对象进行排序分类，区别重点商品与一般商品，从而确定投入不同管理力量的一种科学方法。它一般把管理对象分成ABC三类，所以称为ABC分析法。

1.进行ABC分析辨识畅销商品

根据各类商品销售额的比重，确定它们属于哪个类别，或A，或B，或C。一般来说，销售额比重在11%以上的商品为A类，是畅销商品或主力商品；在5%~10%之间的商品为B类，是中间商品或辅助性商品；在5%以下的商品为C类，是滞销商品或附属性商品。A类常处于商品生命周期的成长后期和成熟期过程中，B类处于成长和衰退前期，C类则处于导入或衰退后期。

2.ABC商品管理的一般原则

A类商品为畅销商品，其销售量较大，虽然品种不多，却占用较多库存资金，是重点管理与控制的对象，应对其经常进行具体品种、库存期限和库存数量等方面的监控。要常根据销售周转情况，及时采购，及时补货上架。

B类商品的畅销情况居中，其销售量也居中，各类品种资金占用情况不一，其采购一般采取定期与定量相结合的方式。对资金占用较多的商品可采取定期进货方式；对资金占用较少的商品可采取定量进货方式。

C类商品属于滞销商品，其销售量较小，虽占用资金很少，却占用大量的陈列面积，应将其淘汰出超市。一般通过定期评估，及时列出淘汰商品的品种，以便有步骤地淘汰。

商品销售占比的ABC分级见表3-16，动态的商品销售趋势见表3-17。

表3-16　　　　　　　　　　　　　　商品销售占比

商品代号	销售额（千元）	销售占比（%）	ABC分级
010	1 000	2	C
020	10 000	20	A
030	5 000	10	B
040	4 000	8	B

续表

商品代号	销售额（千元）	销售占比（%）	ABC分级
050	8 000	16	A
060	2 000	4	C
070	4 000	8	B
080	6 000	12	A
090	10 000	20	A
合计	50 000	100	A占68%，B占26%，C占6%

表3-17　　　　　　　　　　　　　　　　**商品销售趋势**

商品代号	第一月类别	第二月类别	第三月类别	最终类别
010	A	A	A	目前畅销商品
020	B	A	A	
030	B	B	A	
040	C	B	A	
050	A	A	B	过去畅销商品
060	A	A	B	
070	C	B	B	有希望成为畅销商品
080	C	C	B	
090	—	C	B	
100	B	B	B	中间商品
110	A	B	C	滞销商品
120	B	B	C	
130	B	C	C	
140	C	C	C	

此外，"80/20原则"的图形化也可以使用帕累托图来展现，通常情况下，帕累托图可用来展现某"问题"的占比情况，表示80%的问题是由20%的原因所致，并通过图形找出最重要的原因。

3.具体应用场景

（1）商品销售分析。

企业的经营利润来源是商品销售，很少有零售企业只销售单一商品，卖场类的零售企业SKU最多，自营品牌的零售企业为了占据更多的市场份额会分出几种商品系列，不同系列下再细分不同品类及SKU。企业商品管理除了上述提到的供应商管理，还有其他管理维度。如果对所有的管理维度都采取"胡子眉毛一把抓"的管理策略，则会造成"捡了芝麻丢了西瓜"的结果，所以企业要找出商品销售的主力军，然后针对主力商品采取不同的运营策略。

（2）用户分析。

与商品销售分析相同，客户分析也属于ABC分析法应用的经典场景，特别是针对高客单价或偏功能需求属性的商品。例如，保健品、药品属于偏功能需求属性商品，服饰鞋包品类中的奢侈品属于强品牌属性商品，所以用户对这类商品较容易产生复购需求。同时，销售这些品类的商品，企业获得新客户具有一定的难度，所以做好老客户的客户关系管理至关重要。可以通过 ABC 分析模型找到购买主力军，给予重点用户更好的消费体验，提供更优质的服务，期待他们为企业带来更大的收益。

（3）员工业绩分析。

员工业绩分析主要针对的是带有销售属性的员工，如零售门店导购员。营销人才决定了企业最终的销售业绩能否有效达成，找到能够对企业贡献达到80%的20%销售人才对于企业而言是一项重要工作，对高价值的销售人才需要给予更好的激励反馈，以及提供良好的晋升通道。同时，也可以为其他销售员工树立学习的销售标杆，找到学习目标。

（4）门店分析。

门店装修、导购员工招聘、商品铺货、新品配货等工作都会让企业面临高昂的门店管理成本，每家企业都需要良好的投资回报率（ROI）结果，所以无法对全国所有的门店一视同仁，给予同等的管理资源，需要借助 ABC 分析模型找出优质门店，然后投入更多的资源和精力。

（二）购买关联分析

零售企业在运营中产生大量交易数据，根据顾客购买商品的情况，进行购买关联分析，能够为企业提供合理的建议。具体的分析思路包含以下两个方面：一是分析商品之间的潜在联系。顾客在选购商品时，经常会同时选购若干商品，这些商品之间存在一定关联。二是分析顾客可能还会购买的商品。根据已经选择商品的情况，预测顾客还可能选购的商品。通过研究用户消费数据，将不同商品进行关联，并挖掘关联商品之间的关系的分析方法，即购物篮分析。

1.分析过程

（1）支持度。

支持度是指 A 商品和 B 商品同时被购买的概率，或者说某个商品组合的购买次数占总商品购买次数的比例。支持度表明了这条规则在所有事务中有多大的代表性，显然支持度越大，关联规则越重要。支持度的计算公式：

支持度=同时购买A和B订单数÷总购买订单数

例如，今天共有 10 笔订单，其中同时购买牛奶和面包的订单数是 6 笔，那么牛奶+面包组合的支持度就是 60%（6/10）。

（2）可信度。

可信度是指购买 A 之后又购买 B 的条件概率，简单说就是因为购买了 A 所以购买了 B 的概率。可信度的计算公式：

可信度=同时购买A和B订单数÷购买A的订单数

例如，今天共有 10 笔订单，其中购买 A 的订单数是 8 笔，同时购买 A 和 B 的订单数是 6 笔，则其可信度是 75%（6/8）。

（3）提升度。

提升度是指先购买 A 对购买 B 的提升作用。判断商品组合方式是否具有实际价值，则看组合商品被购买的次数是否高于单独商品的被购买次数，大于1说明该组合方式有效，小于1则说明无效。提升度的计算公式：

提升度＝支持度÷〔（购买A次数/总购买订单数）×（购买B次数/总购买订单数）〕

例如，今天共有10笔订单，购买A的次数是8，购买B的次数是6，购买A+B的次数是6，那么提升度是0.6÷（0.8×0.6），大于1，因此A+B的组合方式是有效的。

在实际业务中，可以这样来理解关联"三度"，支持度代表这组关联商品的份额是否够大，可信度代表关联度的强弱，而提升度则是看该关联规则是否有利用价值。可信度高的两个商品，如可信度为100%（意味着它们总是成双成对地出现，可谓强关联），如果支持度低（意味着份额低），那么这组关联商品对整体销售额提升的帮助也不会大。如果只看两个商品是否有关联性，考察可信度就可以了，但这个关联性是否有意义则还需要分析支持度。另外，这个关联规则能否考虑推广，还必须看提升度。当然非要将三者割裂开来，例如只看可信度，或只看支持度和可信度也是允许的，只是不全面。在实际中，需要对支持度和可信度设定准入规则，如支持度≥3%，可信度≥60%，满足最低准入值，则可以视为商品间的关联关系有价值。

此外，还可以应用SPSSAU软件中的相关分析来判断门店商品的相关性，表3-18为某校园超市商品销售情况，具体应用SPSSAU分析可得表3-19。

表3-18　　　　　　　　　　某校园超市商品销售情况

时间段 ＼ 品名	泡芙面包	巧克力面包	可斯达面包	葡萄面包	起酥面包	光明棒装酸奶	伊利酸奶	伊利红枣酸奶	光明红枣酸奶	营养快线香草	悦活柠檬U格	营养快线牛奶	旺旺原味牛奶	美汁源果粒奶
7：00—8：00	21	11	13	5	5	9	3	5	0	10	6	4	2	0
8：00—9：00	25	2	4	8	7	1	6	1	1	0	2	3	3	2
9：00—10：00	11	3	2	2	3	5	10	2	3	5	4	2	0	1
10：00—11：00	9	1	2	2	5	6	4	3	1	2	0	1	0	0
11：00—12：00	4	11	2	7	3	15	20	2	5	3	6	1	2	0
12：00—13：00	14	2	2	3	2	20	13	4	3	3	2	2	1	1
13：00—14：00	12	2	0	2	4	10	4	7	1	2	3	3	4	2
14：00—15：00	7	3	0	0	2	5	4	4	1	2	2	2	1	1
15：00—16：00	9	3	2	0	0	17	16	16	5	3	12	3	5	3
16：00—17：00	17	6	4	2	0	17	11	6	3	1	2	1	1	1
17：00—18：00	23	2	6	3	0	14	15	15	10	1	5	4	3	0
18：00—19：00	23	1	6	0	4	16	13	7	7	9	5	7	6	6
19：00—20：00	31	3	6	3	3	14	12	12	7	6	3	4	2	1
20：00—21：00	48	10	8	3	3	19	25	29	10	8	7	3	2	2

表3-19

校园超市商品相关关系

	1	2	3	4	5	6	7	8	9	10	11	12	13	14
泡芙面包 (1)	1													
巧克力面包 (2)	0.26	1												
可斯达面包 (3)	0.641*	0.558*	1											
葡萄面包 (4)	0.114	-0.024	0.149	1										
起酥面包 (5)	0.482	0.081	0.257	0.670**	1									
光明棒装酸奶 (6)	0.329	0.328	0.258	0.346	0.284	1								
伊利酸奶 (7)	0.372	0.422	0.019	0.065	0.096	0.680**	1							
伊利红枣酸奶 (8)	0.699**	0.328	0.35	-0.323	0.081	0.553*	0.686**	1						
光明红枣酸奶 (9)	0.531	0.127	0.293	0.047	-0.042	0.684**	0.600*	0.615*	1					
营养快线香草 (10)	0.466	0.374	0.654*	0.319	0.409	0.494	0.128	0.267	0.281	1				
悦活柠檬U格 (11)	-0.222	-0.008	0.006	-0.09	-0.474	0.34	0.153	0.143	0.281	0.208	1			
营养快线牛奶 (12)	0.806**	0.283	0.587*	0.028	0.25	0.532*	0.37	0.715**	0.662*	0.657*	0.283	1		
旺旺原味牛奶 (13)	0.233	-0.17	0.145	0.183	-0.167	0.352	0.223	0.299	0.514	0.188	0.748**	0.538*	1	
美汁源果粒奶 (14)	0.215	-0.44	-0.058	0.307	0.083	0.239	0.162	0.17	0.372	0.266	0.535*	0.441	0.821**	1

注：* 表示$p<0.05$ ；** 表示$p<0.01$。

　　根据表3-18，利用相关分析可以研究泡芙面包与巧克力面包、可斯达面包、葡萄面包、起酥面包、光明棒装酸奶、伊利酸奶、伊利红枣酸奶、光明红枣酸奶、营养快线香草、悦活柠檬U格、营养快线牛奶、旺旺原味牛奶、美汁源果粒奶共13项之间的相关关系，使用皮尔森（Pearson）相关系数表示相关关系的强弱情况。表3-19显示，泡芙面包与可斯达面包、伊利红枣酸奶、营养快线牛奶3项之间呈现出显著性，相关系数值分别是0.641、0.699、0.806，全部大于0，意味着泡芙面包与可斯达面包、伊利红枣酸奶、营养快线牛奶3项之间有着正相关关系。同时，泡芙面包与其他10项商品之间并没有相关关系。

　　基于以上分析，可以对某校园超市运营和促销提供以下建议：一是优化商品布局，根据客户的购物喜好，调整商品布局，让客户有更好的购物体验，同时刺激消费者的购物冲动。二是设计促销方案，设计一些商品捆绑销售套餐，提升购买价值。三是快速商品推荐，推荐消费者最有可能感兴趣的商品，以提高客户满意度，促进销售。

2. 具体应用场景

（1）设计合适的消费满减门槛。

　　如果促销活动采用满减的营销策略，那么需要一个合适且有效的门槛为商品销售带来更多的成交用户量和更高的客单价，因此在设计满减的优惠门槛时不应采用"拍脑袋"的方式来达成，而是要使用比较严格的数据分析方法，如购物篮分析。

（2）基于人群属性做推荐。

　　假如有一家销售保健品的全国连锁经营店，多数保健品会带有治未病的功效，它所面向的是一群除了需要基础营养品补充，还有一些疾病倾向，且带有各种不同"属性"的用户群体。例如，南北方由于天气的差异性，保健品销售会随着购买人群所处地域的不同而呈现一定的地域性，所以销售保健品的企业可以从地域的销售数据中寻找人群潜在的关联需求来进行商品的推荐。

（3）品类推荐。

　　在市场竞争激烈的时代，市面上找不到替代品的商品并不多，多数情况下整个市场的商品同质化现象非常严重。如果一个用户在一家企业长期只购买一类商品，也就是企业只有一类商品和用户连接，这个关系就会非常脆弱。所以，我们要做的是努力提高用户与企业的黏性。具体措施就是为用户推荐另一个品类或者将另一个品类与用户经常购买的品类商品进行捆绑销售，以此增强企业与用户的商业关系。

（4）货品陈列。

　　这就是啤酒与尿布故事的应用场景。很多便利店或者超市、大卖场，以及比较大的美妆店、各种零售品牌线下连锁门店都面临货品最优陈列的问题。还有一种场景就是餐饮店中的点菜单，但餐饮店点菜单的应用还与设计、文案有关，多重因素影响其最终陈列效果的优劣。

（三）象限图分析

　　象限图分析最常用的方法是波士顿矩阵，又称"四象限分析法"，由美国波士顿咨询公司创立。它的主要思想是，在分析事物时，从两个不同的维度着手考虑，通过两个维度的相互作用，产生4种不同的类型，从而将事物划分在4个象限中，针对不同象限中的事物采取不同的策略。象限图使用水平和垂直分割线对图表区域进行象限划分，可以对数据分类进行直观展示，而且每个象限呈现对应的数据。通常情况下，象限图呈现的目的在于直接展示数据划分区域，因此数据散点需要带标签值。

1.分析过程

比如，在进行产品分析时，可以按照市场占有率和销售额增长率将产品划分在4个象限中。市场占有率和销售额增长率均高于平均水平的产品，叫作明星类产品；市场占有率和销售额增长率均低于平均水平的产品，叫作瘦狗类产品；市场占有率低、销售额增长率高的产品叫作问题类产品；市场占有率高、销售额增长率低的产品叫作金牛类产品。该模型运用在商业数据分析中，可以通过商品的搜索人气和交易指数（见表3-20）及据其绘制的象限图（如图3-17所示）对商品进行定位。

表3-20　　　　　　　　　　**商品搜索人气与交易指数**

商品	搜索人气	交易指数
鸡胸肉	20 512	94 026
鸡脯肉	54 875	233 813
鸡腿肉	45 693	448 482
大鸡排	79 297	657 237
整切牛排	84 926	622 612

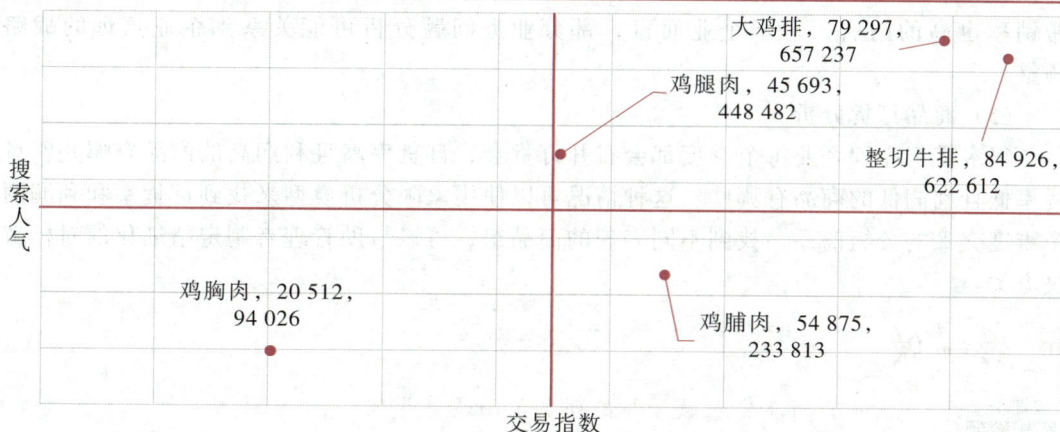

图3-17　搜索人气与交易指数象限图

由表3-20和图3-17可以看出，大鸡排与整切牛排属于搜索人气和交易指数均高的商品；鸡胸肉属于搜索人气和交易指数均低的商品；鸡脯肉属于搜索人气相对不高，但交易指数较高的商品，后期应通过主图优化或标题优化提升该商品的搜索人气。

2.具体应用场景

（1）商品分析。

一家SKU丰富的零售企业，我们可以利用帕累托分析模型帮助企业找出20%的主力销售商品，但是20%的商品里，毛利、销量、成交用户等业务指标无法直观分析。这种情况可以结合象限分析模型，帮助企业分析出毛利高且销量好的商品，或者找到市场占有率和年度销售增长率都比较高的商品，从而提升企业商品管理的决策能力。

（2）用户分析。

关于用户分析的分析模型较多，只是不同模型专注用户分析的不同维度，象限分析主要针对用户分组运营、管理。如果我们观察消费频次和消费金额两个维度交叉下的用户分组分布，就会发现，不是所有业务场景下用户消费频次越高，消费贡献就越高。

（3）供应链管理分析。

库存周转率高且商品毛利高的商品有哪些？库存周转率高且用户投诉率高的商品有哪些？或者毛利高的商品在库存周转率上的表现情况如何？库存周转率高的商品是否完全达到所有商品的平均毛利水平？这些问题都是基于两个指标的关系进行的分析，进而观察的业务现象可能是分布情况、特征共性或分组达标情况等。这种业务分析都可以借助象限分析模型来辅助决策判断。

（4）连锁门店分析。

当零售企业在全国设有数十家或者上百家门店时，对门店的考核，除了常规的ROI指标评估，还需要对各门店有更深入的了解，才利于各种管理资源的分配和支持，例如，分析库存周转率高且销量超出预期目标的门店，或者季度滞销率高且年度滞销率也高的门店，对于企业而言，部分业务问题分析可能关系到企业长远的战略调整。

（5）商品订货分析。

很多零售品牌企业每个季度都会召开订货会，订货率高且利润高的商品有哪些？订货率低且利润低的商品有哪些？这种情况可以使用象限分析模型来找到订货率和利润两个维度交叉的分组商品，找到不同表现的商品组，可以帮助管理者制定精细化的对标解决方案。

■ 做一做

微课3-2

实践案例：
门店商品
数量管理

（一）商品销售数量与陈列数量的适量管理

通过ABC分析法从销售数量与陈列数量中找出两者对应的函数关系。

陈列数量的公式为：

平均陈列数量=（开店前陈列数量+关店后陈列数量）÷2

平均库存数量（金额）=［月初库存数量（金额）+月末库存数量（金额）］÷2

门店商品销售数量和陈列数量数据见表3-21，据此绘制销售数量构成比和陈列数量构成比累计图（如图3-18所示）。

表3-21　　　　　　　　　　门店商品销售数量与陈列数量数据

品目	周销售数量	销售数量构成比	销售数量构成比累计	平均陈列数量	平均陈列数量构成比	平均陈列数量构成比累计
B	180	31.30%	31.30%	90	11.30%	11.30%
D	110	19.10%	50.40%	220	27.50%	38.80%
G	60	10.40%	60.90%	60	7.50%	46.30%
F	50	8.70%	69.60%	100	12.50%	58.80%
I	40	7.00%	76.50%	10	1.30%	60.00%
J	40	7.00%	83.50%	40	5.00%	65.00%
A	35	6.10%	89.60%	70	8.80%	73.80%
C	30	5.20%	94.80%	90	11.30%	85.00%
H	20	3.50%	98.30%	80	10.00%	95.00%
E	10	1.70%	100.00%	40	5.00%	100.00%

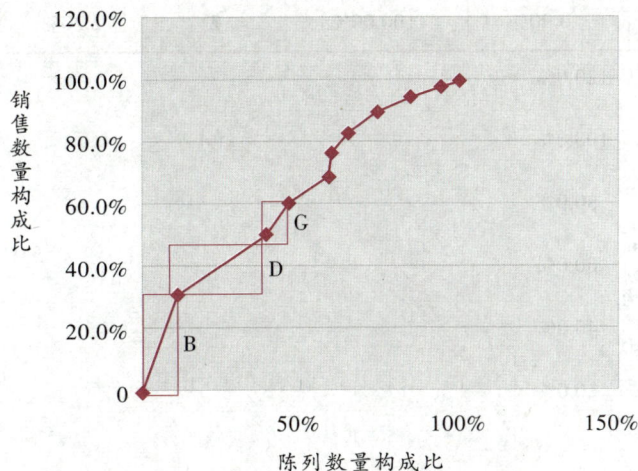

图3-18　销售数量构成比和陈列数量构成比累计图

　　分析：从表3-21和图3-18可以看出，品目B的图形是竖长方形，销售数量构成比大于陈列数量构成比，说明其周转率高，需要不断地进行陈列补充。品目D的图形是横长方形，销售数量构成比小于陈列数量构成比，说明其周转率低，有必要减少其陈列数量。

　　(二) 商品毛利额与陈列数量的适量管理

　　陈列单位指货架上"陈列线的长度单位"，一般使用米和厘米来表示；单位生产性指货架上每个陈列单位的商品毛利，是衡量商品效率最好的标准。门店商品陈列数量见表3-22，据此绘制陈列单位数构成比和毛利额构成比累计图（如图3-19所示）。

表3-22 门店商品毛利额与陈列单位数数据

品目	毛利额	毛利额构成比	毛利额构成比累计	陈列单位数	陈列单位数构成比	陈列单位数构成比累计
B	1 800	32.00%	32.00%	18	20.00%	20.00%
D	1 100	19.60%	51.60%	10	11.10%	31.10%
G	900	16.00%	67.60%	15	16.70%	47.80%
J	600	10.70%	78.30%	18	20.00%	67.80%
I	400	7.10%	85.40%	1	1.10%	68.90%
F	300	5.30%	90.70%	2	2.20%	71.10%
A	280	5.00%	95.70%	14	15.60%	86.70%
H	100	1.80%	97.50%	4	4.40%	91.10%
C	90	1.60%	99.10%	6	6.70%	97.80%
E	50	0.90%	100.00%	2	2.20%	100.00%

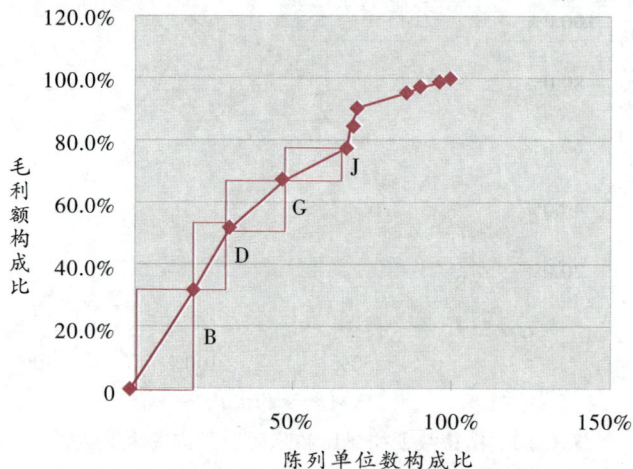

图3-19 陈列单位数构成比和毛利额构成比累计图

分析：由表3-22和图3-19可以看出，品目B的图形是竖长方形，毛利额构成比大于陈列单位数构成比，说明其单位生产性高，需要不断地进行陈列补充。品目J的图形是横长方形，毛利额构成比小于陈列单位数构成比，说明其单位生产性低，有必要减少其陈列数量。

案例说明：通过了解商品销售数量与陈列数量的适量管理、商品毛利额与陈列单位数的适量管理，学习可视化分析在商品陈列管理中的具体应用。

润心启航 | "数字工匠"用专业技能服务实体零售

近年来，随着数字技术和服务零售加速融合，大量新兴职业相继涌现，类似外卖运营师、无人机驾驶员这样的"数字工匠"正发挥着助力实体经济繁荣兴盛的重要作用。当前，"数字工匠"存在较大人才缺口。

区别于传统技能人才，"数字工匠"被定义为既具有现代工业技术技能水平，又掌握智能化网络化技能、善于渗透融合数字技术改造提升传统产业的复合型技能人才。2023年3月，社会科学文献出版社等机构发布的《产业数字人才研究与发展报告（2023）》指出，当前我国数字人才总体缺口在2 500万人至3 000万人，未来数字人才需求将持续高涨。

"数字工匠"助力实体零售发展

1996年出生的王文博，现在是美团无人机上海运管中心主任机长，他和团队承担着上海金山百联商圈的飞行配送任务，保障无人机飞行员远程指挥控制整个物流无人机集群高效安全运作。"我们所承担的不光是每天的运行任务，在未来更是千家万户的期盼，如何将每一单安全地送到客户手中，从而带来更好的服务体验，是我们持续优化产品及服务的动力。"王文博说道。

人力资源和社会保障部2019年发布的《新职业——无人机驾驶员就业景气现状分析报告》中指出，25~35岁从业者在全部从业人员中占比超过一半，大部分无人机驾驶员的收入为当地平均水平的1倍~2倍。无人机驾驶员岗位成为诸多职场新人的热门就业岗位。

随着服务零售业态不断创新，一系列新职业涌现，带来了更多就业机会。1998年出生的范鹜文，现在是一名外卖运营师。外卖运营师是一个随着服务零售发展产生的新职业，主要服务于入驻外卖平台的商家。从注册上线到活动推广，他们作为商家的"智囊"，从专业角度为商家规划线上运营，提高曝光量、入店转化率、下单转化率和复购率。

在别人看来，这份工作大部分时间都在"逛街"，但范鹜文认为，这份工作的核心是通过帮助商家提升数字化运营能力，以满足更多消费者的需求。为此，范鹜文和团队一起创造了"品质商家运营诊断表"，让外卖运营师可以根据关键动作详情对商家运营情况进行评判。针对落后指标，外卖运营师为商家提供专业的解决方案，快速帮商家达成提升。在范鹜文的支持下，他所服务的小阿婆本帮菜、醉蜀府、毛家湘菜等门店外卖订单均呈爆发式增长，分别实现了外卖订单1 300%、570%、210%的增长，外卖订单月销量均超过1万单。

仍处"小荷才露尖尖角"状态

当前，以"衣食住行"为代表的服务消费占居民消费支出的比重正在逐年攀升，服务消费需求的增长空间巨大。数据显示，2023年1月至8月，服务零售额同比增长19.4%，明显快于商品零售额增速，成为我国经济发展的新引擎。

服务零售高速发展之下，传统的服务业形态与数字经济高度融合，催生出独特的就业新形态。以无人机驾驶员为例，其在人力资源和社会保障部发布的《中华人民共和国职业大典（2022修订版）》中，已作为一个细分职业被收录。当前，国内不少院校、专业培训机构也纷纷开设无人机飞行、航拍摄影、巡防检查、无人机装调检修等课程及专业，为无人机行业培育更多高质量人才。

除了纳入"职业大典"的数字人才，还有一些"数字工匠"仍处于"小荷才露尖尖角"的状态。随着服务零售呈现出爆发之势，将有越来越多的新职业涌现。以外卖运营师为例，紫嫣说："外卖运营师是一个新兴职业，很多人还不知道有这样一个职业存在，我很幸运能够参与其中。不过随着餐饮业和外卖业的蓬勃发展，市场上一定需要更多外卖运营师出现、加入。我很期待这个职业能够助力实体商家高质量发展。"

拓宽"数字工匠"成长新渠道

我国是全球第二大数字经济体，随着数字经济快速发展，数字化高技能人才短缺问题日益突出。中国工业互联网研究院总工程师王宝友撰文指出，当前国内"数字工匠"的培养与产业发展要求相比还存在较大差距。其曾预测，2023年，仅工业互联网领域的"数字工匠"需求数量就将达到110.6万人，存在较大人才缺口。

中共中央办公厅、国务院办公厅印发的《关于加强新时代高技能人才队伍建设的意见》中指出，要建立技能人才职业技能等级制度和多元化评价机制，拓宽技能人才职业发展通道，健全职业标准体系和评价制度，推行职业技能等级认定等。通过政策引导和支持，让高技能人才队伍建设迸发新活力。

当下，随着服务零售蓬勃发展，新兴消费业态和新就业群体正在"双向奔赴"。一方面，青年"数字工匠"通过新技术不断帮助实体经营者提升信息化能力，扩展服务边界；另一方面，数字平台也在加速服务零售能力建设，推动消费新业态、服务新供给百花齐放，对于服务经济和相关就业的带动效应愈发显著。

中国社会科学院财经战略研究院副院长、研究员夏杰长表示，随着"互联网+传统行业"的发展模式在各领域持续发酵，以平台经济等为代表的新兴服务业态不断涌现。这些新经济、新服务的出现，能够有力开拓就业新领域，有效发挥各类服务平台带动就业的独特效应，切实缓解就业压力。

资料来源：裴龙翔．"数字工匠"用专业技能服务实体零售［N］．工人日报，2023-10-07．

互动话题：结合"数字工匠"助力实体经济繁荣兴盛的重要作用，思考在日常学习和生活中应该更加重视哪些数字素养与数字技能，以及如何成为掌握智能化网络化技能、善于渗透融合数字技术改造提升传统产业的复合型技能人才。

Excel 应用小技巧

微课3-3

Excel应用
小技巧：环
比分析与同
比分析

（一）月度销量环比分析

选择同年的不同时期，进行相同事物的对比，可以采用环比分析法。用某一期的数据和上期的数据进行比较，计算趋势百分比，观察数据的增减变化情况。本任务中需对比同一年不同月的销量，从对比结果可看出本月销量相比上月销量的增长情况，如本月销售情况不错，下月还可延续本月的销售方案，如销售情况不理想，则需要进一步优化销售方案。某企业2023年各月份销量数据见表3-23。

表3-23 某企业2023年各月份销量数据

月份	销量（万件）
2023年1月	112
2023年2月	156
2023年3月	178
2023年4月	202
2023年5月	199
2023年6月	178
2023年7月	185
2023年8月	178
2023年9月	200
2023年10月	231
2023年11月	296
2023年12月	222

在数据透视表中选中汇总的某一个数值并点击鼠标右键，然后点击"值显示方式"按钮，如图3-20所示，点击"差异"按钮，在"值显示方式"编辑框的"基本字段"中选择"月份"，"基本项"中选择"上一个"，即可得出月销量环比增长值。同理，当选择"差异百分比"按钮时，在"值显示方式"编辑框完成"基本字段"和"基本项"的设置，即可得出月销量环比增长率（见表3-24）。

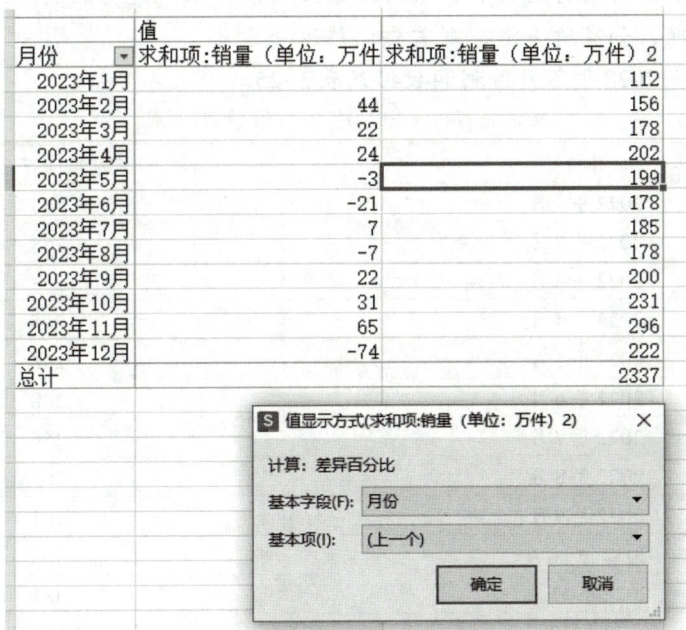

月份	求和项:销量（单位：万件）	求和项:销量（单位：万件）2
2023年1月		112
2023年2月	44	156
2023年3月	22	178
2023年4月	24	202
2023年5月	-3	199
2023年6月	-21	178
2023年7月	7	185
2023年8月	-7	178
2023年9月	22	200
2023年10月	31	231
2023年11月	65	296
2023年12月	-74	222
总计		2337

值显示方式(求和项:销量（单位：万件）2) ×

计算：差异百分比
基本字段(F)：月份
基本项(I)：（上一个）

确定　取消

图3-20 值显示方式设置

表3-24 环比增长值与环比增长率

月份	环比增长值	环比增长率
2023年1月		
2023年2月	44	39.29%
2023年3月	22	14.10%
2023年4月	24	13.48%
2023年5月	-3	-1.49%
2023年6月	-21	-10.55%
2023年7月	7	3.93%
2023年8月	-7	-3.78%
2023年9月	22	12.36%
2023年10月	31	15.50%
2023年11月	65	28.14%
2023年12月	-74	-25.00%

（二）年度利润同比分析

选择不同年的相同时期进行相同事物的对比，可以采用同比分析法。用某一期的数据和上期的数据进行比较，计算趋势百分比，观察数据的增减变化情况，从而分析数据变化原因。对比不同年同月的利润，从对比结果可看出本年某月利润相比上一年相同月份利润的变化情况，如有所下滑，则需要调整运营方案。

某企业2022—2023年各月份利润数据见表3-25。

表3-25 某企业2022—2023年各月份利润数据

月份	利润（万元）
2022年1月	133
2022年2月	158
2022年3月	223
2022年4月	295
2022年5月	298
2022年6月	288
2022年7月	266
2022年8月	265
2022年9月	281
2022年10月	302
2022年11月	385
2022年12月	389
2023年1月	246
2023年2月	333

续表

月份	利润（万元）
2023 年 3 月	365
2023 年 4 月	425
2023 年 5 月	400
2023 年 6 月	396
2023 年 7 月	377
2023 年 8 月	396
2023 年 9 月	387
2023 年 10 月	450
2023 年 11 月	588
2023 年 12 月	522

在数据透视表中选中汇总的某一个数值并点击鼠标右键，然后点击"值显示方式"按钮，点击"差异"按钮，如图 3-21 所示，在"值显示方式"编辑框的"基本字段"中选择"年份"，"基本项"中选择"上一个"，即可得出年度利润同比增长值。同理，当选择"差异百分比"按钮时，在"值显示方式"编辑框完成"基本字段"和"基本项"的设置，即可得出年度利润同比增长率（见表 3-26）。

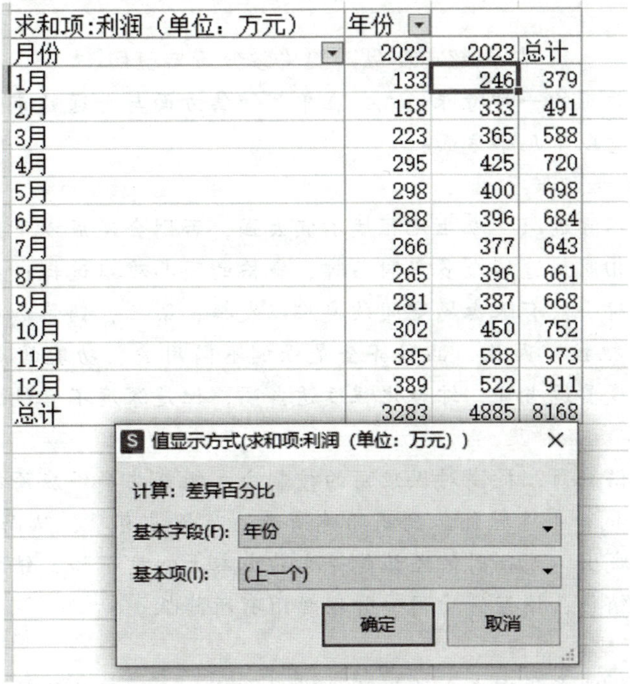

求和项:利润（单位：万元）	年份		
月份	2022	2023	总计
1月	133	246	379
2月	158	333	491
3月	223	365	588
4月	295	425	720
5月	298	400	698
6月	288	396	684
7月	266	377	643
8月	265	396	661
9月	281	387	668
10月	302	450	752
11月	385	588	973
12月	389	522	911
总计	3283	4885	8168

值显示方式(求和项:利润（单位：万元）)　×

计算：差异百分比

基本字段(F): 年份

基本项(I): (上一个)

确定　　取消

图3-21　值显示方式设置

表3-26 同比增长值与同比增长率

月份	同比增长值	同比增长率
2023年1月	113	84.96%
2023年2月	175	110.76%
2023年3月	142	63.68%
2023年4月	130	44.07%
2023年5月	102	34.23%
2023年6月	108	37.50%
2023年7月	111	41.73%
2023年8月	131	49.43%
2023年9月	106	37.72%
2023年10月	148	49.01%
2023年11月	203	52.73%
2023年12月	133	34.19%

拓展阅读

校园超市商品购买关联分析与应用

校园超市作为超市的一种特殊形式，在单品销售方面与普通超市存在不同之处，因此在管理上应该注意以下几个方面：

（一）降低商品组合深度

商品组合深度不宜过深，专业化程度不宜太强，否则会造成以下困难：第一，学生消费者面对货架上相同用途的众多不同品牌、规格的商品难以选择；第二，商品组合深度大，组合广度相对小，有限卖场空间效率难以发挥；第三，销售额在品牌上的分散会使校园便利店难以把控。因此，品种齐全是强调不同用途、功能的商品种类尽可能齐全，商品组合的广度要适当宽，综合化程度适当高，但是深度不宜过深。

（二）利润向少数品种集中

做大少数品牌供应商，提高对供应商的控制力，能够共享供应商促销费用，享受大批量采购的价格折扣和年终退佣，提高品牌商品的市场占有率，从而实现利润最大化。由于品目和供应商减少，谈判时的差旅费等交易成本大幅度下降；销售人员能够集中精力做好主力商品的销售，使经营费用、管理费用有所降低。

（三）根据实际需求调整经营品类

根据学生的具体需求集中在生活用品、休闲食品、文体用品的特点，调整便利店经营品类；针对学生对价格敏感较高的特点，适当增加促销优惠活动，在此基础上使价格更加合理并提高商品质量；考虑到单品销售的周期性问题，订货补货过程中要特别注意销售情况的波动，及时调整订货补货数量。

（四）根据商品购买关联分析进行应用

首先，可以优化商品布局：通过网络图，能够分析出有些商品很容易被同时购买，在超市进行商品排列时，可以把这些商品摆放得靠近一些，或者在同一通道内，当顾客购买某一商品时，方便购买其他关联商品，也会产生一些购物冲动同时购买其他商品。其次，用于设计促销方案：依据商品关联分析的结果设计促销方案会更能吸引顾客。比如，对于关联性强的商品葡萄酒和甜食，可以设计捆绑促销，同时购买这两种商品可以优惠。最后，还可以进行快速商品推荐：点算完顾客购买的商品后，通过关联分析模型，可以推测顾客还可能购买的商品，此时可以向顾客进行推荐。

资料来源：赵琪.校园便利店单品销售预测研究［J］.教育，2017（43）：33-34.

实战与提升

根据表3-18校园超市商品销售情况表，以提升单品门店销售额、扩大门店经营利润为目的，对校园超市商品销售情况进行数据分析，主要包括商品每个时段销售数据分析、商品SKU占比分析、SKU销售相关性分析等，并在数据分析基础上提出具体的促销建议。

实战与提升
参考性提示

项目四　网店运营数据分析

■ 学习导图

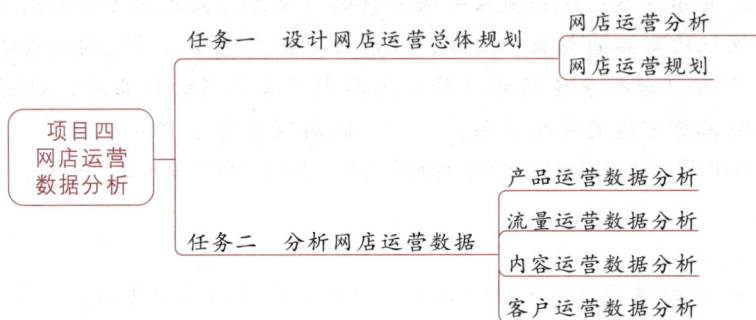

■ 学习目标

知识目标

• 掌握网店运营的核心指标体系
• 掌握网店精细化数据运营的重点
• 掌握网店运营规划的步骤
• 掌握产品运营数据分析的要点
• 掌握流量运营数据分析的要点
• 掌握内容运营数据分析的要点
• 掌握客户运营数据分析的要点

能力目标

• 具备对网店进行运营规划的能力
• 具备对产品运营数据进行分析的能力
• 具备对流量运营数据进行分析的能力
• 具备对内容运营数据进行分析的能力
• 具备对客户运营数据进行分析的能力

素养目标

• 培养网店运营人员的数据思维与创新意识
• 培育网店运营人员敬业、专注的工匠精神

项目导入

商家销量猛增，济南电商企业大促变局突围

11月9日，"双十一"大促尚未迎来"正日子"，位于济南高新区的山东信博通科技有限公司（以下简称"信博通"）在天猫的销售额已达到上年"双十一"全期的3倍；不远处的山东一本图书有限公司（以下简称"一本图书"），也实现了同期20%左右的增长。2024年这个被称为史上最长的"双十一"，与以往相比有何变化？企业如何应对？大鱼财经记者走进济南市高新区几家美妆、消费电子、图书零售类电商企业，探访它们的大促"战况"。

有史上最长加持，销售额普遍看涨

2024年各大电商平台纷纷提前启动"双十一"，其中抖音提前至10月8日，快手、小红书分别提前至10月10日、12日，淘宝、京东、拼多多于10月14日开启，史上最长"双十一"就此诞生。作为山东省化妆品行业的龙头企业，山东福瑞达生物股份有限公司（以下简称"福瑞达"）专注于玻尿酸护肤、微生态护肤、以油养肤、精准护肤等护肤科技，打造了颐莲、瑷尔博士、伊帕尔汗、善颜、珂谧、UMT、诠润、贝润等多个知名品牌。在往年"双十一"中，福瑞达战绩斐然。2023年"双十一"颐莲品牌销售额达1.43亿元，爆款产品喷雾2.0在"双十一"大促期间保湿喷雾销量榜单中处于霸榜地位，实现单链接62W+的累计销量；瑷尔博士天猫预售仅1小时销售额破亿元，总销售额实现3.97亿元。福瑞达常务副总经理白天明介绍，2024年在第一波"双十一"活动中，颐莲品牌实现销售额1.51亿元，瑷尔博士品牌实现销售额2.25亿元，两大品牌稳步增长。

2024年9月30日，微信、支付宝实现支付互通，这对"双十一"有何影响？"众所周知，支付宝和微信覆盖了几乎全民的应用，这次互通带来非常多体验方面的变化，淘宝天猫与多个互联网平台实现互联互通后，年轻用户、下沉市场用户的使用频次、用户规模在迅速增长，'双十一'的购物需求集中，增量会更明显。"白天明说。

同样位于济南高新区的一本图书，是教辅图书电商的佼佼者，其编写出版了语文阅读训练、英语阅读训练、知识大盘点等广受市场欢迎的图书，曾斩获"2023年天猫十大优秀品牌书店""2024天猫'6·18'年中狂欢节中小学教辅品牌TOP2"等战绩，近3年来创造了销售额50%的年增长率。"2024年到目前，同期保持20%左右的增长。"11月9日，该公司电商中心总监冯永伟告诉大鱼财经记者。

信博通在2024年"双十一"则拼出了"3倍+"的战绩。该公司从事消费电子类目下电商零售业务，与苹果、华为、小米、OPPO、iQOO、一加、vivo等手机品牌及生态链企业均有深度合作。该公司电商总监刘浩告诉大鱼财经记者，在10月31日天猫开门红后，公司成交金额即达到了上年"双十一"全期的2.11倍，至11月9日午间，这一数据跃升至3.1倍，活动期累计支付金额超90%的同行，入选手机生态渠道店类目成交竞速榜TOP3。"'双十一'当天可能涨到20倍甚至更高。"刘浩预测。

发力兴趣电商、培育主播矩阵，政府、企业主动创新迎变

在越来越"卷"的电商战局中，时长带大的数据仅是一个侧影，真正比拼的还是各商家的实力招式。近年来，相比于淘宝、京东、拼多多这类"人找货"的货架式电商，抖音、快手、小红书等兴趣类的电商或社区以"货找人"模式凸显新优势，因此，针对这一行业变化，多平台发力、侧重优势平台成为诸多电商企业的方向。

例如，一本图书的电商板块包含了天猫、京东、抖音、快手、视频号等多个线上电商平台。大鱼财经记者看到，在公司办公区，部门细分为货架电商部、抖快自营部、视频号自营部等部门，并有多个直播间和拍摄间，打造了教室、教师办公室、家庭等不同场景，不同场景对应不同群体，为短视频素材的质量和形式上的创新提供了更多可能。

"'货找人'模式撬动了新需求，一个直接表现是，它将教辅类图书的销售周期提前了。以前消费者通常是开学前夕购买，现在购买时间常会提前到寒暑假开始。"2024年"双十一"期间，一本图书主要围绕抖音和天猫做规划，预计抖音平台实现销售2 000万元，天猫平台1 000万元，抖音平台已然后来居上。在信博通，货架式电商平台目前占比50%左右，直播间占比已达到30%。

另一个变化是，随着头部网红主播"翻车"案例的增多，越来越多的商家不再选择过于集中地"押宝"，而是转战"加强自播声量"。白天明表示，"2024年'双十一'，为打赢这场全民购物狂欢硬仗，我们积极备战大促，调整经营策略，集中优势资源，通过IP联名、超头达人深度绑定、加强品牌自播声量等策略，不断提升品牌影响力。"信博通则组建了20多人的直播团队，消费电子类产品带货不讲究颜值，而是看重专业度。因直播时长与流量密切挂钩，"双十一"期间信博通旗下多个直播间每天直播时长达到18小时。

政府引导也是电商大促的一个重要因素。据了解，2024年1—9月份，济南高新区累计组织各类电商直播31 326场次，观看量达53 108万人次，电商活跃店铺4 241家；累计实现网络零售额320亿元，全市占比31.1%，同比增长7.1%，总量保持济南市第一。济南高新区相关负责人表示，将持续促进电商创新发展，打造消费扩容升级新引擎。通过发挥电商产业园载体招引赋能作用，完善产业体系、强化直播人才培训、塑造更多"高新优品"，多措并举激发线上消费潜力。"双十一"大促终将告一段落，但变局突围却是商海不变的旋律。

资料来源：高莹. 有商家销量是去年双11全期"3倍+"，济南电商企业大促变局突围 [EB/OL]. [2024-11-10]. https://www.thepaper.cn/newsDetail_forward_29302895.

要求：通过了解"双十一"与电商运营的相关背景知识，思考网店规划运营的主要目标有哪些，以及哪些数据与指标可以快速辅助经营决策。

任务一 设计网店运营总体规划

学一学

一、网店运营分析

（一）网店运营背景分析

1.消费者人群特征分析

消费者人群特征分析是从多个维度对消费者人群进行分析，然后总结出消费者全貌的过程。消费者人群特征分析的常见维度有：购买能力、购买次数、性别、年龄、地域、使用终端等，对消费者人群特征进行归类分析，能够形成消费者人群画像，帮助企业了解消费者人群特征。

2.市场同类产品价格段分析

市场价格是商品价值的货币表现，通常是指一定时间内某种商品在市场上形成的具有代表性的实际成交价格。市场供求是形成商品价格的重要参数，当市场需求扩大时，商品价格处于上涨趋势，高于价值；当供求平衡时，价格相对稳定，符合价值；当需求萎缩时，商品价格趋跌，低于价值。

3.消费者搜索词分析

电子商务平台上，客户通过关键词查找所需的商品而产生的流量往往在店铺整体流量中占据很大的比重，因为搜索即入口，通过优化关键词、投放关键词广告，就能提升产品的曝光机会。在企业电子商务经营活动中，最常见的关键词推广方式即淘宝/天猫直通车，在进行关键词推广效果分析过程中，其分析的流程通常是：展现量、点击（率）、花费、投入产出比。

4.市场产品分析

产品数据分析是指通过产品在其生命周期中各个阶段的数据变化来判断产品所在阶段，指导产品的结构调整、价格升降，决定产品的库存系数以及引进和淘汰，并对后期产品的演进进行合理的规划。收集用户对产品的需求偏好；整理分析需求偏好，提出产品开发的价格区间、功能卖点、产品创新、包装等建议；树立用户对产品及品牌持久的黏性。

（二）网店运营核心指标体系

网店的指标有很多种类，具体包括流量类指标、转化率类指标、成交类指标等，网店指标分类详解见表4-1。

（三）网店精细化数据运营

从图4-1的网店精细化数据运营公式可以看出，与商品交易总额（GMV）相关的主要指标有流量、转化率、客单价、连带率、折扣与复购率等，其中最重要的指标是流量、转化率与客单价。例如，某经营农产品的网店，需要根据已经制定的网店运营规划提炼出网店的运营目标，该网店运营数据如下：年度销售额目标为500万元，客单价为100元，转

表 4-1 网店运营指标解释

	指标	解释
流量类指标	PV（浏览量）	店铺内页面被点击的数量，点击一次就被记为一次浏览（PV），一个用户多次点击或刷新同一个页面，就会被记为多次浏览（PV）
	UV（访客数）	店铺各页面的访问人数。在所选的统计时段内，如果同一访客多次访问会自动进行去重计算
	纯 PV	总 PV 减去广告弹窗、站外广告等 PV 后剩下的 PV。纯 PV 反映的是用户的主动行为
	纯 UV	减去广告弹窗、站外广告等页面的访问后，剩余页面访问者去重后的访问者之和
	商品页 UV	访问该商品页面的访客数
	到达页浏览量	通过该来源给店铺入口页面带来的查看次数
	页面平均停留时间（秒）	用户平均浏览店铺单个页面花费的时间
	人均店内停留时间（秒）	平均每个用户连续访问店铺的时间
	店铺收藏访客数	将店铺加入自己收藏夹内的访客数量
	商品收藏访客数	将店铺内商品加入自己收藏夹内的访客数量
	回头客数量	在特定的一段时间内有过两次购买记录的顾客数量
	回访客比例	在特定的一段时间内有过两次以上访问店铺的顾客数量比例 回访客比例=回访客数量/访客数量
	跳失率	顾客从登录页面进入店铺后，不是继续访问店铺的其他页面，而是关闭了当前页面去了其他店铺的人数比率 跳失率=跳失人数/登录页面的访问人数
	跳变率	顾客从登录页面进入店铺后，离开当前页面，但是继续访问了店铺其他页面的人数比例 跳变率=跳变人数/登录页面的访问人数
	平均访问页面数	平均每个顾客访问店铺的页面数量 平均访问页面数=总访问数/UV（访客数）

续表

转化率类指标	成交转化率	店铺成交访客数量占总访客数量的比例 成交转化率=成交人数÷总访客数
	静默转化率	没有咨询客服直接下单购买商品的顾客比例
	访客-咨询转化率	来店铺访问的顾客中主动咨询客服的人数比例
	咨询-成交转化率	来店铺访问并且主动咨询客服的顾客中成功下单交易商品的顾客人数比例
	新顾客成交转化率	第一次在店铺下单购买商品的顾客人数比例
	老顾客成交转化率	曾在店铺发生过交易，并且再次下单购买商品的用户人数比例
成交类指标	总成交数	在特定的时间内所有成功交易的订单数量
	平均访客价值	平均每个访客带来的销售额 平均访客价值=销售额÷访客数
	客单价	客单价=成交总金额÷成交用户数
	人均成交件数	平均每个用户所购买的商品件数 人均成交件数=总成交件数÷成交用户数
	人均成交笔数	平均每个用户的交易次数 人均成交笔数=支付交易笔数÷成交用户数
	商品成交均价	商品平均成交的价格 商品成交均价=总成交金额÷成交商品件数
	重复购买率	一段时间内有过重复购买的顾客数比例

化率为8%，则：

访客数=年度销售额÷客单价÷转化率=5 000 000÷100÷8%=625 000（人）

例如，某网上店铺持续记录网店每日销售数据，以周为单位观察销售情况，其第36周至第49周的销售数据见表4-2，并据此绘制折线图（如图4-2所示）。由此可发现，网店的销售额有明显下降，除第46周与第47周受到"双十一"活动的影响，数据存在波动外，从第37周开始到第45周，每周的成交金额逐渐下降。针对以上情况，需要及时分析销售额下降的具体原因，得出结论，并做出相应的调整。

电商存量市场精细化数据运营公式

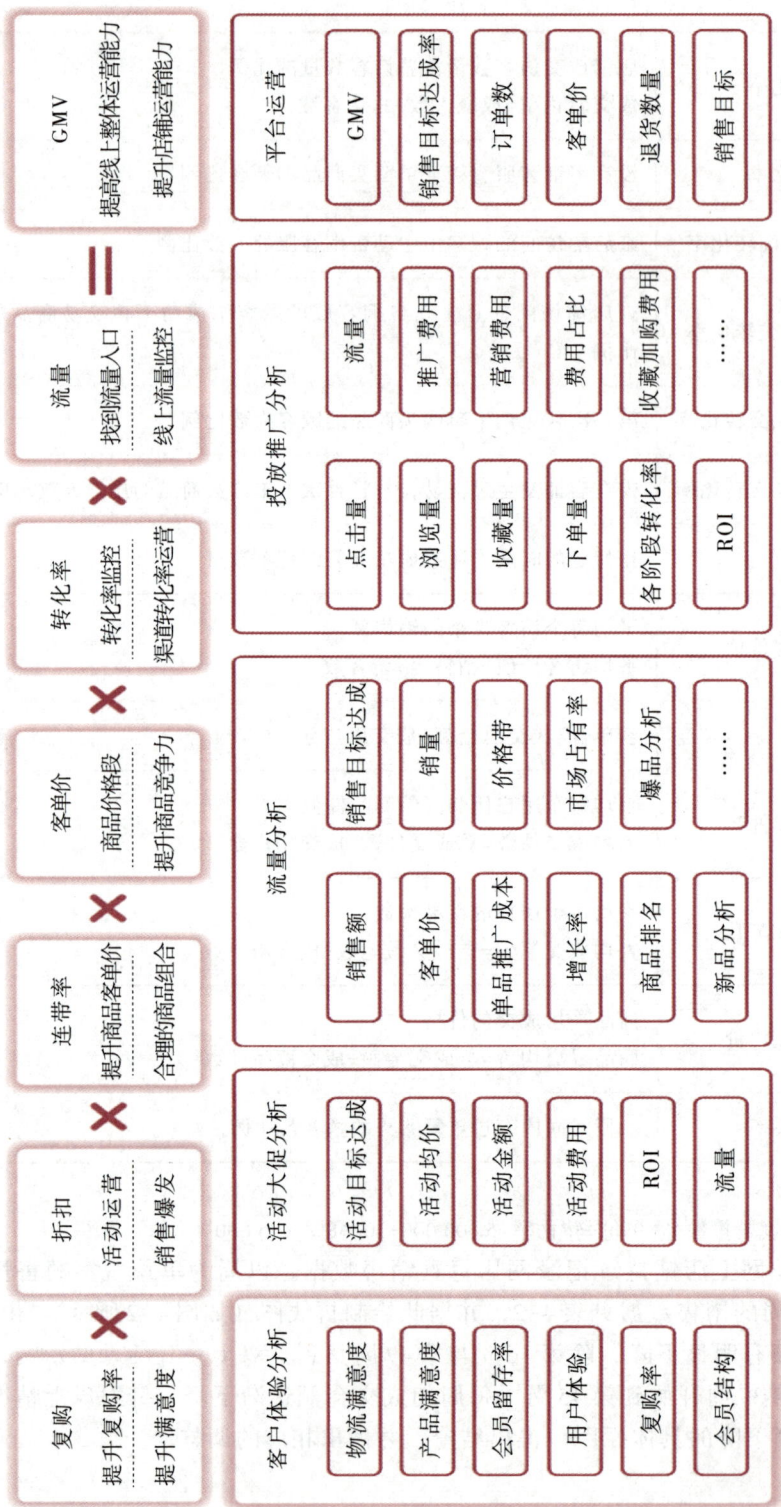

GMV		流量	转化率	客单价	连带率	折扣	复购
提高线上整体运营能力	=	找到流量入口	转化率监控	商品价格段	提升商品客单价	活动运营	提升复购率
提升店铺运营能力		线上流量监控	渠道转化率运营	提升商品竞争力	合理的商品组合	销售爆发	提升满意度

平台运营

- GMV
- 销售目标达成率
- 订单数
- 客单价
- 退货数量
- 销售目标

投放推广分析

- 点击量
- 浏览量
- 收藏量
- 下单量
- 各阶段转化率
- ROI
- 流量
- 推广费用
- 营销费用
- 费用占比
- 收藏加购费用
- ……

流量分析

- 销售额
- 客单价
- 单品推广成本
- 增长率
- 商品排名
- 新品分析
- 销售目标达成
- 销量
- 价格带
- 市场占有率
- 爆品分析
- ……

活动大促分析

- 活动目标达成
- 活动均价
- 活动金额
- 活动费用
- ROI
- 流量

客户体验分析

- 物流满意度
- 产品满意度
- 会员留存率
- 用户体验
- 复购率
- 会员结构

图4-1 网店精细化数据运营

表4-2   某网店周销售数据表

周数	销售额（元）	客单价（元）	订单量（件）	转化率	访客量（人）
第36周	25 000	82.7	302	3.00%	10 077
第37周	26 135	112	233	3.33%	7 007
第38周	18 790	116.3	162	2.84%	5 689
第39周	16 931	119.7	141	2.95%	4 795
第40周	15 790	110	144	3.58%	4 010
第41周	14 780	113.5	130	2.46%	5 294
第42周	13 190	110.6	119	2.76%	4 321
第43周	12 178	109.4	111	3.39%	3 284
第44周	11 980	109.1	110	3.81%	2 882
第45周	10 414	111	94	2.67%	3 514
第46周	26 234	120.4	218	2.61%	8 348
第47周	24 130	116	208	2.37%	8 777
第48周	20 154	139.1	145	2.87%	5 048
第49周	21 708	119.8	181	3.43%	5 283

步骤一，确定目标数据。

网店的销售额=展现量×点击率×转化率×客单价=访客数×转化率×客单价

在发现整体销售额出现明显下降后，网店就要从展现量、转化率、客单价等方面整理和观察数据变化的原因，发现网店销售过程中存在的问题，及时进行调整。

步骤二，客单价数据分析。

从整理出来的客单价数据中可以看出，客单价基本稳定在100~120元的范围内，对比销售金额趋势，第36周与第48周的数据异常并不是主因。同时，并不存在活动降价或促销导致客单价持续下降的情况，基本上可以排除因客单价下降导致销售金额下滑的可能性。

步骤三，转化率数据分析。

随后，整理店铺的转化率数据，绘制店铺转化率折线图，可从图中观察店铺转化率的数据变化。转化率在3%左右。而且，对比销售金额趋势，转化率的波动对销售金额有一定影响，比如第44周至第47周，但并非销售金额下滑的主因。

步骤四，订单量数据分析。

对比销售金额趋势，在客单价基本稳定的情况下，订单量下降趋势与销售金额下降趋势基本吻合。因此，应在展现量、点击率、转化率3个数据中找到订单量下降的原因。

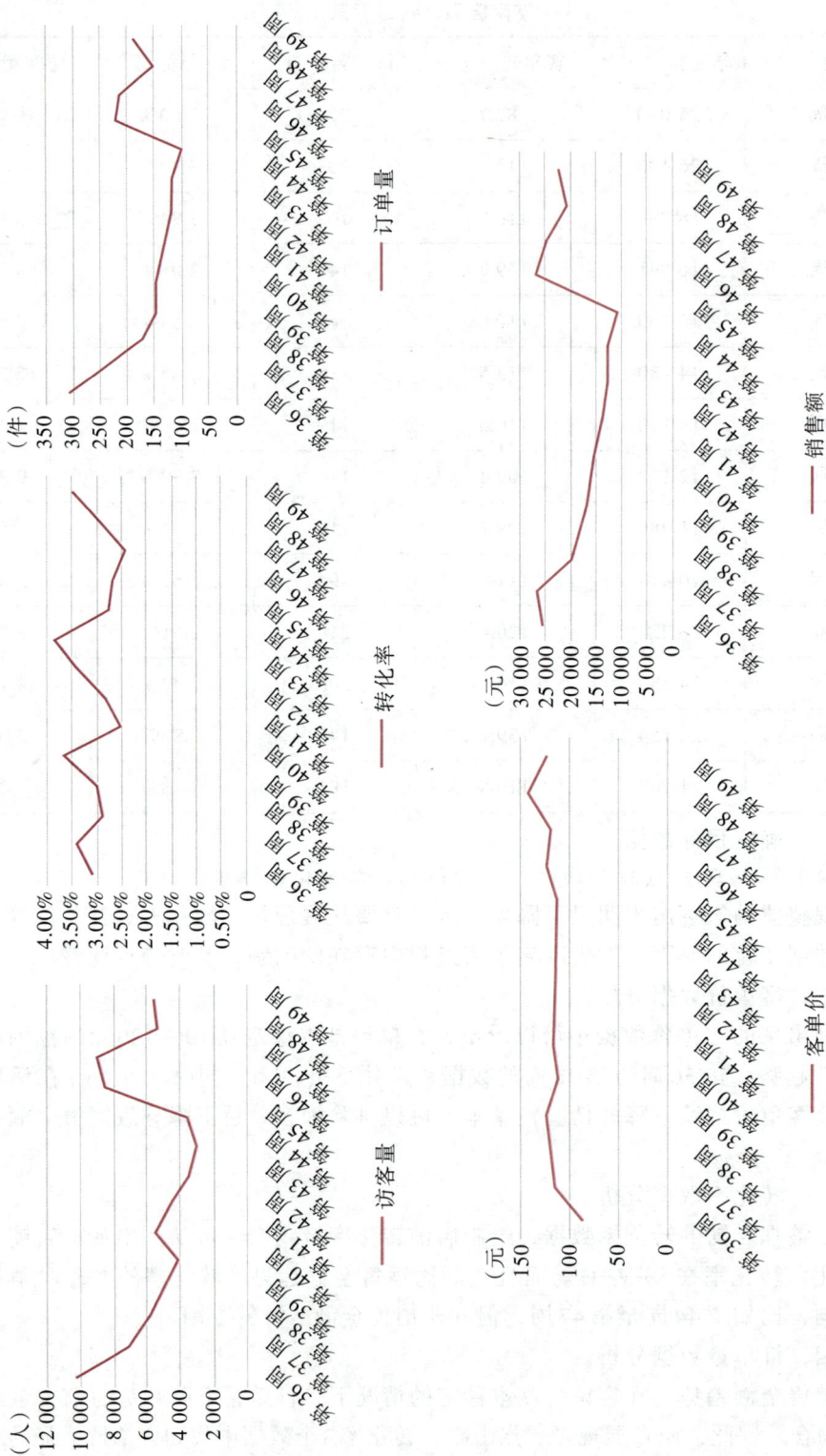

图4-2 某网店销售数据分析图

订单量

（件）
350
300
250
200
150
100
50
0

转化率

4.00%
3.50%
3.00%
2.50%
2.00%
1.50%
1.00%
0.50%
0

访客量

（人）
12 000
10 000
8 000
6 000
4 000
2 000
0

销售额

（元）
30 000
25 000
20 000
15 000
10 000
5 000
0

客单价

（元）
150
100
50
0

步骤五，访客量数据分析。

绘制访客量数据折线图，对比销售金额趋势、成交订单量趋势和访客量趋势，可以明显发现，这3个数据的变化趋势非常相近。由此可以推断出，访客量下降，导致销售金额下降。

步骤六，分析数据变动原因。

在整理和分析了各目标数据后，可以大致得出导致销售金额下降的主要指标是访客量。影响访客量的指标有两个：一个是展现量；另一个是点击率。在网店运营过程中，展现量都是比较稳定的，所以重点就是提升点击率。点击率高，访客量高；点击率低，访客量低。要提升点击率就要优化店铺的商品详情页、商品主图、购物路径等，有助于提升店铺的访客量。

二、网店运营规划

（一）网店运营规划的原则

在市场调查和竞品分析的基础上，制定店铺经营规划，还需要重视客户价值评估、客户画像分析、转化率以及投资回报率等核心内容。

1.客户价值评估是网店经营的核心

当客户在网店有了购买行为之后，就从潜在客户变成了网店的价值客户，可以基于网店的销售数据对客户的交易行为进行分析，以评估客户的价值。RFM模型是衡量客户价值的重要工具与手段之一。RFM模型主要由3个指标组成：最后一次消费（Recency）、消费频率（Frequency）、消费金额（Monetary）。在3个指标数据基础上计算每个指标数据的均值为AVG（R）、AVG（F）、AVG（M），最后通过将每位客户的3个指标与均值进行比较，可以将客户细分成8类（见表4-3）。

表4-3　　　　　　　　　　　　　　　　网店客户类型细分

重要保持客户	一般保持客户
重要挽留客户	一般挽留客户
重要价值客户	一般价值客户
重要发展客户	一般发展客户

2.客户画像分析是网店经营的依据

客户画像又称客户角色，作为一种勾画目标用户、联系用户诉求与设计方向的有效工具，客户画像在电子商务领域得到了广泛的应用。基于RFM模型从基本属性、消费偏好和消费能力等方面对用户进行画像。

重要保持客户对网店的价值更高。其客群特点是活跃度高，贡献度大，对价格不敏感，喜好定制产品等商品。对客群的营销建议是，在保证客户体验的前提下，尽可能地触达用户促销及产品信息。关注此类用户的购物体验，可通过电话访问形式，了解用户需求。

一般保持客户的特点是活跃度高，购买相对频繁，对促销比较敏感，喜欢简易类商品。对该客群的营销建议是，主要通过促销活动吸引这部分客人到店消费。由于这部分客人非常活跃，可通过小激励手段，让其帮助网店营造品牌形象，如转发微博评论送积分等。

3.转化率是网店经营的关键

网店的转化率代表着网店流量最终实现交易的占比。经营者在前期花了心血和金钱引流，目的就是让这些流量得到转化。与网店转化率相关的数据主要包括成交（访客）转化率、自然搜索转化率、咨询转化率、静默转化率等。其中，成交（访客）转化率是网店成交访客数量占总访客数量的比例。

成交转化率=成交人数÷总访客数×100%

对于网店而言，了解页面的访客转化率对网站的装修与改进有非常重要的作用。

4.投资回报率是网店经营的最终目标

投资回报率（ROI）又称会计收益率、投资利润率。其计算公式为：

投资回报率=年利润或年均利润÷投资总额×100%

投资回报率的优点是计算简单，缺点是没有考虑资金时间价值因素，不能正确反映建设期长短及投资方式不同和回收额的有无等条件对项目的影响，分子、分母计算口径的可比性较差，无法直接利用净现金流量信息。只有投资利润率指标大于或等于无风险投资利润率的投资项目才具有财务可行性。

（二）网店运营规划的步骤

运营规划分类包括年度运营规划与季度/月度活动运营规划。年度运营规划是对全年总目标的分解与落实，是网店在本年度内的运营指南；年度运营规划是年度预算的依据，是对网店进行年度业绩考评的依据，同时也是对网店进行日常监管和分析的依据。季度/月度活动运营规划主要是为了实现季度或者月度目标，而进行营销活动的设计。网店运营规划的步骤主要包括明确营销目标、选择运营主要指标与制定网店运营规划。

1.明确营销目标

制定运营规划的目的，就是通过各种运营手段协助实现某一时间段内的营销目标。在运营规划中必须明确营销目标，通过营销目标可进一步明确运营目标。营销目标是否明确直接决定后续策略的可行性和资源分配效率，因此需遵循SMART原则（具体、可衡量、可实现、相关、时限）制定可执行的运营目标。

（1）目标要具体（Specific）。

目标的制定要避免笼统表述，应聚焦关键问题并细化执行维度。例如，将"提升品牌影响力"拆解为"通过社交媒体矩阵运营，3个月内新增粉丝10万人，互动率提升至5%"。

（2）目标可衡量（Measurable）。

没有数据支撑的目标难以评估效果，易导致资源浪费。可以将关键指标量化表述为"销售额增长20%""客户留存率提升至80%""广告点击率（CTR）达到3%"等。

（3）目标可实现（Attainable）。

目标可实现是指目标在正常情况下通过付出努力是可以实现的，脱离资源与能力的目标会打击团队信心，需基于客观现状制定。例如，将"年销售额破亿"拆解为"一季度完成2 000万元（淡季）、四季度冲刺4 000万元（旺季）"，匹配资源节奏。

（4）目标要相关（Relevant）。

营销目标需要与企业战略深度绑定，避免"为做而做"。若企业年度战略是"开拓Z世代市场"，则营销目标应为"打造年轻化品牌形象，新增Z世代用户占比超40%"。

（5）目标要有时限性（Time-bound）。

无时间约束的目标易拖延失效，需要通过节点管控推进执行。如果在制定营销目标时，没有明确实现目标的时间，而到了考核的时候发现相关工作才刚刚开展，则是非常不利于企业发展的。可设定明确的时限来达到目标，如"'双十一'大促期间GMV突破5 000万元""6月底前完成新品发布会筹备"等。

2.选择运营主要指标

网店运营的主要指标可以通过对营销目标进行合理的转化而得到，有时网店运营的指标需要进行方向性的拆分，通常可以把网店运营指标分为产品运营、流量运营、内容运营、客户运营4个方向。

（1）产品运营指标。

某项目为了提升销售额，确定某段时间的客单价为40元，通过客单价的计算公式（客单价=有效订单总金额÷消费总人数）可以推出，在网店运营过程中，在规定时间段，在消费总人数一定的情况下，提高有效订单总金额可以提升客单价，所以提高有效订单总金额和增加消费总人数是产品运营的子目标。

（2）流量运营指标。

对于网店来说，流量是基础，而对流量的转化才是关键，转化率在一定程度上决定了企业的盈利能力。转化率的计算公式为：

转化率=成交人数÷总访客数×100%

由该公式可知，在总访客数不变的情况下，提高成交人数的数量可以提高转化率；而在成交人数不变的情况下，减少总访客数可以提高转化率。也就是说，成交人数和总访客数是推广引流的核心子目标。当前企业竞争激烈，为了获取流量并提高转化率，通常会通过付费广告的形式进行推广宣传。

广告投入的ROI计算公式为：

ROI=总成交金额÷广告花费×100%

由该公式可知，在总成交金额不变的情况下，降低广告的投入，ROI的值会增大；在广告花费不变的情况下，提高成交总金额，ROI的值会增大。通过以上分析可知，提高总成交金额和控制广告花费是流量运营的核心子目标。

（3）内容运营指标。

某项目为了提高商品的预售量，制定了一个月内的直播和短视频内容运营的核心目标：直播成交人数达4 000人，种草人数达20 000人。

短视频种草人数=播放人数×关注率

由该公式可知，在关注率不变的情况下，增加播放人数可以增加短视频种草人数；在播放人数不变的情况下，提高关注率可以增加短视频种草人数。也就是说，增加播放人数和提高关注率是内容运营的子目标。

直播成交人数=直播间访客数×成交转化率

由该公式可知，在成交转化率不变的情况下，提高直播间访客数可以增加直播成交人数；在直播间访客数不变的情况下，提高成交转化率可以增加直播成交人数。

（4）客户运营指标。

在某项目中，企业通过抖音进行引流并转化销售农产品，其中拉新用户数是较为重要的指标。在客户运营中，拉新用户数的计算公式为：

拉新用户数=抖音视频购物车展示量×抖音视频购物车点击率×转化率

由该公式可知，抖音视频购物车展示量、抖音视频购物车点击率、转化率都是影响新关注用户数的因素，这些因素也是客户运营子目标的重要指标。

复购率是考察客户忠诚度的核心指标，复购率越高，说明客户对企业的忠诚度越高；反之则越低。

重复购买率=回头购买客户数÷总客户数×100%

例如，第三季度有6 000个客户成交，其中有120个是回头客，则重复购买率为2%（120/6 000）。

3.制定网店运营规划

新零售企业运营的核心目标是新零售企业根据已制定的营销目标，提炼出达到该营销目标所需要解决的核心任务。制定网店运营规划主要分为制定产品维度的运营规划、流量维度的运营规划、内容维度的运营规划和客户维度的运营规划。

（1）产品维度的运营规划。

该运营规划的核心目标是通过产品全生命周期管理优化销售结构与利润空间。一是动态调整策略，主要基于如动销率、库存周转率等销售数据调整SKU，淘汰滞销品，主推高潜力商品；二是价格弹性管理，根据市场竞争态势与成本变动制定阶梯定价策略；三是品质导向运营，若产品核心卖点为品质，需强化质检流程透明化和用户评价管理。

（2）流量维度的运营规划。

该运营规划的核心目标是通过渠道组合拳扩大流量入口，提升流量转化效率。一是对付费流量和免费流量进行渠道分层运营；二是根据产品属性选择适配场景，进行场景化引流；三是设计通过"搜索流量→详情页→加购→支付"全链路转化漏斗，实现流量的承接与优化。

（3）内容维度的运营规划。

该运营规划的核心目标是通过内容价值传递建立品牌信任，降低用户决策成本。一是实现短视频、直播等内容形式的差异化；二是做好公域与私域渠道矩阵布局，同时监控完播率、收藏量等互动数据，淘汰低效内容模板，复用爆款内容结构。

（4）客户维度的运营规划。

该运营规划的核心目标是从单一交易关系升级为长期用户资产运营。一是应用

RFM模型对客户进行分层管理；二是搭建积分体系，设计"白银→黄金→钻石"成长型会员等级，增强客户忠诚度；三是细分社群场景，通过关键意见消费者（KOC）带动社群深度运营。

做一做

某网店2024年计划销售额为600万，客单价80元，成交转化率10%，点击率8%。该网店侧重于个人IP孵化、网红打造、短视频种草、直播带货，以快速抢占市场，提升知名度。据此制订运营规划方案以指导实施。

微课4-1

实践案例：制订产品运营规划方案

1.计算运营目标。

由成交人数的计算公式可得：

成交人数=销售额÷客单价=6 000 000÷80=75 000（人）

由UV数的计算公式可得：

年度UV数=成交人数÷转化率=75 000÷10%=750 000

展现量=年度UV数÷点击率=750 000÷8%=9 375 000

通过以上计算可得运营目标规划表（见表4-4）。

表4-4　　　　　　　　　　　　　　运营目标规划表

运营目标	运营子目标	
年度UV数	点击率	展现量
750 000	8%	9 375 000

2.分配每月运营目标UV数。

该网店运营领域的月度热度指数见表4-5。

表4-5　　　　　　　　　　　　　　月度热度指数

月份	1月	2月	3月	4月	5月	6月	7月	8月	9月	10月	11月	12月
热度指数	8.80%	5.94%	5.03%	7.54%	9.11%	9.21%	8.89%	7.34%	11.59%	5.50%	13.04%	8.01%

结合月度热度指数，分配每月运营目标UV数。计算公式如下：

每月UV数=年度UV数×每月的热度指数

2024年UV年度规划见表4-6（计算结果保留整数位）。

表4-6　　　　　　　　　　　　　2024年UV年度规划表

月份	1月	2月	3月	4月	5月	6月	7月	8月	9月	10月	11月	12月
UV数	66 000	44 550	37 725	56 550	68 325	69 075	66 675	55 050	86 925	41250	97 800	60 075
展现量	851400	574 695	486 653	729 495	881 393	891 068	860 108	710 145	1 121 333	532 125	1 261 620	774 968

案例说明：该案例通过运营目标的计算过程与运营年度规划的计算，锻炼制定运营核心指标以及网店运营年度规划的能力。

任务二 分析网店运营数据

学一学

一、产品运营数据分析

商场如同战场，如果不清楚市场行情，没有进行自我分析而盲目地选择一个市场进行财力、物力、人力的投资，最后很可能以失败告终。在确定目标之前，就要考察清楚，市场的蛋糕究竟有多大，而自己又能分多少。市场就意味着需求，有买家有需要，才能从中赚取利润。

（一）对市场进行分析

市场分析的方法有多种，要想比较全面地了解大众对各商品的关注程度，可以通过查看百度指数这样的第三方数据平台实现。百度指数是通过用户的搜索行为、点击行为、输入的关键词等信息来为使用者提供大量参考数据，从而帮助使用者进一步了解行业动态、自身竞争力、消费者的喜好、大众对不同产品和市场的关注度等。

1.分析不同品牌/行业市场热度变化

利用百度指数可以通过输入品牌/行业关键词，自由选择时间为7天或者30天，查看在一定地域范围内的大众热度的变化。图4-3为百度指数的热度趋势图，显示的是两个咖啡品牌（瑞幸咖啡、星巴克）在30天内大众对其搜索的变化曲线以及搜索指数概览。

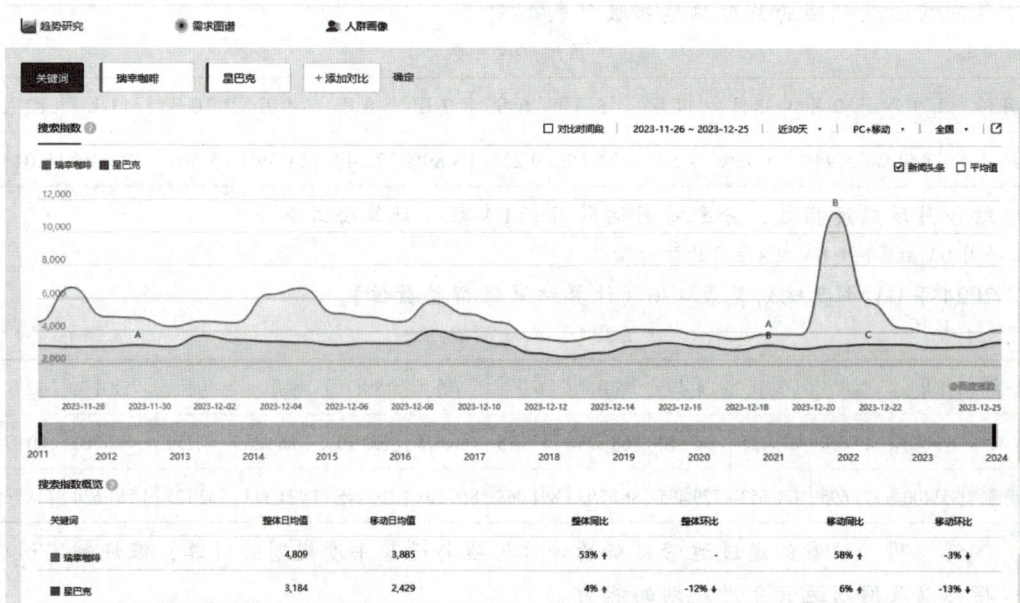

图4-3 百度指数——热度趋势

2.分析不同品牌/行业在不同区域的指数变化

在百度指数中，不仅可以通过关键词查看不同品牌的指数情况，还可以通过地域查看不同品牌的指数概况。例如，通过瑞幸咖啡在全国主要省份的用户搜索变化情况，可以清楚地了解不同地区对特定的咖啡品牌的用户关注变化情况，瑞幸咖啡在广东、江苏、浙江、上海与山东的消费全面超越了星巴克咖啡，借鉴该结果，可以使瑞幸咖啡的广告投放更为精准。

3.分析用户需求的变化

为网店选择市场，最重要考察的就是用户的需求。在百度指数中就有关于用户需求的数据图表。图4-4所反映的是瑞幸咖啡品牌的月度需求变化情况，从图中可以分析出店铺的营销推广手段和方向。

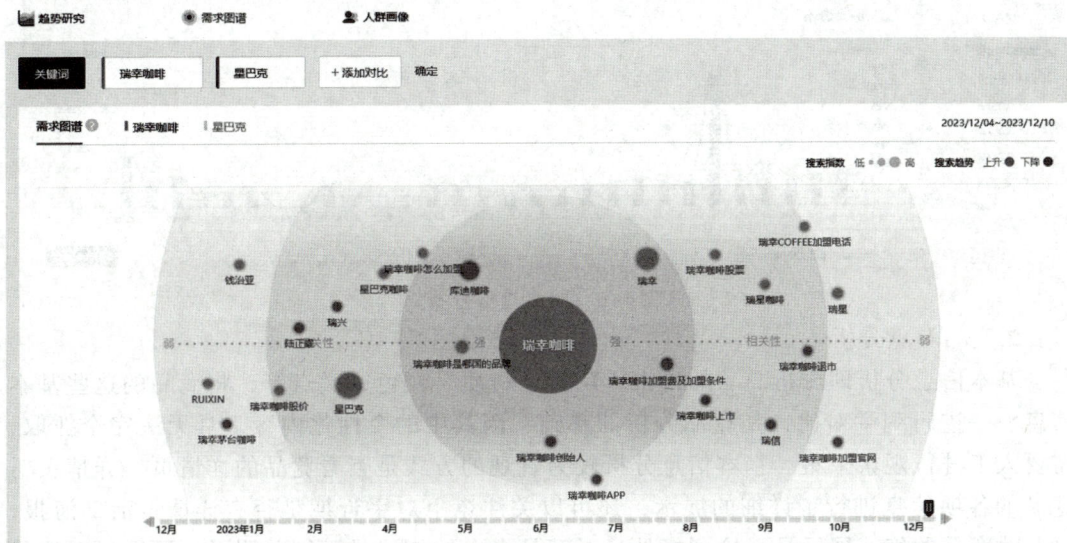

图4-4　百度指数——用户需求变动情况

（二）对竞品进行分析

竞品分析就是对竞争对手的商品进行分析。通过竞品分析，可以了解自身网店商品的市场份额和竞争力，有助于及时调整商品布局及营销策略。

店侦探是一款能全面跟踪天猫淘宝店铺的运营数据工具，其提供爆款关注、标题改动跟踪、改价跟踪、淘宝活动跟踪、自然搜索排名跟踪、直通车关键词排名跟踪等功能。通过店侦探软件，可以实现对监控店铺的整店情况进行分析，也可以对监控商品的情况进行分析。

1.监控商品分析

商品价格是多数客户购物时参考的一个重要指标。在进行选购前，多数客户已经有一个心理价格，这时需要对比分析自身商品和竞品的价格，并结合商品对应人群，进行商品价位的调整，提高自身商品的转化率。使用店侦探软件，添加监控店铺及监控商品，查询店侦探中"监控店铺分析—宝贝分析—宝贝列表"，可以对监控商品进行销售情况、收藏人气、引流、促销等方面的具体分析。进行竞品分析最重要的目的是提升自身网店商品的销量，因此，销量分析是竞品分析的重点。整理自己店铺商品及竞品同一时间段的销售数据，并对两款商品的销售数据进行比较，能够了解自身处于优势还是劣势，有哪些不足之处。查询店侦探中"监控店铺分析—宝贝分析—宝贝列表"，选择日销量分析，可以查询监控商品的30日成交趋势（如图4-5所示）。

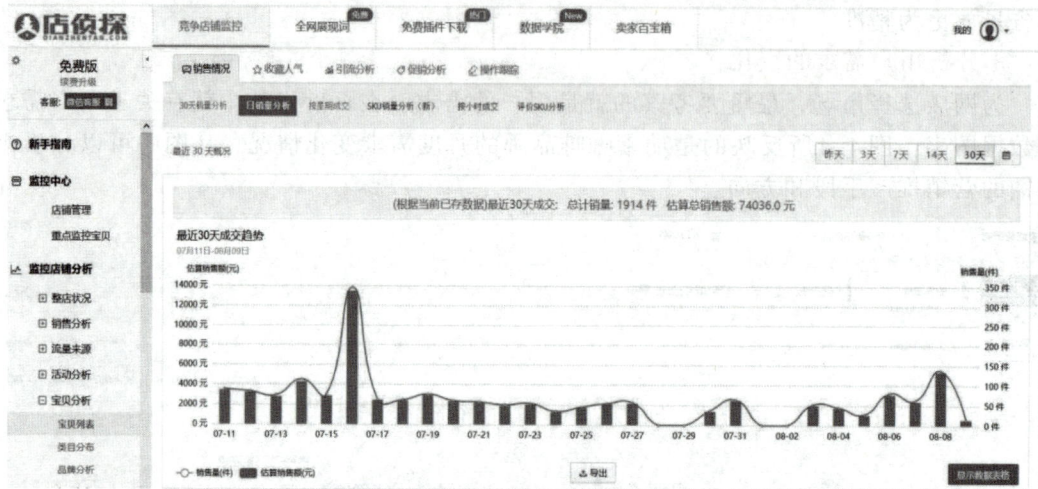

图4-5　成交趋势分析

2.竞品卖点分析

基本信息分析即分析商品的价格、功能、材质、颜色、卖点等，将商品的这些基本信息一一进行列举对比，是竞品分析的基础，因其中的个性化内容工具无法完全抓取，需要人工进行观察采集。基本信息分析较为直观的方式是查看竞品的详情页，详情页对竞品的各项信息进行了详细的展示，还可以关注竞争对手近期是否有详情页活动海报，以及对商品的细节展示是否恰到好处，对商品卖点的描述是否简单明了，可通过对比找到竞品详情页值得学习的地方，从而借鉴运用。打开店侦探软件，选择"监控中心—重点监控宝贝"，可以查询竞争店铺的商品详情页。图4-6为竞品卖点分析。

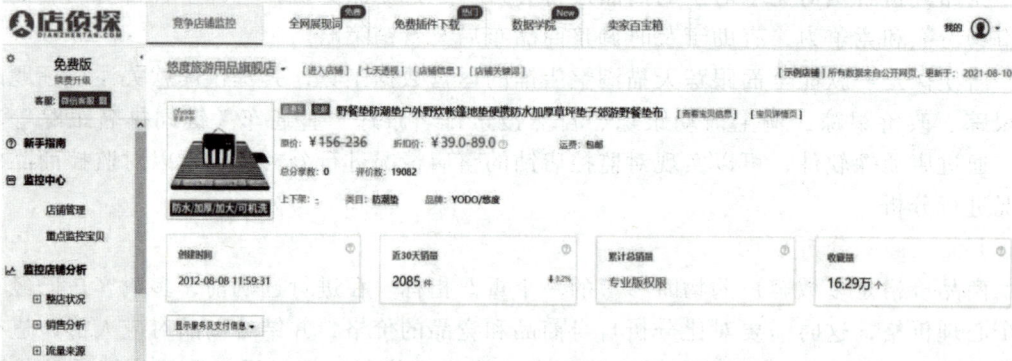

图4-6　竞品卖点分析

3.竞品评价分析

综合比较网店商品和竞品的客户评价，找出竞品客户认可的部分及网店商品不足的部分进行分析，引导网店商品及服务改良或创新。淘宝店铺的DSR评分是淘宝店铺动态评分。淘宝店铺动态评分是指在淘宝网交易成功后，买家可以对本次交易的卖家进行如下3项评分：宝贝与描述相符、卖家的服务态度、物流服务的质量。可以通过对竞争店铺DSR评分的查询，综合比较网店商品和竞争店铺商品的客户评价情况。打开店侦探中"监控店铺分析—整店状况—DSR走势"，可以查询竞争店铺的DSR评分情况，对竞品评价进行分析（如图4-7所示）。

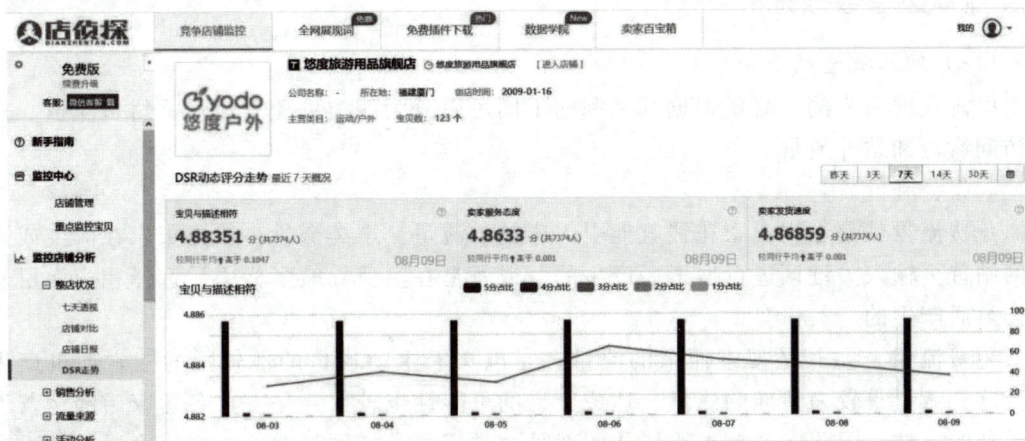

图4-7 竞品评价分析

4.竞品推广渠道及转化分析

分析竞争店铺开展了哪些促销推广活动，如可以通过店侦探清晰了解竞争店铺开展的推广活动，以及参加各类活动的商品数。持续追踪，分析竞争店铺促销推广活动的频度、深度和效果，结合自身网店的实际情况，制定适当的促销推广策略。从店侦探上下载数据，将自己店铺商品与竞争店铺商品进行对比，在总商品数、总引流商品数、直通车商品数，以及搭配减免邮、聚划算等推广渠道等方面进行对比分析。

对竞品进行分析也可以应用生意参谋软件竞争模块。在生意参谋软件中设置竞品，通过"竞争模块—竞品分析—关键指标对比"，可以得到两种商品的流量指数、交易指数、搜索人气、收藏人气等核心指标的对比；通过"竞争模块—竞品分析—入店搜索词"，可以查看两种商品的顾客入店搜索的关键词及访客数；通过"竞争模块—入店来源—访客数"，可以查询到两种商品的主要入店来源。

（三）对销售进行分析

可以通过店铺生意参谋软件查看店铺活动期间商品的销售数据。

1.营销活动页面浏览量、访客数、活动成交金额

活动页面浏览量（PV）、访客数（UV）是指活动页面的打开次数和人次，是活动最基本的指标，没有活动页面的打开也就没有活动的参与及后续流程。可以实时查看活动成交金额，与预期目标进行对比。活动页面浏览量、访客数、活动成交金额可以直接

在生意参谋软件首页实时概况中查看。

2.营销活动转化率、客单价

活动转化率、客单价可以通过生意参谋软件首页整体看板进行查看，能够反映出活动参与的效果，根据数据情况可以调整活动规则。

3.实时单品数据

实时单品数据可以通过生意参谋软件首页上方品类栏目中的实时播报进行查看，通过实时单品数据监测可以进行货品操作调整。

二、流量运营数据分析

（一）网店流量的来源

以淘宝网店为例，流量根据其来源的不同可以分为四类：免费流量、付费流量、自主访问流量和站外流量。

1.免费流量

免费流量就是不用卖家花钱就能引入店铺的流量。这类流量一般是买家在淘宝或天猫网站首页输入关键词进行搜索后产生的，或者是在类目导航窗格中，选择相应类目及子类目后产生的。

免费流量，尤其是搜索而来的流量，是以买家主动且目的性较强的搜索动机产生的。这类流量是较为精准的流量，达成交易的可能性也较大，是支撑各卖家店铺运营不可或缺的支柱，因此卖家首先要抓住的就是这类流量。特别是对于小卖家来说，并没有太多的资金投入来获得付费流量，用心优化好搜索而获得的流量就显得尤为重要。而对于大卖家来说，由免费流量带来的转化，肯定也是越多越好。

2.付费流量

付费流量的特点是流量大、效果好，相较于免费流量，更容易获取大批客流，缺点是需要较高成本的投入。在进行付费流量结构分析时，除了需要分析浏览量、访客数、点击量、成交订单数之外，还需要分析投资回报率。

3.自主访问流量

自主访问流量的来源通常是老顾客，老顾客通过点击自己的购物车、收藏夹中的商品和店铺而产生的流量就是自主访问流量。这类流量的特点是转化率很高，毕竟顾客在之前已经对店铺商品有过一定的了解，之所以会再次进入店铺的商品页面，多数情况下是想要购买商品。因此，卖家维护好客户关系，将付费流量带来的顾客转化为老顾客，是运营好网店的一个好方法。

4.站外流量

由于淘宝的竞争越来越激烈，很多卖家都开始在站外花一些心思来获得流量。例如，在一些社交媒体平台中发布商品信息与链接，一旦有人通过点击此链接的方式进入店铺，就会带来站外流量。站外流量都比较便宜，或者是完全免费的，其带来的转化率也比较低。

（二）网店流量分析

生意参谋软件是由阿里巴巴官方数据团队出品的店铺数据化、精细化经营分析工具，它能帮助店铺的经营者看清店铺经营状况，包括人（流量）、货（商品）、钱（交易），提升精细化运营能力，包括实时直播（及时性）、无线专题（多终端）、竞争情报（结合行业）等。

流量分析提供了全店流量概况、流量地图和访客分析，包含访客时段、地域等特征分析，店铺装修的趋势和页面点击分布分析等，可以帮助卖家快速盘清流量的来龙去脉，在识别访客特征的同时，了解访客在店铺页面上的点击行为，从而评估店铺引流、装修等的健康度，帮助卖家更好地进行流量管理和转化。

1.流量概况

流量概况是店铺整体流量情况的概貌，能够帮助卖家了解店铺整体的流量规模、质量、结构，并了解流量的变化趋势。从总的流量规模，知道店铺的浏览量、访客数多少及其变化；从跳失率、人均浏览量、人均停留时长，了解入店访客的质量高低；从流量的付费免费结构、新老访客结构、PC无线终端结构，知晓店铺流量的整体布局；还可以通过选择日期、终端有针对性地查看历史数据和不同终端的情况。

2.流量地图

流量地图旨在帮助卖家看清店铺的流量入店来源、入店后在店内的流转路径、流量从店铺出去后的去向。特别说明，流量地图的分析使用，可以针对PC和无线两个终端切换。

（1）来源分析。

通过验证引流策略是否奏效、各渠道引入流量的转化优劣、发现潜在的高转化流量渠道，从而指导卖家进一步调整引流策略；通过同行来源的查看，帮助卖家发现行业中的高流量渠道、高转化渠道、未覆盖的空白渠道，协助卖家进一步拓展渠道。具体包括查看自己的流量详情、参考查看同行的流量详情、查看入口页面分布和跳失等内容。

（2）店内路径。

看清入店后不同店铺页面之间的流转关系，验证是否按照既定路线和比例流转，发现问题页面类别；看清店内各类页面的单页面流量，明确活动页面的冷热度，进行活动力度的调整。具体可以查看店内各类页面的流量分布、店内各类页面之间的流量流转以及各类页面中的TOP流量页面等。

（3）去向分析。

知晓哪些是导致访客离开店铺的主要页面，从出口页面的调优上解决无转化跳失过高的问题；通过了解访客去向，进一步识别访客离开店铺的原因，扬长避短。可以查看浏览量占比大的、离开访客数高的页面，以及查看用户离开后的去向，推断用户离开的意图。

3.访客分析

访客分析基于访客时段、地域和特征的分布情况，帮助卖家了解店铺访客的分布及其特征；同时对不同的访客（未成交、成交新买家、成交老买家）通过各种维度进行访客画像，帮助卖家更好地进行针对性营销。

（1）访客分布。

访客分布具体包括时段分布、地域分布、身份特征分布以及核心行为分布。通过选择日期、终端，查看对应统计周期内各类终端下访客的来访关键词，判断访客来访需求，通过访客的浏览量分布判断访客的兴趣程度。

（2）访客对比。

访客对比针对所有终端的数据进行计算，可以通过选择时间周期，查看未成交访客、成交新买家、成交老买家在不同维度上的差异，进行针对性营销。比如，成交老买家以 30～39 岁用户为主，新买家正在向 25～29 岁蔓延，所以可以考虑针对适合年轻用户的商品进行开发。

（三）网店转化率分析

网店的转化率代表店铺流量中最终实现交易的流量占比。引入的流量如果不能被转化为交易金额，那么它就是价值低甚至没有价值的流量。

1.转化率的概念

与网店转化率相关的数据主要有以下几项：

（1）成交（访客）转化率。

这是指店铺成交访客数量占总访客数量的比例。

成交转化率=成交人数÷总访客数×100%

（2）自然搜索转化率。

其代表的是通过自然搜索这样的免费流量渠道而到店的访客最终达成交易的人数占比。自然搜索转化率的高低可以衡量出自然流量的价值大小。同样的道理，付费流量转化率也是如此。

（3）咨询转化率。

其代表的是进店的访客通过咨询客服后达成交易的人数占所有咨询客服人数的比例。这个数据在很大程度上显示了客服的工作能力。

（4）静默转化率。

这个概念是与咨询转化率的概念相对的，代表进店的顾客没有经过咨询客服就默默下单的人数占所有访客的比例。这个数据越高卖家就越省心。从某种程度上来说，静默转化率与商品详情页的描述详细与否等因素密切相关。

（5）订单转化率。

其代表的是下单人数中最后完成付款的人数占比。订单转化率低会对店铺正常经营产生显著影响，如销售业绩下滑、广告成本增加、运营效率降低、用户信任度下降等，因此要通过优化商品页面、调整价格策略等来提高订单转化率。

（6）地区转化率。

其代表的是某一地区的成交人数占这个地区的来访人数的比例。所以衡量在一个地区是否适合推广某一商品，光流量大是不行的，还要看这个地区的转化率如何。

（7）新（老）顾客转化率。

其代表的是成交人数中的新（老）顾客占来访新（老）顾客人数的比例。一般来说，老顾客的转化率都是远远高于新顾客的，所以，如果老顾客的转化率下降，卖家就要检查是不是店铺风格、商品特点等因素的变动改变了老顾客的转化率。而新顾客的转化率自然就越大越好，毕竟店铺中绝大部分的顾客都是新顾客。

（8）关键词转化率。

其代表的是商品标题的组成关键词中由每一个关键词带来的来访人数最终达成交易的人数占比。这个数据是卖家衡量一个商品标题中不同关键词是否需要优化的重要参考依据。

2.转化率的分析

查询店铺的转化率的方法有很多，可以在淘宝后台的"数据中心"看到店铺总体的转化率数据，也可以利用卖家工具来查看更为详细的转化率数据。访客数、下单数、支付数显现出明显的漏斗型，其中访客数与下单数的比例就是下单转化率。下单数与支付数的比例就是下单支付转化率。访客数与支付数的比例即总的支付转化率。转化率越高，相对流量引入的情况下卖家的销售量就越大。生意参谋软件转化率分析如图 4-8 所示。

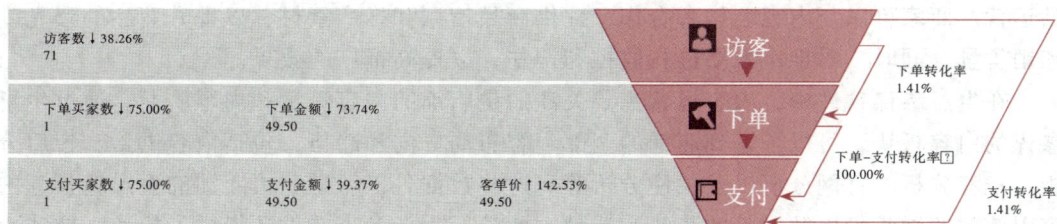

图4-8　生意参谋软件转化率分析

3.B2C电商网络营销渠道的效果分析

B2C电商网站转化率是关键，投资回报率是最终目标，前已述及。

三、内容运营数据分析

内容运营数据分析即对电子商务平台内及平台外其他内容渠道的发布情况进行统计并分析。其主要作用包括：一是比较多渠道投放、多种内容的推送效果；二是找到问题所在，及时调整优化内容；三是能反馈内容运营效果，提供决策参考。内容运营数据分析包括内容的展示、转化、传播、推广等维度，以及内容浏览人数、内容互动次数、引导进店人数、引导付款金额及增粉人数等核心指标。借助内容运营数据分析，可以有效地对内容形式及推广方式等进行评估并优化。

（一）内容运营监控指标

1.展示数据

展示数据属于基础数据，是一个直观的效果反馈，用来展示内容被点击、查阅的情况，包括覆盖人群、推荐量、阅读量、阅读次数等。

2.转化数据

转化数据属于投入与回报数据，用于判断内容是否能够促进用户的转化，包括页面广告的点击次数、支付人数、支付金额等。

3.传播数据

传播数据属于分享数据，用来表明内容的质量、趣味性等特征，检测数据主动转发、传播的情况。

4.渠道数据

渠道数据用来衡量渠道投放质量、效果，其由产品的特性和受众人群定位所决定。内容可在多个平台进行推送，通过多平台的数据分析，确定目标用户集中的平台和喜欢的内容。

（二）站内内容运营分析

淘宝内容运营主要包括内容的生产、编辑和发布，目的是通过优质内容吸引用户，提升平台的内容质量和用户体验。内容运营需要根据用户需求和市场趋势，持续优化内容策略。对于非合约商家或者TOP商家，做内容营销可能会遇到困难。如果团队人手较少，建议做万相台无界版关键词推广和万相台无界版人群推广，以及消费者运营和货品运营。商家可以与内容创作者合作，提供商品信息和推广素材，以提升商品的曝光度和销售量。同时，对推广效果进行监控和调整，以提高推广的效果。

在生意参谋软件中，内容运营主要关注的是店铺的内容流量和内容质量。通过生意参谋的内容板块，可以了解到店铺的全部内容布局方向和趋势，包括内容供给、售后分析、推荐分析、官网分析以及关注分析等。这些数据可以帮助分析店铺的生意增长、内容引流数的增长量以及增长的趋势和浮动。此外，生意参谋软件还提供了粉丝画像和粉丝分析功能，帮助商家了解用户的流转里程和偏好，从而针对这些侧重点进行优化，加速提升销售。

（三）站外内容运营分析

1.微信内容运营分析

微信内容运营多围绕微信公众号展开，通过公众号，电商企业可将自身商品信息以文字、图片、视频等形式进行展现，并吸引用户参与、分享、传播。

（1）客户分析。

客户分析包括人口特征、地域归属、访问设备等客户属性分析以及新增人数、取消关注人数、净增人数及累积人数等客户增长分析。

（2）内容分析。

内容分析包括全部视频、单个视频及音频的媒体分析，单篇群发及全部群发的群发分析。

（3）消息分析。

在消息分析中，运营人员可以选择小时报、日报、周报以及月报等时间维度，查看消息发送人数、消息发送次数以及人均发送次数等相关数据。同时也可以通过时间查看具体某个时间段的数据。

（4）菜单分析。

菜单是公众号与粉丝互动的一种方式，运营人员可以通过菜单数据了解客户的喜好以及对公众号的满意程度，点击次数越多说明使用人数越多，人均点击次数越多说明客户越活跃。

2.微博内容运营分析

微博内容分析可以借助微博平台的数据助手工具展开，目前微博的推广内容以博文、文章、视频 3 种形式展现，在进行微博内容运营分析时，可分别进入数据助手相应的板块查看阅读趋势、阅读人数、转发数等。

（1）基础数据分析。

通过微博管理中心的数据助手可以采集微博相关数据，采集到这些数据后，可以结合数据，分析商品营销内容受欢迎程度、覆盖程度。如果数据表现较差，则需要优化商品营销内容；如果数据表现较好，则可以总结商品营销内容的优点，以便后期沿用。

（2）粉丝数据分析。

微博运营人员可以通过微博管理后台实时分析微博近期粉丝变化的相关数据。根据该分析图，可以了解微博营销的效果，对营销内容进行优化。

（3）其他数据分析。

通过微博管理中心后台的博文分析可以收集分析微博阅读趋势、转发评论和点赞情况、点击趋势分析、单条微博阅读趋势、单条微博点击趋势、单条微博中图片和短链的触达效果、单条微博阅读来源分析、单条微博粉丝阅读分析，还可以查看分析微博互动，如近 7 天账号互动 TOP10、我的影响力、我发出的评论等数据。

四、客户运营数据分析

（一）客户价值分析

客户价值分析主要包括客户忠诚度分析、客户行为分析与客户特征分析。

1.客户忠诚度分析

客户忠诚度也叫客户黏度，是指借助企业产品或服务的质量、价格等因素的影响，使客户对企业产品或服务产生情感，形成长期重复购买的程度。客户忠诚度分析是对客户的忠诚程度进行分析，从而了解客户对企业的态度、满意度等情况，为客户忠诚度的提升提供指导。

客户忠诚度分析的目的就是检验企业客户忠诚度管理的成果，并及时优化客户忠诚度管理办法；同时，及时识别出忠诚客户，对这些客户进行有针对性的营销和维护，让更多的客户成为企业忠诚客户，以拉动企业销量，提升企业品牌知名度和美誉度。通过客户忠诚度分析，企业可以判断其忠诚客户的数量。企业的忠诚客户越多，越有利于企业的发展，也代表企业在同行业中的客户竞争实力越强；可以实现会员营销、群专属优惠与客户拉新等。

2.客户行为分析

客户行为是客户为满足自己的某种需求，选择、购买、使用、评价、处理产品或服务过程中产生的心理活动和外在行为表现。客户行为分析是对这一过程中产生的数据进行分析，发现客户行为特点和规律的过程。客户行为分析可以从客户行为路径中拉取出客户黏性指标、客户活跃指标、客户产出指标这3个维度的指标来进行分析。客户行为分析可以使用5W2H分析法。

客户行为偏好分析，可以使用5W2H方法，具体执行如下：一是客户产品偏好分析；二是客户购物时间偏好分析；三是完成以上分析后，分析客户购买了什么产品（What）、为什么（Why）购买产品、购买产品的是谁（Who）及客户购买的地点（Where）和时间（When）；四是客户花费金额（How much）、客户购买形式（How to do）分析。

3.客户特征分析

客户特征分析是从多个维度对客户进行分析，并总结出客户全貌的过程。客户特征分析的常见维度有购买能力、购买次数、客户性别、客户年龄、客户地域、客户终端等，对客户特征进行归类分析，能够形成客户画像，帮助企业了解客户群体特征。

客户特征分析最终要为营销服务，因此在进行客户特征分析前，首先需要明确营销需求，在了解企业营销需求的前提下，选择合适的维度和指标展开分析，为企业提供有价值的客户特征分析结果，使企业利用有限的内部资源有针对性地展开营销活动，从而获得更多的目标客户。

客户特征分析主要包括客户地域与年龄分析、客户消费层级分析、客户性别分析、客户购物时间分析、客户偏好分析等。完成客户特征分析后，企业可以根据客户特征分析的结果，进行营销优化和产品结果优化，主要是实现营销优化与产品结构优化。

（二）用户画像分析

用户画像又称用户角色，作为一种勾画目标用户、联系用户诉求与设计方向的有效工具，用户画像在商务领域得到了广泛的应用。

1.用户画像分析的目标

用户画像分析是在符合相关法律法规的情形下，通过收集用户信息，并对收集到的所有信息按一定的分类整理为各种用户标签，以便更加清楚地了解自身品牌的用户群体需求。如果将用户画像置于企业管理中，则对于用户画像更加切合实际及专业的解释为，企业通过一定的技术手段对企业用户在与企业消费互动或者以其他方式连接的过程中所留下的各种特征痕迹（如用户属性、消费习性、消费偏好、行为偏好、地理属性等信息）进行标签化。零售企业做用户画像分析，通常基于以下两个目标：

（1）营销目标。

基于营销目标的用户画像分析比较容易理解，一般指为每一位用户打标签，将用户的行为特征进行标准量化。企业在选取营销活动人群时，可以通过标签组合的方式找到当次营销活动所需要的属性人群。因为标签维度够丰富及颗粒度够细，因此营销活动可以找到最细颗粒度需求的人群，以实现营销的精准性。

（2）全渠道、全域的管理目标。

目前，零售行业倡导的是企业针对全渠道、全域实行统一的用户管理，本质目标是将用户360度的行为数据糅合到一起，借助大数据分析的手段帮助企业更加了解用户，进而更好地优化品牌内部的商品结构及服务。管理是为了更好地将用户留住，留住用户的最终目标是变现。

2.用户画像分析的主要标签

（1）事实类标签。

这类标签非常普遍，但这类标签信息的收集需要遵循《中华人民共和国个人信息保护法》的规定，必须采用一定的技术手段进行"去标识化"，从而在合规的前提下更好地发挥价值。具体标签，例如某程序员的年龄、性别、去向；如果有更多的信息，则可以对其学历、家庭背景、所学专业、是否购房等进行更多维度的标签分类。总体而言，事实类标签指不会随着外部环境及各种因素的改变而发生变化的属性特征。

（2）分析类标签。

这类标签无法通过直接的属性特征获取，需要基于一定的数据分析方法获得。例如，该程序员的居住场所离办公场所的距离信息获取较为困难，所以无法了解其每天的具体路程。但如果可以获取其工作日上午的离家时间及到达公司后上班打卡的时间记录，那么我们可以通过数据分析手段进行时间和距离的换算，最终计算结果对应的标签为上班距离，该标签就属于分析类标签。总体而言，分析类标签指无法直观获取信息，需要借助一定的数据分析手段获取结果的标签。相对而言，该类标签在企业中较为常见，如到店次数、消费频次、商品价位偏好等。在多数情况下，分析类标签最终会根据标签不同的业务维度进行更细颗粒度的标签分类。

（3）预测类标签。

预测类标签也叫机器学习类标签。例如，我们通过年龄、性别、穿着等外在特征推断出一个人可能的职业工种是程序员，职业工种在此案例中属于简单预测类标签，如果没有其他的特征依据，则此结论正确与否无从得知。此场景属于简单生活场景，实际工作中的预测方式会更加严谨，需要借助一定的预测算法实现，如预测某位用户是否复购，或者预测用户是否流失。

（三）RFM模型的应用

企业要与用户维系长期稳定的合作关系，但是时间、精力有限，无法照顾到所有的用户；另外，每个用户的需求也不一样，所以，如果秉承以用户为中心的经营理念，那么对用户实行差异化管理势在必行。借助RFM可以将用户按价值维度进行划分，R、F、M这3个指标都达到最优的群体，就属于企业高价值用户，企业对这类用户群体在日常用户关怀中需要给予更高的关注，以及提供更优质的服务。企业针对VIP群体的服务也是相同的管理理念。

1.客户细分

当客户有了购买行为之后，就从潜在客户变成了价值客户，可以基于销售数据对客户的交易行为进行分析，来估计客户的价值。RFM模型是衡量客户价值的重要工具与手段之一。RFM模型主要由3个指标组成：最后一次消费、消费频率、消费金额。这3个指标无法用平面坐标图来展示，所以这里利用三维坐标系进行展示。x轴表示最后一次消费，y轴表示消费频率，z轴表示消费金额，坐标系的8个象限分别表示8类用户，如图4-9所示。

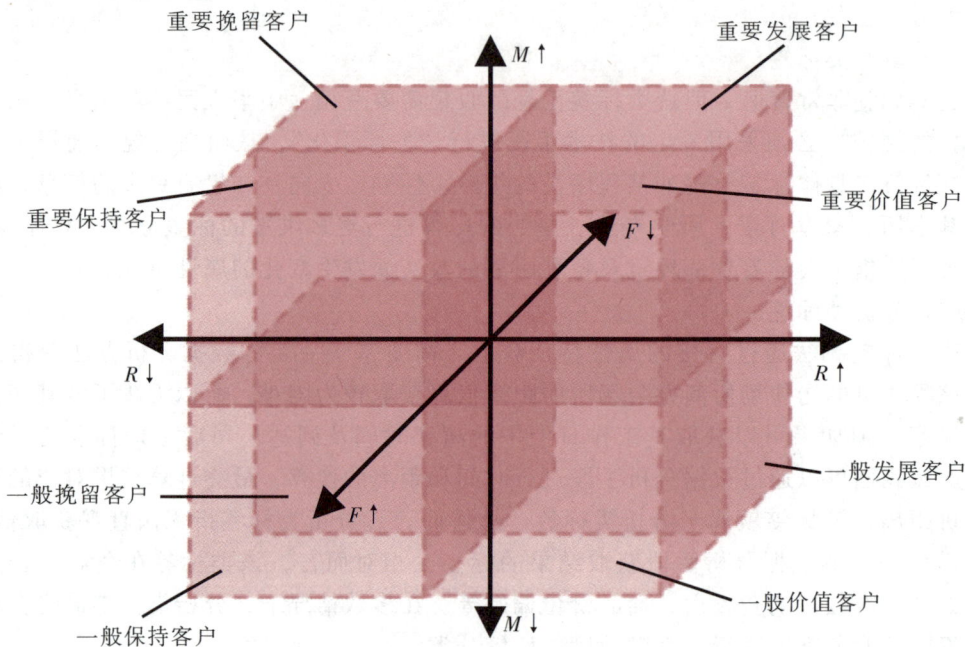

图4-9 RFM模型

2.具体计算方法

RFM的分析工具有很多，可以使用SPSS和SAS进行建模分析，然后进行深度挖掘。根据销售数据和上述模型对客户进行RFM分析，将所有的购买客户按照不同的客户价值进行划分。根据分析需要，R用客户订单付款时间跟数据采集时间的时间差（天数）作为计量标准；F根据数据集中每个客户的交易次数作为计量标准；M以顾客的交易量作为计量标准。在数据计算过程中，根据RFM客户价值分析模型，需先根据每个客户的R、F、M3个指标值与指标标准值的关系来进行客户分类。假设分别使用$R\text{-}SCORE$、$F\text{-}SCORE$、$M\text{-}SCORE$3个变量来表示与指标平均值之间的关系，其中，3个变量的赋值如下：

$$R\text{-}SCORE=\begin{cases} 1 & 若R < AVR(R) \quad 高价值 \\ 0 & 若R \geq AVR(R) \quad 低价值 \end{cases}$$

$$F\text{-}SCORE=\begin{cases} 0 & 若F < AVR(F) \quad 低价值 \\ 1 & 若F \geq AVR(F) \quad 高价值 \end{cases}$$

$$M\text{-}SCORE=\begin{cases} 0 & \text{若}M < AVR(M) \quad \text{低价值} \\ 1 & \text{若}M \geq AVR(M) \quad \text{高价值} \end{cases}$$

最后合并计算出 *RFM-SCORE* 并分类，见表4-7。

表4-7　　　　　　　　　　　　RFM模型数据分析结果

R价值类别	F价值类别	M价值类别	用户类型
高（1分）	高（1分）	高（1分）	1重要价值用户
高（1分）	低（0分）	高（1分）	2重要保持用户
低（0分）	高（1分）	高（1分）	3重要发展用户
低（0分）	低（0分）	高（1分）	4重要挽留用户
高（1分）	高（1分）	低（0分）	5一般价值用户
高（1分）	低（0分）	低（0分）	6一般保持用户
低（0分）	高（1分）	低（0分）	7一般发展用户
低（0分）	低（0分）	低（0分）	8一般挽留用户

具体的用户类型与用户特征见表4-8。

表4-8　　　　　　　　　　　　用户类型与用户特征数据

用户类型	用户特征	企业行为
1重要价值用户	最优质用户	应提高满意度，增加留存
2重要保持用户	重要用户但购买频率低	可通过活动提高购买频率
3重要发展用户	重要用户但最近不消费	触达用户防止流失
4重要挽留用户	潜在价值用户	了解用户需求想办法挽留
5一般价值用户	忠诚用户但消费金额低	引导其消费
6一般保持用户	新用户	利用优惠吸引消费
7一般发展用户	一般用户	较少关注
8一般挽留用户	流失用户	较少关注

例如，某门店基于RFM模型从基本属性、消费偏好和消费能力等方面对用户进行了画像分析，具体收集数据及计算结果见表4-9。

表4-9 客群情况分析结果

行标签	客群1	客群2	客群3	客群4	客群5
客户数	7 529	5 444	7 642	5 292	7 485
占比	22.55%	16.30%	22.89%	15.85%	22.42%
平均值项：Recency-score	1.79	1.78	4.31	4.21	2.88
平均值项：Frequency-score	1.43	4.17	3.09	1.72	4.24
平均值项：Monetary-score	2.88	1.80	1.81	4.20	4.36
结论	重要发展客户	一般价值客户	一般保持客户	重要挽留客户	重要保持客户

根据表4-9的数据，得到客群RFM得分雷达图，如图4-10所示。

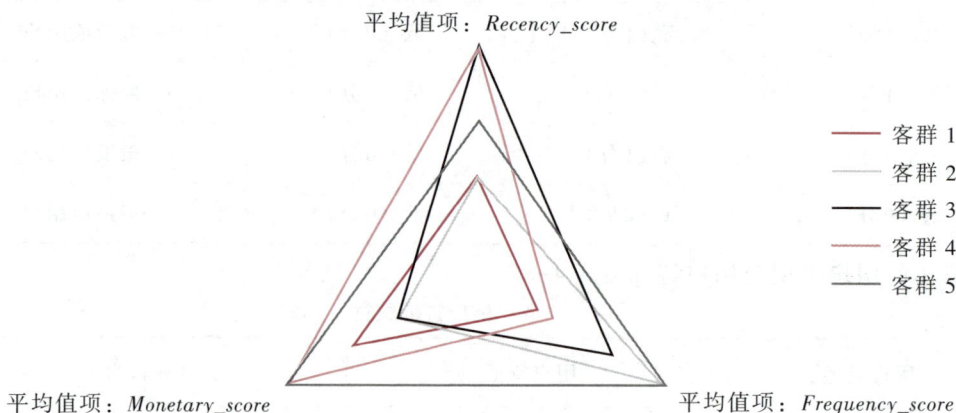

图4-10 客群RFM得分雷达图

通过图4-10可以得出结论：客群5是重要保持客户，在RFM得分雷达图中面积更大，对该门店的价值更高。其客群特点是活跃度高，贡献度大，对价格不敏感，喜好零食、饮料等各类商品，较符合该门店的目标客群特点。对客群5的营销建议是，在保证客户体验的前提下，尽可能地触达用户促销及产品信息；关注此类用户的购物体验，可通过电话访问形式，了解用户需求。客群3为一般保持客户，其特点是活跃度高，购买相对频繁，对促销比较敏感，喜欢便当类商品。对客群3的营销建议是，主要通过促销活动吸引这部分客人到店消费，由于这部分客人非常活跃，可通过小激励手段，如送积分等活动，让其帮助门店营造品牌形象。

◼ 做一做

表4-10中的数据是一家现代化大型商城30名随机样本顾客12个月（2022年11月—2023年10月）在该商城购物的消费及统计数据。要求：对随机样本数据进行购物者行为RFM分析。

微课4-2

实践案例：A商城客户RFM模型分析

表 4-10　　　　　　　　　　　　　　　大型商城随机样本数据

会员ID	最后来店距今天数（R）	消费次数（F）	销售总金额（M）
2957656	71	137	220 605.04
4227594	62	174	89 161.63
4309603	68	229	67 179.72
4291513	77	40	64 605.01
1684704	65	99	59 650.48
2276882	69	57	49 796.38
4272940	62	116	38 223.05
4496426	69	173	37 099.2
738692	62	181	32 856.75
5644269	63	49	31 723.38
4368799	63	212	28 841.06
4675057	83	14	27 950.76
4366852	62	264	26 193.7
4469425	66	131	24 109.03
4299628	72	127	21 341.58
4294609	69	178	19 697.82
4905904	138	141	18 815.51
4450208	63	171	15 894.98
117708	77	176	15 332.38
4213482	64	136	14 513.06
5240760	65	134	11 427.59
4695705	65	135	10 065.19
5020704	62	149	9 488.56
5238065	66	132	8 359.41
4286005	62	171	7 493.37
5533356	70	128	6 624.08
4725935	64	123	5 424.17
238698	65	153	5 186.22
2981720	62	128	4 352.06
4972681	64	119	2 509.42

　　步骤一：根据RFM客户价值分析模型，需要先根据每个客户的R、F、M3个指标值与指标标准值（求平均值）的关系来进行客户分类。假设分别使用R-SCORE、F-SCORE、M-SCORE 3个变量来表示与指标平均值之间的关系，按照RFM模型的赋值标

准应用IF函数进行赋值，最后合并计算出RFM，如图4-11所示。

	A	B	C	D	E	F	G	H
	会员ID	最后来店距今天数(1)	消费次数(F)	销售总金额(M)	R-SCORE	F-SCORE	M-SCORE	RFM
2	2957656	71	137	220605.04	0	0	1	001
3	4227594	62	174	89161.63	1	1	1	111
4	4309603	68	229	67179.72	1	1	1	111
5	4291513	77	40	64605.01	0	0	1	001
6	1684704	65	99	59650.48	1	0	1	101
7	2276882	69	57	49796.38	0	0	1	001
8	4272940	62	116	38223.05	1	0	1	101
9	4496426	69	173	37099.2	0	1	1	011
10	738692	62	181	32856.75	1	1	1	111
11	5644269	63	49	31723.38	1	0	0	100
12	4368799	63	212	28841.06	1	1	0	110
13	4675057	83	14	27950.76	0	0	0	000
14	4366852	62	264	26193.7	1	1	0	110
15	4469425	66	131	24109.03	1	0	0	100
16	4299628	72	127	21341.58	0	0	0	000
17	4294609	69	178	19697.82	0	1	0	010
18	4905904	138	141	18815.51	0	1	0	010
19	4450208	63	171	15894.98	1	1	0	110
20	117708	77	176	15332.38	0	1	0	010
21	4213482	64	136	14513.06	1	0	0	100
22	5240760	65	134	11427.59	1	0	0	100
23	4695705	65	135	10065.19	1	0	0	100
24	5020704	62	149	9488.56	1	1	0	110
25	5238065	66	132	8359.41	1	0	0	100
26	4286005	62	171	7493.37	1	1	0	110
27	5533356	70	128	6624.08	0	0	0	000
28	4725935	64	123	5424.17	1	0	0	100
29	238698	65	153	5186.22	1	1	0	110
30	2981720	62	128	4352.06	1	0	0	100
31	4972681	64	119	2509.42	1	0	0	100
32	AVG	69.00	139.23	32484.02				

E2   fx =IF(B2-B32<0,1,0)

图4-11　RFM计算过程

步骤二：分别筛选出8种类别组合（如图4-12所示）。

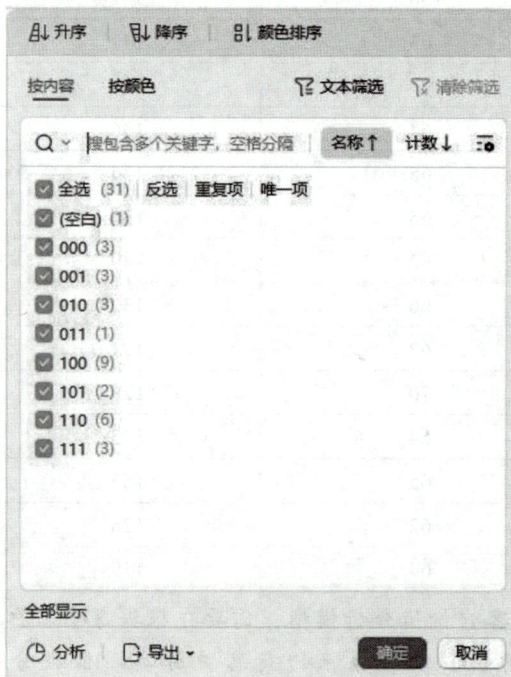

图4-12　RFM类别组合

RFM用户类型分布表（见表4-11）展示了8种（2×2×2）RFM类别组合，即8种用户类型。

表4-11　　　　　　　　　　　　RFM用户类型分布表

R价值类别	F价值类别	M价值类别	用户类型	数量	占比
高（1分）	高（1分）	高（1分）	1重要价值用户	3	10.0%
高（1分）	低（0分）	高（1分）	2重要保持用户	2	6.7%
低（0分）	高（1分）	高（1分）	3重要发展用户	1	3.3%
低（0分）	低（0分）	高（1分）	4重要挽留用户	3	10.0%
高（1分）	高（1分）	低（0分）	5一般价值用户	6	20.0%
高（1分）	低（0分）	低（0分）	6一般保持用户	9	30.0%
低（0分）	高（1分）	低（0分）	7一般发展用户	3	10.0%
低（0分）	低（0分）	低（0分）	8一般挽留用户	3	10.0%

第1~4类用户为重要用户，需要高度关注；第5~8类用户为一般用户，关注度相对较低。

由此可知，有超过70%的顾客购买金额不超过平均值，超过20%的顾客属于重要顾客，非重要顾客占比较高，就此给出解决方案、运营策略与执行计划（见表4-12）。

表4-12　　　　　　　　　　解决方案、运营策略与执行计划

解决方案	运营策略	执行计划
人：提升购买频率	提升顾客活跃度、交叉营销、促成交易	线上：登录送积分、及时发放优惠券及优惠信息；线下：提升会员权益，增加免排队收银服务
人：会员唤醒	衰退预警	关注有礼、互动游戏领取
货：数量增加、质量提升	增加商品品项、提升商品质量	完善商品品项、精选好商品、重视高毛利商品的完善，重塑商品包装，提供多样化包装
场：多元营销，打造多元消费体验场景	提升销售额	线上：提供商品视频区、优化页面设计；线下：增设烘焙体验区、厨艺研习社等，组织社区活动

案例说明：该案例通过给出A商城客户RFM模型分析以及Excel的具体操作，锻炼应用RFM模型对随机样本数据进行购物者行为分析的能力。

润心启航 购物银座新体验：全国大赛"五朵金花"诠释"五心"服务

由中国百货商业协会、中国商业联合会、中国财贸轻纺烟草工会全国委员会共同举办的"全国首届商业导购员技能大赛"在上海举行总决赛，来自鲁商集团旗下银座集团的"五朵金花"绽放大上海——于真真（速打领带）、吴青霞（花样编绳）和郭双华（速开密码箱）荣获十佳业务技能奖，朱琳、于萌获评十佳人气主播。伴随着消费形式的不断升级，银座集团秉承工作用心、待客诚心、服务真心、买得舒心、用得放心的"五心"服务理念，紧跟需求步伐，主动拥抱互联网等数字技术，传承导购技能，不断为消费者带来全新体验。

把电商直播开进了蔬菜大棚

紧跟时代发展趋势，近年来银座把"逛街"导流到了线上，尤其是伴随电商直播的兴起，银座以此为抓手，2022年组建了专业的直播团队，朱琳便是在那时成为银座数字化经营中心的一名主播。

电商直播看似只是"线上的导购"，但试播了几次之后，朱琳发现想做主播，光会说是不够的，直播中的每一个环节都要面面俱到：从开播前的准备工作，直播的主题、商品的选品、直播的流程脚本、商品的卖点、个人的仪容仪表；到直播中的互相配合、语气的变化、情绪状态、各种突发状况的应变反应、每个环节的表述重点；再到直播后的及时复盘总结……这些细节上的日常积累，为她通往人气主播之路打下了坚实的基础。

为充分发挥门店及员工优势，银座集团2023年推进的"百店千人万号直播"行动培养了专属"达人"7 000余名，通过抖音本地平台打造超500万元直播3场、超1 000万元直播3场、超2 000万元直播1场，屡次夺得抖音带货榜全国周榜、全国月榜第一名，引流线下门店消费超150万人次。

作为抖音本地生活销冠，此次在技能大赛上获奖的于萌有自己的"直播宝典"：针对不同的商品，直播团队会做场景化直播，比如，他们有一次到蔬菜基地探播，让顾客感受科技大棚的新颖感，最终实现草莓、西红柿基地单场直播销售5 000多千克。在直播时，主播也要关注在线人数、商品转化率等多个维度的数据来调整直播节奏、货盘结构，保证高热度、高流量。

技能围着服务走，需求向着顾客走

不仅逛街可以放到线上，技能的传承也在"拥抱新媒体"。

在这次技能大赛上获奖的于真真是速打领带的吉尼斯世界纪录保持者。"最初我发现客户在购买西装时对领带的需求也很高，有时会让我们打好一起带走，我就开始研究领带，发现真是大有学问。"于真真先是学习领带的材质、内衬、工艺、图案等，后来又发现单了解领带也不行，还要根据穿着场景的不同进行选择。至于扎系方法更是别有洞天，简易结口、四手结、浪漫结、温莎结、半温莎结……她先从保证扎系美观、规范入手，慢慢地追求速度上的突破和扎法上的丰富。

随着柜台上来的顾客越来越多，为了做好接一待二招呼三，速打领带成了她的技能追求。从开始5分钟扎系1条到3分钟、再到1分钟，于真真别无他法，唯有刻苦练习，在成千上万次的练习过程中，她摸索出"于氏领带扎系方法"，突破了同行眼中的速度极限。2008年11月她以1分钟扎系13条领带的成绩成为速打领带新的吉尼斯世界纪录保持者。

"消费者的需求在哪里，我们的商品服务和技能就跟到哪里。"一切以用户为中心，一切以消费者的需求满足为导向，满足消费者全天候、全时空、全渠道的各种需求。2017年，在全国总工会的支持下，"于真真创新工作室"正式成立，从速打领带的单一技能，扩展到60余项服务技能，20项特色服务项目，实现了业务技能"挖掘-培养-创新"的一条龙标准化孵化进程，目前工作室已经培养并涌现出了10多名省级劳模。

网络直播、视频传播等新媒体传播形式出现后，如何让更多的人了解技能、喜爱技能、传播技能，"技能拥抱新媒体"的想法便应运而生。通过建立个人视频号、企业公众号"双管齐下"的线上平台，微信、微博、抖音"三位一体"的传播矩阵，开课教学、预约服务、公益展示、私人定制"四维互动"的营销网格，2023年工作室累计服务客户200多家，创造销售额400多万元。在新媒体的助力下，技能产生了价值裂变，于真真也从单一技能明星实现了人生事业的不断升华。

真正的服务是心与心的交流

尽管"线上购物"已经很方便了，但"到商场购物"依然有其不可替代之处。

一根根五颜六色的线绳，左缠右绕，穿上扣下，随着指腕翻动，被化身为艺术品，凝结了对美好生活的无限向往。作为珠宝饰品导购员，吴青霞契合消费者对于传统配饰的追求，将花样绳结与零售服务进行了巧妙结合。

现在专柜黄金配饰种类越来越多，烤漆工艺、硬金工艺的小配饰少不了花样编绳的搭配，根据节日特点及顾客喜好，吴青霞搭配合适款式的绳结，为顾客带来了更加美好的服务体验和文化价值。在创造价值的同时，花样编绳技能也让她学会了如何与顾客沟通和交心。在为顾客编织花样绳结的过程中，吴青霞会与她们分享编绳的技巧和心得，倾听她们的故事和需求，往往绳结拉紧的那一刻，顾客的心也被拉近了。

"干一行、爱一行、专一行、精一行"，在这次技能大赛上获奖的郭双华，从事箱包销售时着手学习速开密码箱技能——找老员工学习、从网络上收集资料，练一遍不行就练百遍，这个方法不行就换一种方法。慢慢地，从打不开到用时半小时，直到现在不到2分钟就可以开启一箱、一包、一小锁。技能的飞跃是日积月累、探索研究、攻坚克难的必然结果，在这个过程中，她体会到了掌握技能的快乐，同时也带动箱包团队的销量连年增长。

伴随着岗位的调整，郭双华深挖每一个岗位的专业技能，并根据不同品类有针对性地开展技能创新，陆续掌握了花式鞋带、花样编绳、速穿球拍等多项技能，通过走进社区、企业、学校，将多项惠民服务带到顾客身边，年均活动场次50余次。

在这些优秀的导购员看来，真正的服务从来不只是技能的展现，更是心与心的交流。为消费者不断升级购物新体验，不仅是银座践行"品质消费引领者，美好生活服务商"的真实写照，亦是整个银座上下所孜孜以求的目标和初心。

资料来源：张顿. 购物银座新体验！全国大赛"五朵金花"诠释"五心"服务［EB/OL］.［2024-04-02］. https://www.qlwb.com.cn/detail/23562983.html.

互动话题：结合银座全国"五朵金花"优秀导购员的榜样事迹，思考在日常学习和生活中应该如何根据不同需求有针对性地创新。

Excel应用小技巧

微课4-3

Excel应用小技巧：营销推广数据分析

企业在进行营销推广后对推广数据进行分析，能够帮助其了解推广的整体效果，衡量投入产出比，指导其进行推广策略的优化。对推广数据中的流量来源、订单量和销售额（见表4-13）进行分析，需要将订单量和销售额分组，了解其变化规律和内在联系，然后结合免费、付费推广渠道中订单量和销售额对应的数据，综合分析出营销推广对商品销售的影响。

表4-13　　流量来源、订单量、销售额

统计日期	流量来源	订单量（个）	销售额（元）
2023年9月16日	免费流量	933	12 567
2023年9月17日	免费流量	820	12 333
2023年9月18日	免费流量	715	12 123
2023年9月19日	免费流量	761	9 280
2023年9月20日	免费流量	742	8 256
2023年9月21日	免费流量	755	10 132
2023年9月22日	付费流量	792	12 032
2023年9月23日	付费流量	856	13 243
2023年9月24日	付费流量	833	14 235
2023年9月25日	付费流量	933	14 532
2023年9月26日	付费流量	821	10 269
2023年9月27日	付费流量	831	17 251

步骤一：将订单量、销售额分组，订单量以50为单位，划分为6个组限；销售额以2 000为单位，划分为6个组限。分别应用VLOOKUP函数对订单量与销售量进行分组操作，如图4-13所示。

图4-13　VLOOKUP函数的应用

步骤二：应用数据透视表（图）功能，分别将"订单量分组"拖入"轴"与"值"，并设置"值"为"计数项"，得到订单量图表分析效果（如图4-14所示）。同理可得到销售量分析效果。

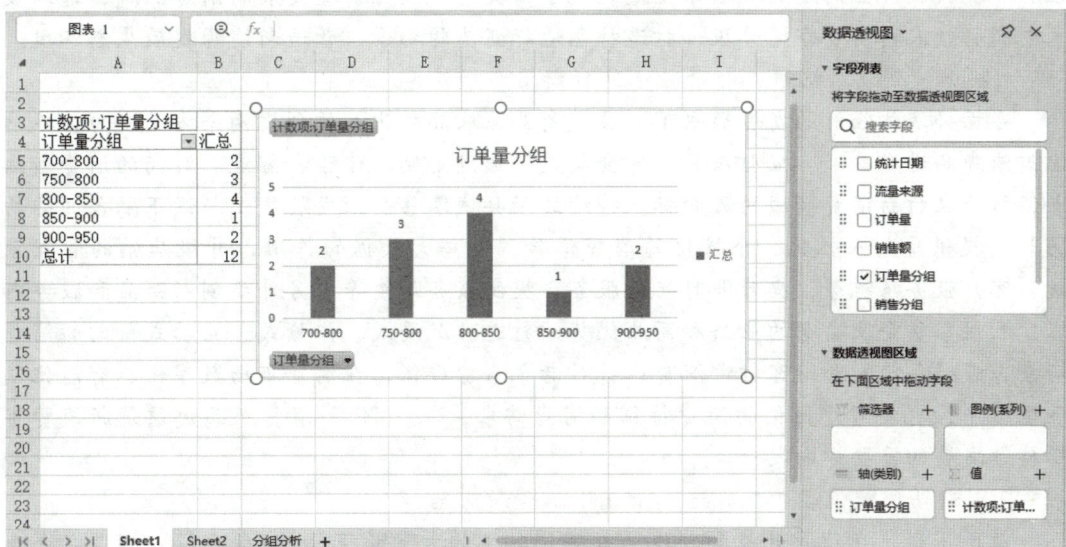

图4-14　订单量分组图表分析

步骤三：应用数据透视表（图）功能，针对付费流量和免费流量两种类型，分别对订单分组进行求和操作，分别将"流量来源""订单量分组"拖入"轴"与"图例"，并设置"销售额"为"求和项"，得到流量来源分组图表分析效果（如图4-15所示）。

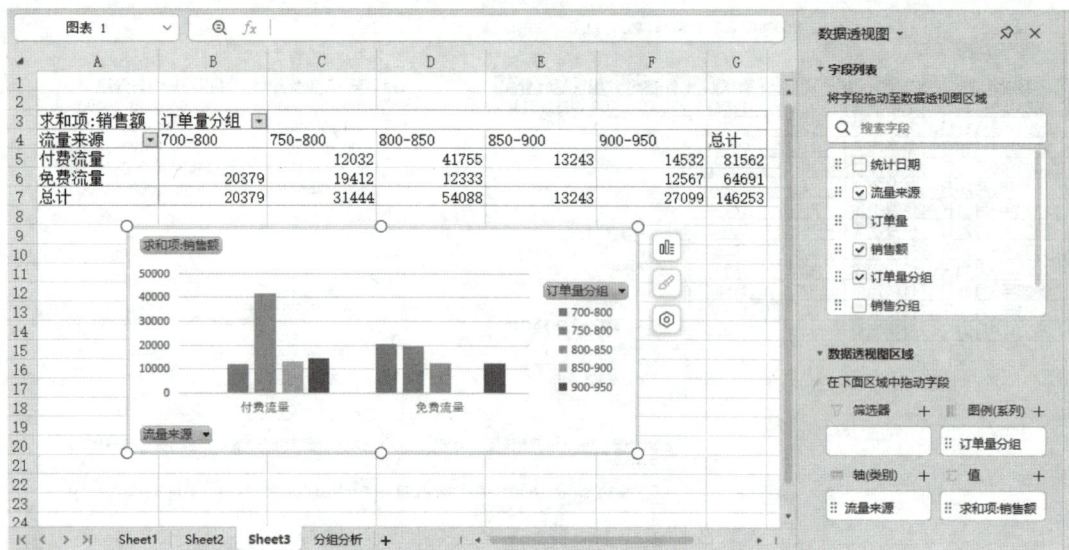

图4-15 流量来源分组图表分析

拓展阅读

技术创新引领农村消费市场升级的发展路径

伴随着数字经济的发展，越来越多消费者正在亲身感受中国制造数字化转型带来的红利。现代服务业的发展与城镇化进程也不断提速，聚力着重发展新消费品牌，通过技术创新引领农村消费市场升级，打造特色地标新消费场景，营造新消费发展生态环境。

1.提升消费发展环境，打造特色地标新消费场景

在振兴实体经济的发展契机下，县域商业应从品牌化和便利化两个方面发力，推动优质消费品进驻县城，吸引人员、资金集聚，形成定制、体验、智能、时尚的消费新热点，打造农村新消费领域的风向标。持续鼓励县域零售企业发展线上与线下融合的购物场景，提供更加人性化、个性化的消费体验，发挥大数据的作用，升级店铺的管理系统、客户服务系统等，提升即时配送服务，提高服务质量等。另外要创新商品和服务内容，利用零售企业自身的业态和商业优势，打造"沉浸式、体验式、互动式"的新消费场景，吸引年轻人和游客打卡消费；针对老年消费群体，在消费市场数字化、智能化发展进程中，也要考虑他们的消费特征和消费需求，"适老化"消费产品应该是新消费市场持续发展的重要方向之一。

2.创新商业经营模式，打造线上线下融合新业态

最近几年，在消费升级和制造业数字化转型的大背景下，"前店后厂"模式在企业中越来越多见。"前店后厂"的商业模式，可以省去不同层级的代理、经销等多个中间流程，让生产商的产品通过全国各地工厂直达用户，从而无缝衔接客户需求和设计、制造和服务，让贯穿整个产品的生态产业链更短、更高效。这种"场景适配、用户参与设计、数字化生产及服务"的数字化定制新模式，可以实现家具产品风格多样化，为用户

定制舒适美学家具，带来高端生活方式。线下体验消费的同时也要积极布局线上营销方式，可以通过网络主播、网络人气大咖参与线下活动，线上直播点评等方式来进一步引流，发挥网络自媒体领域的流量担当优势。通过线上线下的口碑和用户自裂变，让更多用户知道、了解、感兴趣，享受产品消费体验新业态。

3.搭建乡村消费平台，精准营销激发市场活力

在数字媒体时代，紧跟流量与热度营销的步伐，利用乡村旅游特性，抓住消费旺季，由政府牵头举办各种消费促进活动，搭建连接企业与消费者的促消费平台，进一步挖掘和创造消费增长点。从消费品行业类型出发，开办主题促销活动，发放促销券，激发居民的消费潜力，如购物消费、餐饮消费、汽车消费、家电消费、文化旅游消费、乡村旅游消费、夜市消费等。利用地域旅游优势，在公共假期、周末等时间段组织策划以消费为目的的主题消费活动，如五一小长假、母亲节等的购物促销活动，踏青、健步走、音乐节等活动，探寻美食等寻味活动，网红打卡地营销活动等。利用网络传播增加地域的流量，创造消费平台，精准化营销，激发消费热情，汇集消费者，提升消费新供给。

资料来源：吴健妮，赵琪．企业技术创新引领市场消费升级的发展机制研究：以青岛市为例[J]．江苏商论，2024（8）：3-7.

实战与提升

选择熟悉的某化妆品网店的一种商品，描述对该商品进行市场调研分析的具体步骤，并选择其主要竞品进行分析。在关注客户价值评估、客户画像分析、转化率以及ROI的基础上，完成对该商品的营销推广规划。

实战与提升
参考性提示

项目五　网店推广数据分析

■ 学习导图

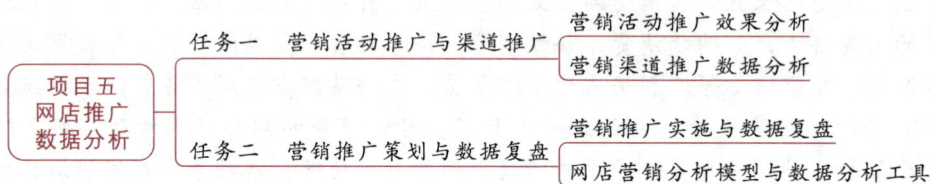

项目五
网店推广
数据分析

任务一　营销活动推广与渠道推广　　营销活动推广效果分析
　　　　　　　　　　　　　　　　　营销渠道推广数据分析

任务二　营销推广策划与数据复盘　　营销推广实施与数据复盘
　　　　　　　　　　　　　　　　　网店营销分析模型与数据分析工具

■ 学习目标

知识目标
- 掌握营销活动推广效果分析的维度
- 掌握网店活动效果监测与复盘
- 掌握免费推广渠道分析
- 掌握付费推广渠道分析
- 掌握营销推广实施与数据复盘
- 掌握网店营销分析模型
- 掌握网店营销数据分析工具

能力目标
- 具备对网店营销活动推广效果分析的能力
- 具备对网店活动效果进行监测与复盘的能力
- 具备免费推广渠道分析能力
- 具备付费推广渠道分析能力
- 具备营销推广实施与数据复盘能力
- 具备网店营销分析模型应用能力
- 具备网店营销数据分析工具应用能力

素质目标
- 培养人工智能时代正确应用人工智能工具提高工作效率的能力
- 把握人工智能时代技术发展的新趋势，树立与时俱进、开拓创新的意识

项目导入

AI-Agent智能体在新零售中的应用

在数字化转型的浪潮下，新零售成为零售行业的未来方向。新零售的核心在于通过

技术的整合和创新，打破传统零售和电子商务之间的界限，形成线上线下融合的消费体验。而在这一转型过程中，AI-Agent（智能体）的应用，正成为零售企业智能化运营的关键推动力。

AI-Agent，作为一种基于人工智能技术的智能体，能够模拟人类的思维、决策和行为，在复杂的业务场景中提供智能化的服务与决策支持。在新零售领域，AI-Agent的应用不仅提升了消费者的购物体验，还通过数据驱动和智能决策推动了零售企业的效率提升和创新发展。

AI-Agent助力个性化消费体验

新零售强调的是个性化、定制化的购物体验，而AI-Agent恰恰在这一点上展现了巨大的潜力。通过AI-Agent，零售商能够深入挖掘每个消费者的购物偏好、行为习惯、历史购买记录等数据，进而为消费者提供量身定制的推荐和服务。

1.个性化推荐：AI-Agent能够基于用户的行为数据和兴趣爱好，通过智能推荐引擎，提供个性化的产品推荐，帮助消费者发现自己感兴趣的商品。比如，在某些电商平台，AI-Agent可以根据用户浏览的历史、搜索的关键词、购物车中的商品等信息，为用户推荐相关产品，提升转化率。

2.智能客服：AI-Agent还可以在客户服务中担任虚拟助手角色，通过自然语言处理技术与消费者进行实时对话，解答购物过程中的问题，推荐优惠活动，甚至帮助消费者完成购买决策。与传统客服不同，AI-Agent能够全天候工作，快速响应大量查询和服务请求，大幅提高用户满意度。

3.预测消费者需求：AI-Agent可以分析大量用户数据，预测消费者的潜在需求。例如，在节假日或促销季节，AI-Agent可以提前识别消费者的购买意图，并根据预测结果自动进行商品库存管理和营销策略调整，从而为零售商提供精确的市场预判。

AI-Agent优化运营效率

新零售不仅仅关心消费者的体验，还需要通过技术手段来提升运营效率，特别是在库存管理、供应链优化和销售预测等方面。AI-Agent通过对大数据的智能分析，能够为零售商提供高效的运营支持。

1.智能库存管理：AI-Agent能够实时监控销售数据和库存情况，预测各个产品的需求变化，自动调节库存。例如，AI-Agent可以通过分析销售趋势，预测某个商品在未来一段时间内的需求量，从而提前进行补货或调整库存，以避免缺货或积压。

2.智能定价与促销：AI-Agent可以基于市场趋势、竞争对手定价、消费者需求等因素，动态调整商品的定价策略。通过智能定价，零售商可以在保证利润的同时，提高商品的市场竞争力。同时，AI-Agent也可以根据销售数据和季节变化，自动调整促销策略，为零售商带来更高的销售额和顾客黏性。

3.优化供应链管理：AI-Agent还能够根据市场需求的变化、供应商的交货周期等因素，帮助零售商优化供应链流程。例如，通过智能算法预测需求波动，AI-Agent可以在最适合的时机向供应商下单，以减少供应链的延迟，保证商品及时供给。

AI-Agent推动门店数字化转型

对于传统的线下零售商来说，数字化转型是提升竞争力的关键。而AI-Agent不仅能够提升线上零售体验，其在线下门店的应用也至关重要。

1.智能导购：AI-Agent可以在智能设备上作为虚拟导购员，帮助顾客选择商品。例如，在一些智能零售店，顾客可以通过触摸屏或语音交互系统与AI-Agent对话，了解产品的特点、价格、使用方法等信息，甚至直接通过AI-Agent完成支付过程。这不仅提升了顾客体验，也帮助零售商提高了店员效率。

2.门店流量分析与客户行为洞察：AI-Agent还可以通过计算机视觉和大数据分析技术，实时监控门店内顾客的行为。例如，AI-Agent能够通过摄像头分析顾客的停留时间、浏览商品的顺序等行为数据，为零售商提供精确的客流分析和运营调整建议，优化门店的布局和促销活动。

3.智能库存管理与自动补货：在一些智能零售门店，AI-Agent通过连接RFID技术和库存管理系统，可以实时追踪商品的销售情况，自动化管理商品的库存和进行补货。当某个商品销量突增时，AI-Agent能够自动发起补货请求，确保商品持续供货。

AI-Agent提升品牌与消费者的互动

新零售不仅仅关注销售，还强调品牌与消费者的互动，AI-Agent在这一方面也展现出了强大的能力。

1.情感化营销：AI-Agent通过情感分析和语义理解技术，能够识别用户的情感需求，从而推送更符合用户心理的营销内容。例如，当消费者感到疑虑或迷茫时，AI-Agent可以主动进行安抚，提供更多商品信息或推荐相关优惠，从而提升消费者对品牌的好感度和信任感。

2.品牌故事与用户参与：AI-Agent能够帮助品牌通过互动式的内容传播，增强消费者的参与感。例如，AI-Agent可以在社交平台上与用户进行互动，分享品牌背后的故事、产品创新等内容，同时邀请消费者参与一些线上活动，增强品牌与消费者之间的连接。

结语

AI-Agent在新零售中的应用正在逐步改写传统零售的运营规则。通过AI-Agent，零售商不仅能够提升运营效率和消费者体验，还能在数字化转型过程中增强与消费者的互动与黏性。随着人工智能技术的不断发展，AI-Agent将在新零售的未来中扮演越来越重要的角色，推动整个行业走向更加智能化、个性化和高效化的未来。

资料来源：AGI大模型学习. AI-Agent智能体在新零售中的应用［EB/OL］.［2025-02-16］. https://blog.csdn.net/2401_84495872/article/details/145666690.

要求：通过了解AI-Agent智能体在助力个性化消费体验以及提升品牌与消费者的互动方面的应用，思考如何结合人工智能，应用数据分析技术对网店活动效果进行检测与复盘，以及如何对客户进行精准画像。

任务一　营销活动推广与渠道推广

学一学

一、营销活动推广效果分析

天猫官方活动是指天猫平台发布的活动，仅针对天猫商家招商，既有普通日常活动，也有大型官方活动，如"双十一"、"双十二"、年货节、新风尚等。平台特大型活动有"6·18"和"双十一"，平台大型活动有3·8节、88会员节、99会员节、年货节等，行业大型活动有新风潮、狂暑季、家装节等，行业中型活动有服饰上新、家装上新等。

例如，天猫年货节有跨店满减和官方立减两种玩法，卖家报名时平台将根据店铺的一级主营类目为其适配相应的基础玩法且不支持商家切换基础玩法，官方立减玩法与跨店满减玩法互斥，同一商品无法同时参加这两个玩法。

官方立减玩法生效的商品遵循平台统一设定的各类目最低让利比例，在此基础上商家可自主选择提供更大的优惠力度。而跨店满减是天猫组织的，消费者在天猫平台单个活动店铺或跨店铺交易时符合一定条件即可减免部分交易金额的活动玩法。消费者被减免的部分交易金额，商家并不能因此获得等值的现金收入，即由商家承担让利。作为本活动的基础玩法之一，适配跨店满减玩法的商家在对应活动期间，其店铺内指定类目的所有商品均默认支持使用跨店满减。

（一）活动推广效果分析的维度

活动推广效果分析的主要目的是通过对活动数据进行分析，发现活动中存在的问题和可参考的经验，总结活动流程、推广渠道、客户兴趣等内容，方便后续活动推广策略的优化。常见的活动推广分析维度有以下几种：

1.活动推广流量分析

活动推广流量分析是判断推广效果的核心要素，是对推广活动为企业带来的流量进行分析。主要的分析指标有：访客数、成交订单数、成交占比、投入成本、成交额、投入产出比等。

2.活动推广转化分析

活动推广转化分析是对获取的流量转化为收藏、加购、订单等状态的数据进行分析。主要的分析指标有：访客数、收藏数、加购数、成交订单数、收藏转化率、加购转化率、支付转化率等。

3.活动推广拉新分析

活动推广拉新分析是对因活动带来的新客户数据进行分析。其分析的前提是先完成企业推广流量和转化分析，在此基础上将活动中的新客户单独拉出并对其相关数据进行分析。活动推广拉新分析主要的分析指标为：访客数、新访客数、新客占比等。

4.活动推广留存分析

活动推广留存分析是在活动结束一段时间后，对因活动成为企业粉丝客户的相关数据进行分析。这部分粉丝的共同表现是：在活动结束后仍发生重复购买等活跃行动。活动推广留存分析的主要指标是：访客数、留存访客数、留存访客占比等。

（二）网店活动效果监测与复盘

很多运营人员觉得活动一旦推出之后，后面就没有什么事情可以做了，基本上就等最终的结果了。其实活动正式推出之后，只是走出了第一步，网店活动效果监测需要持续去做，网店活动效果监测做得是否足够精细、足够到位，很大程度上也会决定活动的最终成败。活动结束后还要回顾一下整个活动的过程和结果，对活动进行详细的复盘，针对活动的策划、实施情况进行总结和分析，储备活动经验，为以后的活动提供指导。

1.网店活动效果监测

网店活动效果监测是从活动正式发布一直到活动全部结束这段时间需要做的工作，其中最重要的工作就是数据监测，网店活动效果监测至少需要完成如下工作：

（1）预热期数据监测。

预热期是没办法直接成交的，所以客户只能通过加购收藏和交付预售定金的形式把产品提前锁定，通过预热期加购收藏和交付预售定金的数据，就可以预测整个活动的大概销售业绩。通过店铺后台生意参谋的作战室，点击活动分析里的KPI进行查看，就能查看到预热期的收藏加购数据；点击活动分析里的推广引流查看流量来源数据，根据数据情况对推广计划进行调整。

（2）活动期间数据监测。

活动正式开始后，可以通过店铺后台生意参谋实时监测店铺活动期间相关数据，具体包括：一是可以监测活动页面浏览量（PV）、访客数（UV）、活动成交金额，与预期目标进行对比。二是可以查看活动流量来源，活动流量数据可以反映出活动推广效果，可以根据活动流量来源进行实时调整。三是活动转化率、客单价，这些可以通过生意参谋首页整体看板进行监测。四是实时单品数据，可以通过生意参谋首页上方品类里的实时播报进行监测，从而进行货品操作调整。

（3）活动结束后数据监测。

订单发货情况可以通过生意参谋首页上方物流里的物流概况进行查看，通过订单发货情况监测，及时处理物流发货相关问题。活动整体数据监测可以通过生意参谋首页上方交易里的交易概况进行查看，了解活动的整体效果。

2.网店活动复盘与改进措施

每次做完活动，都应该去做复盘，它可以帮助运营人员更宏观地了解活动结果，并依据本次的数据去判断当下的决策是否正确。在复盘的过程中更有利于吸收经验教训，总结出改进措施，对之后的活动进行调整，优化下次活动的运营方法。下面看一下如何进行活动复盘和总结出改进措施。

（1）回顾活动目标。

复盘的第一步就是拿实际的活动结果与预期的目标进行对比，看看有没有达到目标，离完成目标还差多少，或超出目标多少。除了和店铺预先制定的活动目标进行对比外，还需要对比行业和竞品的数据，做一个宏观的判断。

（2）分析活动结果。

第一步完成与目标对比后，第二步需要分析产生结果的原因。首先需要把与活动目标相关的数据整理出来，并将活动前、活动中、活动后所有的行为和调整都列出来。可从对影响销售额的关键指标入手，进行拆解，围绕"销售额=流量×转化率×客单价"这个公式进行重点分析。

①各渠道引流情况分析。

列出在活动期间投放在不同渠道的引流人数以及投入产出数据，从数据中找出问题，并做一些假设，然后去验证，为下次活动做准备。

②转化率。

转化率是最重要的指标，只有流量越精准，转化率才会越高，而每个渠道背后都对应一个消费人群，从每个渠道的转化率数据中，可以看出哪些消费群是高价值的，值得后续重点运营。另外转化率不高的渠道，也要找出是在哪个环节流失的，分析消费者从点击商品到查看商品详情页、主图，再到查看评价，到询问客服，再到议价，直至下单付款的行为路径中，在哪个节点放弃购买，找出原因，并提出解决方案，在下一次活动中试用验证。

③客单价。

客单价一般是和商品的特性（是否适合购买多件）、促销形式的设计，以及商品组合情况有关。同样的，首先需要拿出数据，去比较日常客单价的变化情况，以及在活动期间各个 SKU 的销量是多少。分析活动的主推商品是否选得正确，是否带动店铺其他商品的销量，店铺推荐位有没有利用好，以及活动中的热卖品具有哪些特点。

二、营销渠道推广数据分析

渠道推广数据分析具体分为免费推广渠道分析与付费推广渠道分析。

（一）免费推广渠道分析

免费流量包括站内免费流量和站外免费流量。站内免费流量指通过平台获取的流量，比如平台购物车、产品推荐等。站外免费流量主要是其他知名平台带来的，如论坛、微博等。

1.影响商品排名的核心因素

商品排名决定了店铺获取自然流量的多少，排名越靠前，商品获得展示的机会越多，获得的流量也越多。影响淘宝搜索排序的因素很多，不同的因素其权重不一样，对商品排序的影响也不相同，下面分别对主要因素进行介绍。

（1）标题与商品相关性。

书写商品标题的时候，一定要符合商品真实属性，切勿胡乱堆砌关键词，讲求实事求是。标题中所包含的关键词，一定是在商品属性中所具有的，如标题中写"纯棉"，然而在实际商品属性中"含棉量 20%"就属于属性不相关，严重的会被扣分。

（2）销量。

如何判断一个产品质量的好坏？产品是否受欢迎？一般来说，买的人多，就意味着该商品质量过硬，所以商品的销量权重占比相对较高。但是由于近几年爆款的竞争异常激烈，个别商家为追求销量而进行虚假性购买（刷单），严重扰乱了正常的淘宝经营环境，因此淘宝也加大了其他因素权重占比来减小销量对排名的影响。

（3）付款人数。

付款人数是购买商品的顾客数量，是淘宝为减小销量对排名的影响而推出的更为客观的排名因素。当然影响搜索排名的因素很多，付款人数只是其中一个，也会出现付款人数数据大而商品排名靠后的情况，但付款人数是重要的排名因素之一。

（4）商品点击率。

商品点击率是商品排名的重要因素之一，是点击商品的人数与看到商品的人数之间的比率。商品点击率高才会为商品带来有效流量，提升商品成交的概率。

（5）商品转化率。

商品转化率是所有触达商品并产生购买行为的人数和所有浏览商品的人数的比率。

商品转化率=成交人数÷总访客数×100%

商品有好的转化率不仅可以带来更多成交量，同时可以增大直通车或者钻展的投入产出比，减少推广成本。

（6）DSR 动态评分。

DSR 动态评分包含"商品与描述相符"、"卖家的服务态度"和"卖家的发货速度"三项内容，分别考核卖家的商品与详情页描述是否一致，卖家的服务态度是否周到细致，卖家的发货速度是否快速、包装是否完整。每项评分取连续 6 个月内所有买家给予评分的算术平均值，分值范围为 1～5 分，1 分为非常不满意；2 分为不满意；3 分为一般；4 分为满意；5 分为非常满意。DSR 动态评分是商品描述、服务及发货速度等综合服务水平的体现，DSR 动态评分越高，对排名越有利。

（7）商品上下架时间。

在淘宝平台中同类商品非常多，少则几千，多则上百万，为了尽可能公平分配流量资源，照顾到每一个卖家，激发商家开店的积极性，淘宝采用了一个商品上下架时间的规则。发布的商品从上架之时开始计算，以 7 天为一个周期，商品靠近下架时间时，可短暂提升排名。

（8）商品主图。

商品主图是展示商品的图片，影响着店铺的运营效果。商品主图要突出商品卖点与特点，主图设计要符合淘宝平台的尺寸、比例及必要元素的要求，设计要干净简洁，促销文字不能遮挡商品卖点，不能出现"牛皮癣"。

（9）复购率。

复购率是指消费者对该商品或者服务的重复购买次数，复购率越高，则反映出消费者对品牌的忠诚度就越高，反之则越低。它是影响搜索排名的一个因素，提高复购率对增加淘宝店铺销量和人气很有帮助。

（10）动销率、滞销率。

动销率是指有销量商品与店铺内所有在线销售商品的比率，即：动销率=有销量的商品数÷全店在线销售的商品数，滞销率与动销率是对应的，即：滞销率=滞销商品数÷全店在线销售的商品数。

（11）跳失率。

跳失率是指统计时间内，访客中没有发生点击行为的人数占总访客数的比例，即：1-（点击人数÷总访客数）。该值越低表示流量的质量越好。多天的跳失率为各天跳失率的日均值。跳失率是商品描述质量的一种体现。提高详情页的质量、做好商品关联销售可有效降低跳失率。

2.关键词的获取

卖家在撰写商品标题之前，需要了解商品标题是如何构成的，标题是关键词的组合，而每一个关键词都是流量入口，做一个好标题可以提高产品的流量。因此，做标题的前提是找到关键词，若连关键词都不知道，做标题是无从下手的。在平台搜索不同类目的商品关键词，可以发现商品标题均是由核心词、属性词、长尾词和促销词构成的。

（1）核心词确认。

卖家要选一个好的核心词，这样才能将商品的流量集中。核心词一般包含产品词、类目词、品牌词和二级词。卖家在撰写标题时，应该从买家的角度考虑，比如选择类目词时，可以参考各电商平台首页的类目划分。

（2）属性词确认。

属性词是与商品属性对应的词语，能够表明商品的尺寸、颜色、质地等相关的商品信息，让用户在搜索商品时，尽可能准确定位到商品的关键词。卖家在确定属性词时，一方面可以参考商品本身的信息，另一方面可以参考发布商品时平台要求填写的商品属性信息。

（3）长尾词确认。

长尾关键词指非目标关键词但也可以带来用户搜索流量的关键词，这类词精准度比较高。长尾关键词需要根据竞争对手和客户群体进行分析，分析这个产品的用户群搜索习惯，会搜什么样的词、会怎么搜等。长尾关键词一般可以通过搜索下拉框、相关搜索、关键词推荐、同行 Top 商品、直通车系统推荐词、生意参谋、直通车词表等渠道和方式获得。

（4）促销词确认。

促销词是指与网店活动相关，能够吸引、刺激用户产生购买的词，如包邮、特价、火爆热卖、限时打折等。

3.搜索引擎优化

搜索引擎优化（Search Engine Optimization，SEO）是利用淘宝搜索引擎的规则，优化商品设置，提高商品排名，获取更多流量的一种技术和过程。广义的淘宝搜索引擎优化是指能获得淘宝站内免费流量的方法，主要包括：淘宝搜索流量（综合排名、人气排名、销量排名等不同维度）、天猫搜索流量、淘宝类目流量、天猫类目流量，以及淘宝官方活动等其他相关流量。商家要尽可能多地挖掘淘宝站内的免费流量。

SEO一般包括优化商品标题、商品类目、商品详情页、商品上下架时间等，以此使商品获得更好的自然搜索排名和更多的平台展现机会，获得更多的流量。SEO是网店获取平台免费流量的重要手段，无论运营国内的电子商务平台（如淘宝、天猫、京东等）还是跨境电子商务平台（速卖通、亚马逊等）上的店铺，其流量都主要来自免费流量，免费流量的获取关系到网店运营的成败。目前，商家纷纷打造爆款，其目的就是占据流量入口获取更多免费流量，由此可见，搜索引擎优化对店铺运营来说有很重要的意义。关键词挖掘是SEO必做任务，是指通过分析商品所属类目，商品属性、特点、卖点等要素，利用关键词分析工具寻找为商品带来流量关键词的过程，只有挖掘到商品的有效关键词才能组合成优质标题。

（1）分析商品获取关键词。

分析商品所属类目，商品属性、特点、卖点、风格等要素，借鉴淘宝网同类或相似商品列举商品关键词。

（2）淘宝搜索下拉框。

淘宝搜索下拉框是卖家了解商品热搜词的重要工具，是我们获取关键词的重要渠道。当我们在淘宝首页输入关键词时，下拉框里会出现一些推荐搜索热搜词，这些词是淘宝根据搜索关键词延伸的二级词或者三级词，或者是近期搜索热度上升快的、相关性高的词。

在网店运营过程中，我们要经常搜索一下和自己商品相关的关键词，掌握关键词热搜动态，及时调整商品标题。由于此类关键词拥有较高的搜索量，竞争性强，对于刚上线的商品，不要将这些热搜词罗列组成标题，建议取2～3个词放在标题中，当商品排名提高到前几页时，再逐步增加相关性强的热搜词。

（3）生意参谋—流量—选词助手。

生意参谋提供了客户、流量、商品、内容、直播、服务、物流等模块，卖家可以利用引流搜索关键词、竞争店铺搜索关键词、行业相关搜索关键词提供的访客数、加购人数、商品收藏人数、支付买家数、支付转化率等相关数据挖掘关键词。

（4）"您是不是想找"选项。

当我们在搜索关键词后，在商品的最上面有一个"您是不是想找"选项，这里的关键词是系统根据搜索关键词匹配的多级词，这些词同样是搜索热度高的词。

（5）直通车关键词系统推荐。

新手使用淘宝直通车时可以优先考虑系统推荐词，系统推荐词是根据商品的标题和属性自动推荐的，相比较自己找的关键词更加的精准，前期加词可以按照系统推荐关键词展现指数来排序添加。

（6）借鉴相似商品标题。

输入商品核心关键词，分析排名靠前的商品标题中包含的关键词，结合自身商品的属性，挖掘关键词，优化商品标题。

（二）付费推广渠道分析

搜索引擎营销（Search Engine Marketing，SEM）是基于搜索引擎平台的付费推广，平台提供资源，商家付费购买优质资源，并利用人们对搜索引擎的依赖和使用习惯，在人们检索信息的时候将推广信息传递给目标用户。SEM可以定位目标用户并使目标用户在显著位置发现推广信息，吸引用户点击进入网页，进一步了解推广内容的详细信息。

1.阿里数智经营付费推广渠道

（1）关键词推广（直通车）。

① 搜索卡位。搜索卡位是一种通过核心词自动抢位，助力商品抢占核心位置的展现，以提升市场渗透和搜索展现确定性的万相台无界版关键词推广方式。具体来说，搜索卡位可以帮助单品抢到想要的位置，由于流量相对集中，因此卡位可以带来较好的数据效果。搜索卡位的费用并不高，可以通过每日消耗的控制来维护预算。搜索卡位的具体抢位方式包括首条、前三和首页等。

② 趋势明星。趋势明星是一个基于搜索热度和流行趋势的推广工具，旨在帮助商家捕捉市场热点和趋势，从而高效地抓住市场风向，抢占流量和效益。通过大数据挖掘当前趋势，生成符合店铺情况的趋势主题，智能选取贴合趋势主题的宝贝进行推广。此外，趋势明星还支持手动添加商品，并根据趋势主题、出价方式以及拿量目标自动匹配万相台无界版人群推广，助力商家抢占热度飙升的洼地流量。

③ 流量金卡。流量金卡是一个以关键词为主要元素，高效触达潜力消费者的推广产品。商家可以利用流量金卡快速完成经营加速、关键词的流量升仓。它提供了一卡通等多种丰富的功能并允许商家根据货品的成长阶段选择适应的流量包。通过这种方式，流量金卡能够帮助商家加速货品的推广，优化商品的吸引力，增加店铺流量，提升商品成交率。

（2）精准人群推广（引力魔方）。

精准人群推广即围绕目标人群做推广，覆盖猜你喜欢、焦点图及站内外消费者购物全路径信息流。这里是唤醒消费者需求的重要入口，加快目标人群成交转化。

（3）货品加速。

货品加速是货品一站式成长打爆投放产品，加速商品成长，依托智能投放能力，提高投放效率，精准匹配优质流量，促进商品成交量的爆发。

2.百度营销付费推广渠道

（1）百度搜索推广。

当广告的内容符合用户的搜索意图时，搜索广告会作为搜索结果展现。广告可能连续数条，也可能单独一条，展现在搜索结果的上方、中间，或者下方。搜索广告每个页面都会进行广告密度控制。广告是否展现、连续展现条数均由系统根据广告质量、展现位置、用户个性化需求动态决定。广告展现位置越靠前，越容易被用户注意到。

（2）百度信息流推广。

综合用户浏览、搜索及应用内行为等多类别行为表现，提炼形成兴趣标签体系，根据用户开放表达的"意图词"，通过大数据挖掘，将广告匹配推送给具有此类意图的用户。通过对人和广告的意图理解，基于多种用户信号自动为广告主挖掘优质的推广受众。

（3）百度品牌专区。

把握百度搜索优势，聚焦用户对全网品牌搜索关注度，针对品牌不同的成长周期，提供全场景一站式品牌营销服务阵地。超级品牌专区是围绕消费者检索需求，整合百度私域+公域生态资源，多维度传递品牌价值与服务的品牌一站式营销新阵地，旨在充分把握每一次检索契机，帮助品牌建立消费者经营阵地，满足品牌全链路营销诉求。

3.SEM推广关键词扣费机制

关键词扣费是指电子商务平台向网店收取的关键词广告费用，根据电子商务平台的设定，有按点击量扣费、按展现量扣费、按转化量扣费、按时长扣费和按成交量扣费等方式。

（1）按点击量扣费。

按点击量扣费（Cost Per Click，CPC），是指按照被点击的次数扣费。当用户点击电子商务平台上的CPC广告后，电子商务平台就会按照点击扣费公式进行扣费，电子商务平台会判断恶意点击与无效点击，对恶意点击与无效点击不扣费。大部分关键词广告均采用此种扣费方式，比较典型的有百度的百度搜索广告以及阿里体系的直通车广告。

（2）按展现量扣费。

按展现量扣费（Cost Per Mille，CPM），是指按照每千人成本的展示量扣费，只要展示了广告主的广告内容，广告主就要为此付费。

（3）按转化量扣费。

按转化量扣费（Cost Per Action，CPA），是指按广告投放实际效果计价，即按回应的有效问卷或订单数量来计费，而不限广告投放量。

（4）按时长扣费。

按时长扣费（Cost Per Time，CPT），是指以时间长短来计费，国内很多网站都是按照"一个月多少钱"或"一周多少钱"这种固定扣费模式来扣费的，百度的品牌专区、品牌起跑线、品牌华表以购买关键词包的形式按照周期进行扣费。

（5）按成交量扣费。

按成交量扣费（Cost Per Sales，CPS），是指按实际的销售量进行收费，更适合购物类App进行推广，但是需要精确的流量进行数据统计转换。

扣费不等于关键词的出价，以直通车按点击量收费为例，只有用户点击了商家的推广信息后才进行扣费，单次点击产生的费用不会大于商家设置的出价。目前直通车扣费公式为：

扣费=下一位的出价×下一位的关键词质量分÷我的关键词质量分+0.01

其中，扣费最高为商家设置的关键词出价。当公式计算出的金额大于商家的出价时，则按照实际设置的出价扣费。从这个公式中可以看出，处于相同位置的网店，如果想要使自己网店降低点击花费只有两个方法：第一个方法是提升自己网店的质量分，也就是让网店的关键词质量分尽量高。某个关键词质量分越高，所需付出的费用就越低。第二个方法就是调整自己网店的位置，不要去竞争太靠前的位置，这样自己下一家的出价就会低很多。

微课 5-1

实践案例：
关键词推广
数据分析

做一做

表 5-1 为某企业 2025 年 1 月关键词推广数据，请结合数据对展现量、点击率、关键词花费与投入产出比等核心数据进行分析。

表 5-1　　　　　　　　　　　　关键词推广数据表

关键词	出价	展现量	点击量	点击率	关键词花费	平均点击花费	总成交金额	总收藏数	总购物车数	点击转化率	投入产出比	总成交笔数
颐小莲	0.23	1 545	133	8.61%	355.35	2.67	316.8	3	9	3.01%	0.89	4
补水喷雾	0.18	1 201	125	10.41%	216.18	1.73	237.6	4	3	2.40%	1.10	3
玻尿酸	0.1	487	56	11.50%	48.7	0.87	237.6	2	5	5.36%	4.88	3
补水喷雾 2 代	0.1	556	109	19.60%	55.6	0.51	237.6	2	11	2.75%	4.27	3
高保湿爽肤	0.25	754	148	19.63%	188.5	1.27	316.8	3	3	2.70%	1.68	4
深层补水喷雾	0.1	854	184	21.55%	85.4	0.46	396	7	16	2.72%	4.64	5
湿敷	0.15	864	223	25.81%	129.6	0.58	158.4	2	2	0.90%	1.22	2
国货	0.25	654	226	34.56%	163.5	0.72	158.4	2	1	0.88%	0.97	2
长效保湿	0.1	365	75	20.55%	36.5	0.49	158.4	3	6	2.67%	4.34	2
爽肤水	0.15	451	210	46.56%	67.65	0.32	158.4	1	2	0.95%	2.34	2

步骤一：制作展现量与点击率组合图（如图 5-1 所示）。通过图 5-1 可知，高展现、低点击，表明主图不够吸引人，需优化创意主图。高点击、低展现，表明主图吸引人，但是展现低，需优化创意标题，添加高展现关键词，或者完善产品自定义属性，在自定义属性中增加流量词，以增加展现量。

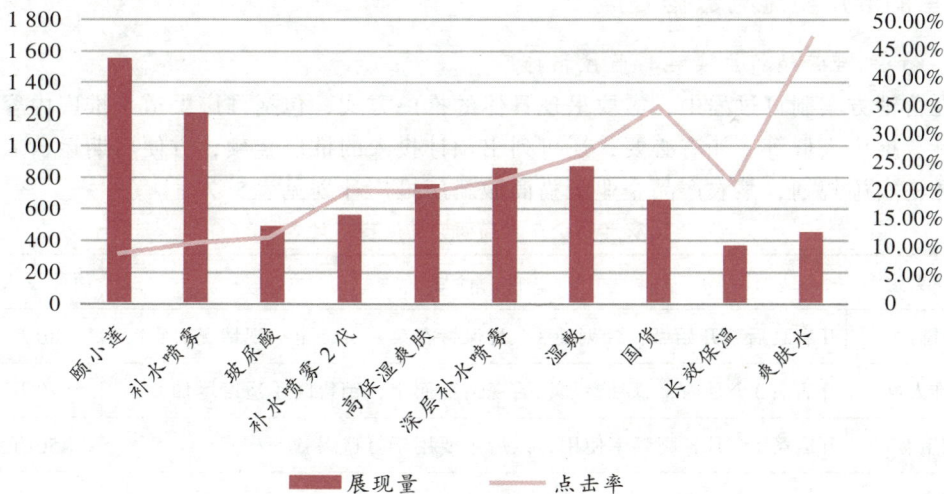

图5-1　展现量与点击率组合图

步骤二：制作花费与投入产出比组合图（如图5-2所示）。通过图中所示，可以选择花费低且投入产出比较高的关键词：玻尿酸、补水喷雾2代、深层补水喷雾、长效保湿等。

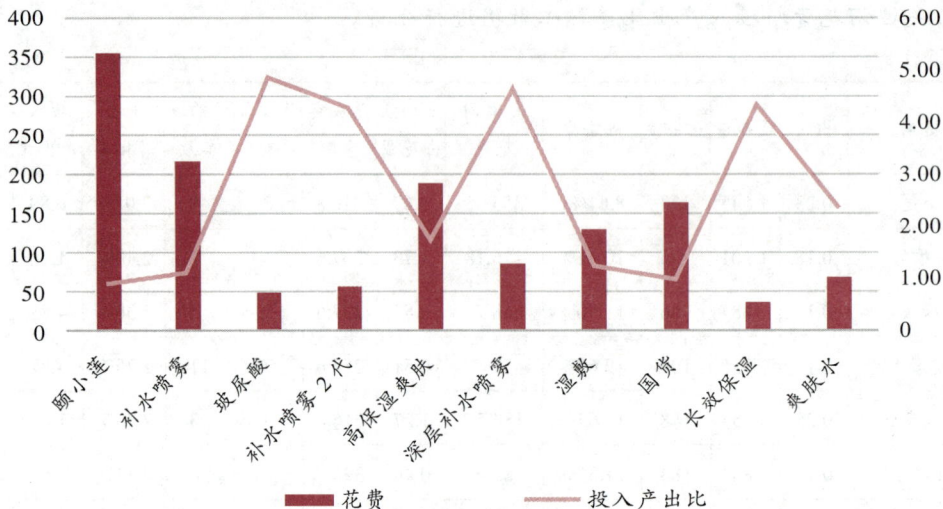

图5-2 花费与投入产出比组合图

案例说明：该案例通过应用Excel对展现量、点击率、关键词花费与投入产出比等核心数据进行分析，在实践中进一步掌握关键词推广数据分析的步骤与方法。

任务二 营销推广策划与数据复盘

◾ 学一学

一、营销推广实施与数据复盘

（一）平台营销推广实施与监控指标

在营销方案制订过程中，需要呈现具体的推广方式，包括推广渠道、推广内容、推广目标、推广人群等，如有必要，还可列出预计投入的推广金额，方便后期运营人员进行具体的实施规划，某农产品企业天猫商城新店推广计划见表5-2。

表5-2　　　　　　　　　　某农产品企业天猫商城新店推广计划

推广渠道	推广计划	预计投入金额
关键词	开店之后就开始做，计划前3个月保持在第一页，全年视情况决定	80万元
精准人群	开店后3个月内，每月参加，后视情况而定，销售旺季适度增加	40万元
淘宝客	开店第1个月，高频率使用，以后主要用于打造爆款	50万元

续表

推广渠道	推广计划	预计投入金额
聚划算	开店后第3个月开始使用，计划在销售旺季每周使用一次，平时一月一次	20万元
其他渠道	用于其他渠道的宣传推广	10万元
微博	公司宣传人员运营，成本较低，主要用于宣传推广和引流	5万元
站外引流	相关论坛、网站、贴吧等平台，开业后3个月内不间断引流	5万元

主要的监控指标有流量指标、销售与转化指标、商品指标、客户指标、供应链指标、营销推广指标等。

1.流量指标

流量指标是数据监控核心，即对网店访客数、访客行为等指标进行重点监控，如访客数、浏览量、跳失率、访问深度、平均停留时间等。

2.销售及转化指标

客户进入网店后是否完成下单及支付，需要对这个过程进行分类监控，这也是用来判断营销效果的重要指标，如成交金额、成交数量、成交用户数、成交转化率、退货数量、客单价、咨询量、咨询成交率等。

3.商品指标

商品是网店运营的基础，商品销售表现可为运营人员调整销售策略提供数据依据，如商品访客数、商品浏览量、详情页跳出率、加购件数等。

4.客户指标

客户指标主要用于分析客户的价值，可以建立RFM价值模型，为营销决策提供有力支持，如新客户数、复购率、流失率等。

5.供应链指标

供应链管理涉及环节众多，其中重点监控采购、物流、仓储、库存类指标，如库存周转率、残次库存比、售罄率、采购数量、订单满足率等。

6.营销推广指标

营销推广指标用于监控展开营销推广活动带来的效果，如展现量、点击量、投入产出比（ROI）等。

（二）社交平台营销活动策划与监控指标

社交平台营销活动策划的主要内容分为活动策划、活动创意、活动方式、时间规划与内容规划等几个方面。活动策划方面，利用粉丝效应提升活动初期热度；利用热门话题的热度策划活动主题及内容，提高活动曝光率；利用社交平台推广工具、付费推广活动，吸引潜在粉丝。活动创意方面，活动话题紧密契合时事新闻、舆情热点；话题内容和活动主题关联；活动创意内容倾向于活动参与者所关注的动力源，如送福利、送现金、送礼品、上热搜等。活动方式方面，要兼顾互动性、参与性、吸引性。常见活动方式有：拼团、打卡、助力、集赞、抽奖等。时间规划方面，活动时间选择周末时间、早中晚吃饭时间发布活动信息；活动节奏取决于业务需要，可以制定年/季/月/节日活动；制作活动规划表和活动流程图。社交平台营销活动主要监控指标有活动指标、到达指标、互动指标、获取指标与转化指标等。

1.活动指标

活动指标包括平均响应时间、内容制作速度、发布速度、帖子主题构成、帖子类型构成、响应率等。

2.到达指标

到达指标包括受众增长率、平均位置、品牌认知、CPM、粉丝/关注者、影响分值、关键词频率、帖子到达、潜在展示、潜在到达、受众份额、互动份额等。

3.互动指标

互动指标包括放大率、认可率、平均互动率、评论率、对话率、互动占受众百分比、粉丝人均、互动率等。

4.获取指标

获取指标包括订阅数、跳出率、点击次数、点击率、CPC、潜在客户、链接数、微转化、页面浏览量、社交访问百分比等。

5.转化指标

转化指标包括平均购买价值、客户平均收入、转化量、转化率、每次获取成本或每次活动成本（CPA）、每次转化成本、新访客转化量、老客转化量、每次点击收入（RPC）、社交媒体转化率、投资回报率等。

（三）短视频营销活动策划与监控指标

短视频营销活动策划主要包括目标用户、平台选择、内容定位、更新频率、用户管理、账号推广以及团队分工等多个维度。平台选择方面，选择目前主流短视频平台（抖音、快手、微视、视频号），有针对性地制作内容，搭建短视频矩阵。例如，内容定位于专注养生领域规划内容，同时关注热点题材、热门视频，适时加入热点内容获得流量。用户管理方面，每天定期评论互动、回复高质量粉丝私信，增加客户黏性；每周组织策划1～2次富有创意传播性的话题活动。账号推广方面，利用短视频平台自身推广工具，如DOU+、粉丝通等。主要监控指标有评论率、点赞率、转发率、收藏率和完播率等。其中：

评论率=评论数量÷播放量×100%

评论率反映短视频引发共鸣程度。

点赞率=点赞数量÷播放量×100%

点赞率反映短视频受欢迎程度。

转发率=转发量÷播放量×100%

转发率代表用户分享行为，说明观众认可视频表达的观点和态度的程度。

收藏率=收藏量÷播放量×100%

收藏率反映用户对短视频价值认可程度。

完播率=完整观看视频的人数÷总观看人数×100%

完播率是指完整观看视频的人数占总观看人数的比例，也是短视频统计数据的重要指标。

1.账号运营分析

运营者要想把握短视频营销这个新风口，需要对账号各类内容的数据进行评估，有针对性地调整运营方案，提升运营效率。具体包括账号数据概览、账号新增数据、粉丝数据等。

2.商品内容数据

在营销活动中，视频发布者想要精准地判断营销的效果，在此基础上打造爆款内容，就需要做好视频内容的数据分析。具体包括完播率、播放量、点赞量、评论量、转发量、收藏量等。

3.素材数据分析

每个视频都是由多个部分内容构成的，如果发布者能够根据素材来构建视频内容，视频更容易成为爆款，具体包括视频话题数据、热门音乐数据、实时热点数据等。

（四）直播营销活动策划与监控指标

1.直播营销活动策划指标

直播营销活动策划主要包括直播目标确定、直播商品选择、直播人群定位、直播平台选择、主播定位、直播主题确认、直播预算等。

（1）直播目标确定。

直播营销目标由销售额、市场占有率、粉丝数量、客户/行业渗透情况、品牌渗透情况等指标组成。农产品运营人员在确定直播营销目标时，需结合营业品类行业特点及自身运营需求（如企业营销目标、品牌定位），确定最终直播目标。

（2）直播商品选择。

直播商品选择包括分析客户画像、主播与商品的匹配度以及确保商品的品质等。

（3）直播人群定位。

直播人群是直播面向的目标客户。运营人员在开始直播前，需明确类目农产品的目标客户群，如客户性别、年龄、消费层级、偏好产品、地域、偏好直播平台、利益刺激点等，以指导直播平台选择与直播实施。

（4）直播平台选择。

直播平台需要结合直播产品、直播人群、店铺实际经营情况等进行选择。比如，客户年龄集中在中青年，则直播平台可以选择抖音直播、小红书直播、淘宝直播等；又如，直播产品为低价高性价比产品，则直播平台可以选择拼多多直播、淘宝直播等。

（5）主播定位。

主播定位应考虑主播自身定位、主播面向客户定位、主播直播价值定位、主播平台定位以及主播解决问题定位等。

（6）直播主题确认。

直播主题包括活动主题，如商品上新、商品打折、商品节日促销、商品专题活动，以及场景主题，如农产品种植场景、农产品采摘场景、农村生活场景等主题。

（7）直播预算。

针对直播营销方案中涉及的所有直播活动应提前预计直播经费，直播活动需在该预算范围内展开，并合理分配经费。

2.直播营销的监控指标

直播营销的监控指标主要包括流量数据、产品数据、直播间数据、销售数据等。

（1）流量数据。

基础流量数据主要包括粉丝总数、新增粉丝数、直播间访问用户数、评论人数、点赞人数、年龄分布、性别分布等。该类指标可以分析出直播间的粉丝转化能力、评论互动率、粉丝画像特征、直播质量等。流量来源数据是流量的来源渠道数据，即粉丝是通过哪些引流渠道进入直播间的。常见的粉丝来源渠道有：主播关注页、直播广场、社交媒体引流渠道（微信、微博、知乎等）、短视频预告推广、粉丝群、付费推广（如抖音的DOU+）。

（2）产品数据。

产品数据包括商品点击人数、商品点击次数、商品展现次数、商品点击率等。通过该类数据，可以分析产品的受欢迎程度、产品的呈现/转化等效果。

（3）直播间数据。

直播间数据包括直播次数、直播时长、直播间浏览次数、最高在线人数、平均观看时长等。通过该类指标，可以分析出直播的基础情况，如整体直播的次数，单场直播的人数峰值等。

（4）销售数据。

销售数据包括引导成交人数、引导成交件数、引导成交金额（销售额）、引导成交转化率、正在去购买人数、热销品类销量占比、本场销量、客单价、销售转化率。该类指标可以分析出直播间产品的销售情况，如销量、销售转化等。

二、网店营销分析模型与数据分析工具

（一）网店营销分析模型

常用网店营销分析模型有 AIPL 模型、FAST 模型与 GROW 模型等。

1.AIPL 模型

AIPL 模型首次实现了品牌人群资产定量化、链路化运营，是阿里推出的一个可以把品牌在阿里系进行人群资产定量化运营的模型，这也是支撑它全域营销概念落地的关键一环。

A（Awareness），品牌认知人群，包括被品牌广告触达和品类词搜索的人；

I（Interest），品牌兴趣人群，包括广告点击、浏览品牌/店铺主页、参与品牌互动、浏览产品详情页、品牌词搜索、领取试用、订阅/关注/入会、加购收藏的人；

P（Purchase），品牌购买人群，指购买过品牌商品的人；

L（Loyalty），品牌忠诚人群，包括复购、评论、分享的人。

对于所处链路中不同位置的人群，品牌采用对应的沟通内容和渠道，最终的目的是累积人群资产，并实现链路高效流转。针对"A人群"量太少这个问题，除了在站内可以通过"一夜霸屏"资源投放品牌广告外，还可以整合品牌市场部的资源来做投放拉新。传统媒介投放都是在媒体投放完之后，媒介公司会给甲方一些传播层面的数据，比如有多少曝光、多少点击，但是如果这些媒体用 Uni Desk 做投放，这些触达的用户数据还可以通过阿里的 Uni ID 匹配沉淀到数据银行，成为新增"A人群"。针对链路中从"I人群"到"P人群"流转率太低的问题，说明店铺目前缺少销售转化机制，做法是先把"I人群"根据标签分成不同的群组，有的可能是对促销折扣敏感，那就可以通过钻展给他们推送店铺折扣信息来吸引他们购买；而有的是通过明星活动拉进来的，那或许可以通过一些明星周边货品来吸引他们做下一步的购买行动。

2.FAST 模型

AIPL 模型是帮助商家了解品牌人群资产总量，以及各链路人群的多少，而 FAST 模型是在此基础上，又从数量和质量两个维度，来衡量品牌在人群资产运营方面是否健康的模型。

F（Fertility），该指标主要帮助品牌了解自身的可运营消费者总量情况。首先，利用 GMV 预测算法，预估品牌消费者总量缺口，然后基于缺口情况优化营销预算投入，站内外多渠道种草拉新，为品牌进行消费者资产扩充；其次，指导品牌进行未来的货品规划和市场拓展，多方位拓展消费者。

A（Advancing），即 AIPL 人群转化率。多场景提高消费者活跃度，促进人群链路正向流转；多渠道种草人群沉淀后，进一步筛选优质人群，通过拓展渠道进行广告触达；品牌内沉淀人群细分，对消费者进行分层运营，差异化营销，促进整体消费者的流转与转化。

S（Superiority），即高价值人群总量、会员总量。会员/粉丝人群对于品牌而言价值巨大，能够为品牌大促带来惊人的爆发力；通过线上线下联动、联合品牌营销，以及借助平台的新零售等场景扩大品牌的会员/粉丝量级，为后续的会员/粉丝运营打下基础。

T（Thriving），即高价值人群活跃率、会员活跃率。借势大促，提高会员/粉丝活跃度，激发会员/粉丝潜在价值，为品牌 GMV 目标完成提供助力；对会员/粉丝按照 RFM 指标进行分层运营，优化激活效率，公私域结合，赋能会员/粉丝运营。

FAST 体系在数量指标层面，提供了全网消费人群总量（Fertility）和高价值人群/会员总量（Superiority）；在质量指标层面，提供了人群转化率（Advancing）和高价值人群/会员活跃率（Thriving）。

3.GROW 模型

GROW 模型是指导大快消行业品类有的放矢的增长模型，特别是在互联网流量红利见顶下的存量时代，增长变得愈发艰难。通常难在3个地方：找不到帮助品类增长的方向；缺乏明确的品类增长抓手；品类增长效率较低。作为如今定位为商业操作系统的阿里，就提出了适用于母婴、食品、家清、美妆、医药保健和个护等几大一级类目的大

快消行业增长"仪表盘"——GROW模型。GROW中的4个字母对应的单词分别代表着影响品类增长的"决策因子":

渗透力(Gain):指消费者购买更多类型品类/产品对品牌总增长机会的贡献;

复购力(Retain):指消费者更频繁/重复购买产品对品牌总增长机会的贡献;

价格力(Boost):指消费者购买价格升级产品对品牌总增长机会的贡献;

延展力(Widen):指品牌通过提供现有品类外其他关联类型产品所贡献的总增长机会。

不同的品类,拥有对应的GROW指数,即根据渗透力、复购力、价格力、延展力各自的GMV贡献计算出的值,从而用于指导对应品类在增长上的发力方向。

(二)网店营销数据分析工具

当前市面上的网店营销数据运营工具有很多,主要包括新榜数据、飞瓜数据、灰豚数据以及蝉大师等。

1.新榜数据

新榜数据基于微信(公众号、视频号)、抖音、小红书、B站、快手等主流内容平台,提供包括新抖、新视、新红、新站、新快在内的数据工具,为用户带来实时热门素材、品牌声量、直播电商等全面的数据监测分析,同时提供基于跨平台用户画像的企业定制SAAS产品。此外,新榜还与人民号、头条号、抖音、快手、小红书、B站、腾讯看点、百家号、网易号、搜狐号、一点资讯、趣头条、新浪看点、好看视频、西瓜视频、搜狐视频、喜马拉雅、蜻蜓FM、荔枝FM、印象笔记、懂车帝、马蜂窝等平台分别达成合作协议,以独家优先形式联合发布数据榜单,构筑了移动端全平台内容数据价值评估体系。

2.飞瓜数据

飞瓜数据覆盖微信公众平台、微信视频号、微博、抖音、快手、小红书、B站等平台,利用大数据挖掘、机器学习、自然语言处理等技术,分析海量账号的粉丝画像、文章、视频、直播间等数据,并结合强大的数字营销服务能力,为行业用户提供产品、技术服务及行业解决方案,助力品牌的营销决策并有效实现"品效合一"。

3.灰豚数据

灰豚数据是杭州灰豚科技有限公司旗下的一款直播数据分析实用工具,提供了主播带货转化量分析、粉丝互动分析、粉丝画像分析等实用功能,也提供了播主销量榜、爆款商品榜、MCN排行榜等各类电商直播相关榜单,是一款将直播数据可视化的数据分析监测云平台,精准、可靠、高效地提供直播平台的数据分析服务。

4.蝉大师

蝉大师致力于营销领域的大数据与AI智能赋能,帮助品牌在内容电商时代,实现内容营销与电商的数智化经营,驱动品牌新增长。其旗下包括蝉妈妈、蝉魔方、蝉管家、蝉圈圈等多个产品,提供蝉选、蝉妈妈智库等多项服务。

做一做

某网店"双十一"计划通过直播达成600万元销售额总目标，请结合表5-3中已知数据，计算并完成填写，确定直播营销目标。其中：

客单价=销售额÷成交人数

件单价=销售额÷成交件数

成交转化率=成交人数÷直播观看人数×100%

微课5-2

实践案例：
短视频营销
数据与直播
营销数据
复盘

表5-3　　　　　　　　　　　　　　**直播目标拆解表**

指标	数值
销售额（万元）	600
直播观看人数（人）	46 000
成交人数（人）	30 000
客单价（元）	（200）
件单价（元）	（150）
成交件数（万件）	4
成交转化率	（65.22%）
新增关注人数（人）	400
粉丝平均在线时长（min）	2.5

请根据短视频数据监控表（见表5-4）中已有数据计算出评论率、转发率、收藏率。

表5-4　　　　　　　　　　　　　　**短视频数据监控表**

日期	基础数据					关键比率			
	播放量	评论量	点赞量	收藏量	转发量	评论率	转发率	收藏率	完播率
7.16	212 345	585	19 524	280	258	（0.28%）	（0.12%）	（0.13%）	90.00%
7.17	254 621	565	25 424	312	322	（0.22%）	（0.13%）	（0.12%）	80.00%
7.18	255 684	500	23 232	325	321	（0.20%）	（0.13%）	（0.13%）	70.00%
7.19	258 454	495	25 654	332	215	（0.19%）	（0.08%）	（0.13%）	60.00%
7.20	295 458	430	25 424	335	336	（0.15%）	（0.11%）	（0.11%）	50.00%
7.21	211 121	356	23 414	324	315	（0.17%）	（0.15%）	（0.15%）	40.00%
7.22	201 545	280	22 125	310	308	（0.14%）	（0.15%）	（0.15%）	35.00%

案例说明：该案例通过应用Excel对客单价、件单价、成交转化率、评论率、转发

率等核心数据进行分析，旨在在实践中掌握短视频营销数据与直播营销数据复盘的主要指标与方法。

润心启航 生成式人工智能在零售行业的应用

零售行业的复苏并未如预想中的那么迅猛，在面对互联网消费购物的冲击下，实体零售企业目前正处于转型的重要时期，相较于早期的扩张增量市场而言，如今如何提升存量市场发展的竞争力成为更为重要的话题。对于企业而言，如何做到改善产品服务、改善用户体验并提高生产效率，成为重中之重。除了零售企业已经采取的转型措施外，生成式人工智能提供了一种全新的手段帮助零售企业改善产品与服务、提升效率与降低成本。随着生成式人工智能能力的不断突破，其在零售行业也逐渐发展出各类相关的使用场景，如知识助手、智能客服、编码助手、数据分析、产品设计、智能运维、营销内容生成、制造流程优化、自动订货、风险预警、个性化体验、防损检测、故障诊断与预测等。

应用场景——消费者洞察

生成式人工智能在消费者洞察领域的应用日益广泛，其主要作用在于深入分析和理解消费者的行为、偏好和需求。通过大量消费数据的训练，生成式人工智能能够生成准确的消费者画像，预测消费趋势，从而为企业提供有针对性的营销策略。在实际应用中，生成式人工智能可以识别消费者的购买模式，了解他们的兴趣点，甚至预测他们可能感兴趣的新产品或服务。

应用场景——市场营销

在市场营销领域，生成式人工智能的应用同样广泛且具有潜力。借助先进的算法，生成式人工智能能够高效产出富有创意和吸引力的营销文案及素材，极大地提升了市场营销的效率和效果。同时，它还能针对特定的垂直领域生成相关内容，并通过多渠道的渗透，确保信息能够精准触达目标受众。此外，生成式人工智能还可以根据消费者的喜好和需求，生成定制化的社群推广素材，提高营销活动的针对性和互动性。更重要的是，它能够紧跟市场趋势，生成独特的营销卖点，并与消费者进行深入的社交互动，增强品牌与消费者之间的联系，从而推动销售增长。

应用场景——门店运营

生成式人工智能在零售行业的"门店运营"方面具有广泛的应用潜力。通过大数据分析和学习能力，生成式人工智能可以帮助门店实现智能化、精细化管理。首先，人工智能可以预测消费者需求，为商品陈列和库存管理提供优化建议，提高销售额。其次，人工智能可以实时监测店内客流情况，为员工排班、促销活动安排等提供依据。此外，生成式人工智能还可以通过分析顾客行为数据，为个性化营销策略制定提供支持，提升顾客满意度。同时，人工智能在智能客服、自助结账等方面也有显著作用，降低了人力成本，提高了运营效率。总之，生成式人工智能在门店运营中的应用有助于提升连锁零售企业的核心竞争力。

应用场景——客户服务

生成式人工智能在客户服务领域的应用日益广泛。它能够通过学习大量数据，自动生成与用户查询相关的回答，提高客服效率。例如，当用户提出问题时，生成式人工智能可以快速分析问题内容，结合已有知识库生成合适的答案。这样不仅可以减轻人工客服的压力，还能实现24小时不间断的服务。此外，生成式人工智能还可以根据用户的反馈实时调整回答策略，不断提高服务质量。在处理复杂问题时，它也能通过深度学习技术逐步优化解决方案，为用户提供更精准的帮助。

应用场景——IT

在信息技术（IT）领域，生成式人工智能的应用展现出了非凡的广度与深度。它不仅极大地促进了自动程序开发的过程，使得开发者能够更高效地构建复杂软件，还深入到了代码编译及漏洞修补的细微之处，通过智能算法快速识别并修复潜在的安全隐患。此外，基于人工智能的代码与流程优化技术，能够动态分析现有系统，提出并实施改进方案，显著提升运行效率。在数据网络安全方面，生成式人工智能更是发挥了重要作用，通过实时监测潜在风险，能够有效预防安全事件的发生。同时，它还能自动生成程序测试环境，确保软件在多样化的场景下稳定运行，进一步增强了系统的可靠性和安全性。

应用场景——供应链

在供应链管理中，生成式人工智能正以其独特的优势发挥着越来越重要的作用。它能够基于大数据分析和机器学习算法，生成精准的未来市场需求预测，为企业制订生产计划提供有力的数据支持。同时，生成式人工智能还能实时监控生产供应流程及压力状况，确保供应链的顺畅运行。此外，它还能智能生成生产库存计划，有效避免库存积压和缺货现象的发生。在物流仓储网络规划方面，生成式人工智能同样表现出色，它能够优化网络布局，提升物流效率。更重要的是，它还能助力企业优化供应链OTIF（On Time In Full，准时全额交货）这一核心指标，提升客户满意度和市场竞争力。

应用场景——人力资源

在人力资源管理领域，生成式人工智能正展现出其独特的价值与应用潜力。通过基于人工智能的招聘流程，企业可以高效筛选简历，精准匹配岗位需求，极大地提升了招聘效率与质量。同时，人工智能驱动的绩效激励机制能够公平、客观地评估员工表现，激发团队活力。人工智能自助入职助手则简化了烦琐的入职流程，提升了新员工体验。此外，人工智能还能根据企业需求，自动生成个性化的培训材料及课程，助力员工成长与发展，进一步强化了企业的人才竞争力。

应用场景——合规与风险管理

在当今的企业环境中，合规与风险管理至关重要，而生成式人工智能在这一领域展现出其强大的应用能力。该技术能够高效地自动监测政府政策法规的变化，确保企业及时调整策略以符合最新规定。在合同管理方面，生成式人工智能可根据具体要求自动生成合同文本，这不仅节省了时间，也减少了人为错误。更重要的是，它还能够细致审阅合同内容，识别并规避潜在的合规和法律风险，为企业筑起一道坚实的防线。此外，生成式人工智能在企业内部风险指标的监控上也发挥着重要作用。它能实时跟踪关键风险指标，一旦发现异常，立即进行分析和预警，帮助企业及时采取应对措施。在欺诈检测领域，人工智能通过分析大量交易数据，能够快速识别出可疑模式和行为，发出警报，有效防范欺诈行为的发生。生成式人工智能在合规与风险管理方面的这些应用，无疑增强了企业的风险抵御能力，保障了企业的稳健运营。

应用场景——数据分析与文档处理

人工智能在零售行业的数据分析方面同样展现出了广泛的应用前景。通过集成先进的算法和强大的计算能力，人工智能得以深度挖掘销售数据、顾客行为以及市场趋势，为零售商提供精准的商业洞察。从库存管理到销售策略制定，再到个性化推荐系统的构建，人工智能都发挥着不可替代的作用。借助人工智能，零售商可以实时追踪库存动态，优化补货策略，减少库存积压和缺货风险。同时，通过细致分析顾客购买历史和偏好，零售商能够定制营销策略，提升顾客满意度和忠诚度。此外，人工智能还能帮助零售商识别市场趋势，及时调整产品结构，抓住新兴商机。总之，人工智能的引入极大地提升了零售行业的数据分析能力，推动了行业的智能化转型和可持续发展。

资料来源：课题组. 生成式人工智能零售业全景探索白皮书［EB/OL］.［2024-12-05］. http：//www.ccfa.org.cn/portal/cn/xiangxi.jsp?id=446286&ks=生成&type=33.

互动话题：结合生成式人工智能在零售行业的应用，调研身边的新零售企业并概括其在生成式人工智能应用上的经验。

Excel应用小技巧

微课5-3

Excel应用小技巧：应用漏斗模型进行转化分析

小赵是某天猫店店长，"三八妇女节"活动前先做了某产品直通车推广测款，推广结束后需要根据推广数据（见表5-5）分析推广各个环节的转化率，同时为方便下一步优化，将转化率数据绘制成漏斗数据图。

表5-5 推广数据

购物环节	人数（人）
访问人数	20 000
购物车添加	12 000
购物车结算	8 800
核对订单信息	4 500
提交订单	2 200
选择支付方式	1 050
完成支付	520

　　步骤一：在人数列前面加入辅助列，辅助列第一行为数据0，从第二行开始使用公式"=（C2-C3）/2"（上一个层级减去下一个层级，然后求平均值）计算数值；

　　步骤二：选择购物环节、辅助、人数3列数据，插入的图表为条形图中的堆积条形图；

　　步骤三：选择辅助列数据，选择无填充，完成辅助列数据隐藏图表；

　　步骤四：在坐标轴选项中，选择逆序类别；设置数据标签，并进行修饰，得到推广转化分析漏斗图（如图5-3所示）。

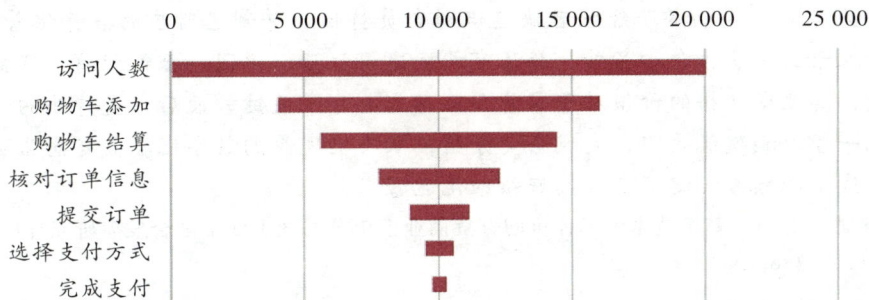

图5-3　推广转化分析漏斗图

拓展阅读

百货商业上市公司线上线下融合发展的重点方向

　　社交电商大大拓宽了传统百货的辐射半径，线上线下的关注点虽然不同，但是核心思想都是服务于企业战略，在为顾客提供更好的产品以及服务的同时也为企业创造利润。百货商业企业线上线下融合发展必然要处理好商品管理、线上线下一体化和线上精准营销三个重要环节，从而使线上与线下相互作用、互相引流、相辅相成，达到1+1>2的效果。

　　（一）商品管理方面

　　24小时云店，打破了百货商业企业在地理空间、营业时间上的限制，线上商品的选择方向上要充分考虑商品的定位、利润空间、转化率等问题。一是应当深挖优势品类的价值，将线下顾客向线上引导、培育；二是通过差异化提升自己的竞争力，如售卖的限量版商品、独家礼盒等；三是售卖一些本身对企业所创造的利润相对有限，但是能够起到很好的引流效果的商品，可以作为功能性定位的商品进行运营。另外，代金券、礼品卡等同样可以作为线上经营的商品来进行售卖，通过售卖代金券、礼品卡，在达成销售的同时，进一步锁定消费。

　　（二）线上线下一体化方面

　　线上线下融合的基础就是核心资源、核心业务是否打通与共享。因此，企业需要建立起统一的资源管理与信息管理系统，全面实现商品、会员、价格、订单、营销、库存以及支付等关键信息的一体化。首先，会员的一体化，即会员身份、积分、储值、卡券、会员画像等线上线下的统一，打造起跨越渠道顺其自然的流畅顾客体验。其次，完成线上与线下会员权益、价格管控、营销策略等关键业务的统一，构建起真正意义上的全渠道生态圈。此外，一体化也并非单纯的线上线下完全保持一致，也可以做一些差异化的经营，如在线上培育期搞一些单独的活动，仅就线上渠道某件商品做特价销售等。

（三）线上精准营销方面

线上营销通常包括折扣、积分、满减、满赠、卡券、社交营销等一些基础形式。首先，最为基础、常见的优惠券，就是线上营销最佳的载体，具有便于开展业态、渠道间的引流，化解单纯价格战以及聚焦营销目标等优点。其次，顾客画像是有效落地精准营销的最有力工具，可以帮助经营者快速识别会员特性，并制定对应的差异化营销策略，并开展千人千面广告推介。另外，分享有礼、邀请注册、拼团、社群营销、直播营销等社交营销，其裂变传播的价值对于零售企业而言也非常关键。最后，支持导购线上销售返佣，统一管理和赋能导购，实现全员分销，从而实现导购数字化。最终商业百货企业还需要将线上的顾客沉淀下来，做好精细化运营。

资料来源：赵琪. 基于技术效率评价的百货商业上市公司线上线下融合发展研究［J］. 江苏商论，2022（2）：3-6

实战与提升

随着护肤品行业的日益发展，某化妆品公司对目标用户和市场需求需要有一个更加精准的了解，从而制定更为优秀的护肤品和消费者服务策略，以提高公司的市场竞争力。为了实现这一目标，公司计划开展用户画像分析工作。这将有助于公司了解目标用户的兴趣、需求和消费习惯，并确定公司在护肤品行业中的市场定位。同时，通过分析市场趋势和竞争对手，公司可以发现自身的优势和不足之处，辅助制定更为精准的数码产品和服务策略，以吸引更多的目标用户并提高市场占有率。请根据企业背景描述选择一家化妆品公司进行目标用户画像分析。并在给定的营销预算范围内，在相同的竞争环境下，开展数字营销活动。

实战与提升参考性提示

任务要求：

1.结合用户特征数据和市场数据，完成用户画像分析与市场定位，以圈定更加精准的目标用户；

2.通过用户画像分析与市场定位，为后续具体数字营销实施工作提供参考方向；

3.能根据推荐引擎竞价广告排名规则，实施推荐引擎营销策略，以便获取广告展现量、点击量，提升广告点击率；

4.能根据搜索引擎竞价广告排名规则，实施搜索竞价营销策略，以便获取广告展现量、点击量，提升广告点击率。

项目六　供应链管理数据分析

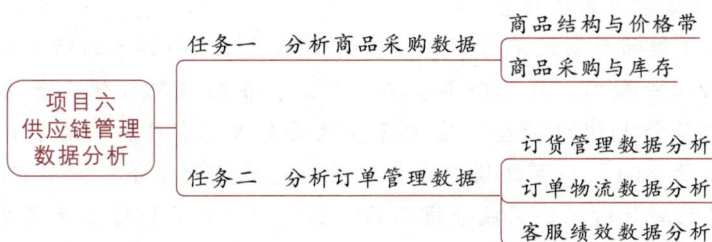
学习目标

知识目标
- 掌握商品结构与价格带的主要内容
- 掌握商品的营业额与库存、盘点与损耗
- 掌握供应商的考核和激励方法
- 掌握商品的订货方法
- 掌握第三方物流供应商选择方法
- 掌握订单时效分析方法
- 掌握客服绩效考核方法

能力目标
- 具备商品价格带分析、商品采购与库存分析、供应商考核激励的能力
- 具备对订货数量进行思考与计算的能力
- 具备选择第三方物流供应商、建立供应商档案、进行订单时效分析的能力
- 具备客服绩效数据分析与考核的能力

素养目标
- 引导学生养成诚信互动的良好职业道德，培养取财有道、顺势而为的商业素养
- 增强法治意识，强化电子商务相关法律法规的学习

项目导入

高济医药基于 AI 机器学习算法的门店自动补货系统

　　高济医疗集团经过前期 ERP 整合推广建设，使用业界通用的补货逻辑算法，已经初步具备了门店自动补货的能力，但是门店自动请货模型算法单一、考虑的补货因素不

够全面，销售预测准确度低，补货建议不够精准，店长修改率较高，个别情况下还会遗漏补货，这些都将导致门店断货或者大库存的产生，门店库存周转天数及库存资金占用持续达不到理想水平。本项目充分利用 AI 机器学习算法，根据不同的补货场景需求，搭建多种适配的补货模型，并通过引入 AI 模型竞争框架，通过高频回归评估，将多模型中拥有最佳表现的部分（SKU 级）引入生产系统，让对的商品，在对的时间，以对的数量，出现在对的门店。同时借助数据洞察精准定位问题，提高补货建议的准确性；并设置门店补货红线，合理控制补货偏差。本项目主要实现的内容如下：

搭建了 AI 机器学习算法模型

门店补货最关键的难点就是对未来销量的合理预估，而药品的销售往往受天气、季节、促销等多种因素影响，仅凭简单、单一算法，很难准确预估门店的未来需求。因此，本项目通过多种 AI 算法模型，基于海量数据支撑，多种影响因子并行考虑，实现门店单品级的销量预测。AI 算法模型，除了对历史销售数据分析、季节因子考量以外，还会考虑到商品的断货情况、同成分商品的销售表现、异常销售削峰填谷等多种因素共同作用，对历史不同时期的销售表现选取权重系数，通过网格搜索来选取最佳结果，并通过高频的数据回归评估，不断动态调优，实现预测商品的最佳日均销量，并结合门店动态商品等级、库存上下限天数、在途库存数量、包装发货需求等因素，给出最终的门店请货建议。

实现了促销场景的补货建议

针对促销场景，集成已经建设上线的集团促销中台，实时获取业务录入的促销计划信息，并通过对历史类似促销的深度分析，针对本次促销活动力度，进行合理的促销效果预期，进而得出对门店货品的销售需求，再结合门店请货周期、促销天数、安全库存等关键信息给出门店促销补货建议，既有效保证了促销单品的销量需求，也避免促销后大库存的产生。

对低动销商品，给出补货建议

低动销商品由于销售频次较低，销售预测精准度很难提高；本项目在满足必要备货的前提下，尽量降低低动销商品的请货数量，通过系统算法，动态识别门店级别的低动销商品，同时考虑该门店是否有同成分替代及门店的陈列数量要求，精准给出该门店的补货建议。

补货数量修改管控

在门店补货建议通过大数据各类算法模型生成后，自动补货系统根据每个门店配置的请货周期，按照系统预设的时间节点，触发补货建议并主动推送到门店 POS 系统，门店店长在系统管控修改红线内，可以进行请货数量微调，这样既保证了整体补货数量不会有太大的偏差，也给予门店一定的补货灵活性。

效果回归评估

为了加快迭代速度、降低交付风险，项目组通过 MAE、MAPE 等关键评估方法引入，打造了一个完善的 AI 模型竞争框架，多个在特定领域、场景进行强化和优化的 AI 模型，无时无刻不在与经典模型在"店+SKU"纬度上进行竞争，评估框架通过高频率的回归，将高表现模型优势部分的结果注入生产流程。整个框架不但让预测结果博采众长，取得更高的精准度，同时还大大降低了引入新模型的风险和成本。

实施推广

该项目历时 5 个月，在 2022 年 5 月完成集团全面的推广上线，并同 MDM、POS、SAP、ISCM 等各系统进行全面打通和对接；在操作上，基本遵循门店现有流程，系统实施切换门店无感。

实际收效

该项目在 2022 年 5 月完成集团内全面推广上线，进一步降低了门店补货对店长经验的依赖，使得店长有更多的精力关注销售业务增长，杜绝了遗漏请货的发生；截至 2022 年 11 月份，在半年多的实际运行中，项目取得了不错的业务效果，在门店动销断货率同比持平稳定的情况下，集团门店的库存周转天数同比下降近 20%，门店库存资金占用大幅降低。

资料来源：佚名. 2023零售数字化创新案例集［EB/OL］.［2023-08-02］. http://www.ccfa.org.cn/portal/cn/xiangxi.jsp?id=444824&type=10004.

要求：通过了解基于 AI 机器学习算法的门店自动补货系统，思考如何进行商品价格带分析、商品采购与库存分析，以及如何对订货数量进行计算。

任务一　分析商品采购数据

学一学

一、商品结构与价格带

（一）单品与品类管理

单品是商品分类中不能进一步细分、完整独立的商品品项，如 355 毫升听装可口可乐、1.25 升瓶装可口可乐、2 升瓶装可口可乐、2 升瓶装雪碧。通常将单品称为 SKU（Stock Keeping Unit，最小存货单位）。单品管理是指以每一个商品品项为单位进行的管理，强调的是每一个单品的成本管理、销售业绩管理。单品管理是现代的、高效的商品管理方法。

品类是易于区分，能够管理的一组产品或服务。消费者在满足自身需要时认为产品或服务是相关的和可以相互替代的，选择特定的单品组成品类。品类管理是分销商和供应商把所经营的商品分成不同类别，并把每类商品作为企业经营战略的基本活动单位进行管理的一系列相关活动。它通过强调向消费者提供超值的产品和服务，提高企业的运营效果。

（二）商品结构的"三度"

商品结构的"三度"主要包括广度、宽度与深度。

1.广度

门店商品结构广度关系到门店商品品类多样化，可以体现门店商品的丰富程度。

广度=采购的商品品类数

广度比=采购的商品品类数÷可采购的商品总品类数×100%

2.宽度

门店商品结构的宽度代表了商品的丰富且可供选择的程度，宽度越大的店铺消费者挑选的余地就越大。

宽度=门店采购的SKU总数

宽度比=采购的SKU总数÷可采购的商品SKU总数×100%

3.深度

商品结构的深度是指平均每个SKU的商品数量，它的意义代表了商品可销售的数量的多少，实际上是库存量。

深度=采购的商品总数量÷采购的SKU总数

深度比=深度÷采购目标深度×100%

（三）商品的价格带

商品的价格带，是指一种同类商品或一种商品类别中的最低价格和最高价格的差别。价格带的宽度决定了门店所面对的消费者的受众层次和数量。零售商观察竞争对手门店的商品，不能只是看看对方的商品陈列方式和陈列位置这种表面的情况，要更深层次地去了解堆放的商品构成和价格分布。在进行竞争门店商品结构的对比分析时，竞争店商品价格带分析（见表6-1）可为市场调查提供简单而明确的分析结果（如图6-1所示）。

表6-1　　　　　　　　　　　　　竞争店商品价格带分析　　　　　　　　　　　　单位：件

价格带	6 ~ 10元	10 ~ 20元	20 ~ 30元	30 ~ 40元	40 ~ 50元	50 ~ 60元	60 ~ 70元	70 ~ 80元	80 ~ 90元	90 ~ 100元	100元以上
A店	7	33	27	13	9	7	4	2	4	2	36
B店	32	42	42	25	6	7	1	1	8	6	12
C店	15	26	31	14	4	14	4	3	6	1	7

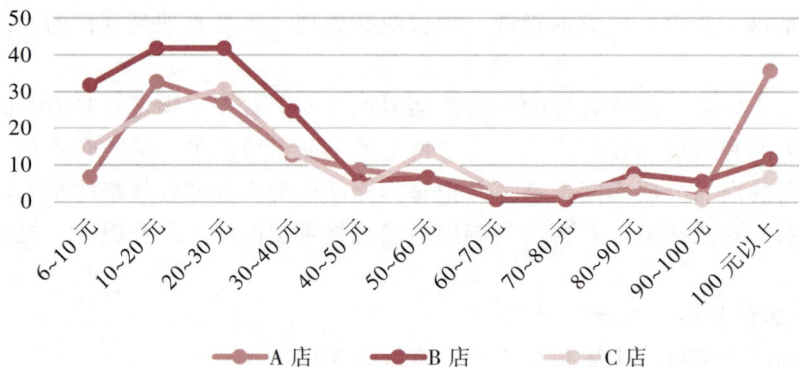

图6-1　商圈竞争对手调查

由表6-1和图6-1可以看出，三家店铺在6~10元、10~20元、20~30元、30~40元价格带的商品品项存在差别，在6~50元价格带，B店的商品品项>A店的商品品项>C店的商品品项，因此B店低端价位的商品品项更多，存在价格优势。

二、商品采购与库存

商品采购是商品购进活动的初始环节，是商品流转的起点，采购制度的主要类型有统一采购和分散采购。商品采购与库存主要涉及的概念有营业额与库存、盘点与损耗、商品周转、供应商的考核和激励等。

（一）营业额与库存

月初库存是指月度第一天开店前的库存；本月进货是指每月1日至最后一日的进货总额；本月销售是指每月1日至最后一日的销售总额；月末库存是指月度最后一日关店后的库存。因此：

月初库存+本月进货=本月销售+月末库存+售价变更+损耗

例如，月初售价库存为100万元，本月售价进货为250万元，本月售价变更额为20万元，本月损耗额为10万元，本月销售额为240万元，那么，月末售价库存是多少呢？

月末售价库存=月初售价库存+本月售价进货-售价变更-损耗-本月销售
=100+250-20-10-240=80（万元）

（二）盘点与损耗

实际库存是指通过盘点确认的库存，账簿库存是指从账簿中所算出的库存。

账簿上的月末库存=月初库存+本月进货-本月销售

损耗是指账簿库存和实际库存之间的差额；扣除亏损是指预测大概会发生多少商品亏损而从账簿库存中事先扣除掉的亏损；盘点亏损是指盘点时，除去扣除亏损之后的账簿库存和实际库存之间的差额；不明亏损是指扣除亏损和盘点亏损的合计。因此：

扣除亏损率=扣除亏损额÷销售额×100%

盘点亏损率=盘点亏损额÷销售额×100%

不明亏损率=不明亏损额÷销售额×100%
=（扣除亏损额+盘点亏损额）÷销售额×100%
=扣除亏损率+盘点亏损率

例如，门店A的月初售价库存为100万元，本月售价进货为260万元，本月售价销售为200万元，扣除亏损率为2%，盘点实际库存为150万元，那么，盘点亏损和不明亏损各为多少？

扣除亏损=200×2%=4（万元）
月末库存=100+260-200-4=156（万元）
盘点亏损=156-150=6（万元）
不明亏损=扣除亏损+盘点亏损=4+6=10（万元）

（三）商品周转

商品周转日数指将现有库存全部售完为止所需的天数。

商品周转日数=平均库存数量（金额）÷平均每天销售数量（金额）

商品周转率指销售数量（金额）为平均库存（金额）的倍数。

商品周转率=销售数量（金额）÷平均库存数量（金额）

商品周转率高（周转日数短）有以下好处：一是降低每个商品的固定费，减少经费负担率；二是减少损耗、破损、腐烂、盗窃等损失，降低对总销售额的损耗率；三是保证提供新鲜商品，能够形成流行商品的构成；四是能够开展有弹性的进货活动，顺应由异常天气变化所带来的畅销商品的变化；五是能够以少额投资获得大的利润，减少不良库存的发生。商品周转率太高（周转日数太短）则有以下危险：一是轻易发生缺货，失去交易机会；二是降低陈列魄力；三是不能通过大量进货而降低成本；四是因订货次数增加，导致订货作业、订货费用也随之增加；五是商品搬入次数增加，搬入成本提高。不良库存如处理不及时会影响销售额。

例如，A售货员处X商品的平均库存售价为900万元，Y商品的平均库存售价为100万元；B售货员处X商品的平均库存售价为1 000万元。其中，X商品的周转日数是30日，Y商品的周转日数是180日，已成为不良库存。在这种情况下，A、B两位售货员的售货场都有1 000万元的库存。

A售货员X商品和Y商品1个月的销售额分别如下：

X商品：900×1=900（万元）

Y商品：100×（1/6）=17（万元）

共计917万元。

B售货员X商品和Y商品1个月的销售额分别如下：

X商品：1 000×1=1 000（万元）

由于Y商品是不良库存，所以产生了83万元的销售额之差。

（四）供应商的考核和激励

对供应商的工作绩效进行考核，对考核优秀的供应商进行激励，对考核不及格的供应商提出警告并筹备开发新的供应商。对供应商的激励通常包括精神激励和物质激励。精神激励通常包括在公开场合给供应商颁发印有"优秀供应商"的奖杯、锦旗等，这种精神激励对供应商不仅是一种鼓励，更是对供应商的一种推广。物质激励通常包括签订长期合同、提高采购份额等。对供应商的考核主要体现在以下几个方面：

1.交付商品的质量

交付的商品应符合国家相关标准的要求，同时满足双方签订的供货合同中的质量要求。在入库检查及抽检时，不应出现不符合质量要求的情况。

2.交付商品的能力

供应商应能在订单规定的时间内将商品送至客户指定地点，商品数量、品种、规格和品质等符合订单的要求。

3.持续供应商品的能力

生产基地产量或合作的企业的产量应能满足供货合同的要求，保证商品持续、稳定供给。

4.商品的储存能力

根据商品的类型和储存条件，应采取最佳的储存方式，降低污染风险。对于容易变质的商品，提供适宜的储存调控设备，必要时进行温度和湿度控制并记录，并确保监控设施易于负责人员使用。

5.商品的运输能力

商品运输应能满足相关的标准及协议，运输商品的车辆应符合装载和卸货作业的条件，并根据不同商品的运输温度要求。

6.商品包装及标识情况

商品运输包装应符合商品储藏、运输、销售及保障安全的要求，便于拆卸和搬运。销售包装应标明商品的品名、生产地等信息，未包装的商品采取附加标签、说明书的形式标明商品品名、生产地，以及销售者等内容。

7.客户抱怨和投诉处理能力

供应商企业应能记录并调查所有的投诉，保留调查结果和原因，与相关客户有效沟通并最终达成共识。

8.退货能力

供应商企业应能按照制度或约定，及时、合理处理退货。

9.合作能力

供应商企业应能及时并通畅地配合处理因商品质量、服务质量等引发的问题。

10. 突发事件处理能力

供应商企业应成立突发事件应急小组，有明确的职责和权限，并保证联络畅通。

■ 做一做

某水果网店采购了一批水果入库，现首先需要预估本月最低采购数量（见表6-2）。公式为：

微课6-1

实践案例：水果网店采购实施与仓库补货

本月最低采购数量=本月末计划库存量+本月计划销量−上月末库存量

表6-2　　　　　　　　　　　　　**本月最低采购数量**　　　　　　　　　单位：箱

品名	本月最低采购数量	上月末库存量	本月末计划库存量	本月计划销量
香蕉	（11 200）	0	8 000	3 200
苹果	（14 000）	0	10 000	4 000
猕猴桃	（0）	9 650	6 150	3 500
葡萄	（900）	4 600	4 000	1 500

同时，各地仓库每月月底都会进行盘点，并会结合库存量、季度和月度促销活动以及上一年的销售数据定期进行补货，制作订货量计划表（见表6-3）。公式为：

订货量=现有库存量-下月预计销售量-安全库存量

表6-3 订货量计划表 单位：箱

货品	项目	北京仓库	天津仓库	济南仓库	合肥仓库	南京仓库	广州仓库
苹果	现有库存量	96 254	2 251	3 251	9 542	13 214	522
	安全库存量	1 000	200	500	500	500	500
	下月预计销售量	6 000	2 000	4 000	4 000	4 000	3 000
	订货量	89 254	51	-1 249	5 042	8 714	-2 978
猕猴桃	现有库存量	123 212	752	5 548	9 854	15 421	200
	安全库存量	200	200	500	500	500	500
	下月预计销售量	6 000	2 000	4 000	3 000	4 000	3 000
	订货量	117 012	-1 448	1 048	6 354	10 921	-3 300

案例说明：该案例通过库存量和销售量的关联分析，应用Excel对某水果网店采购数量进行了预估，提供了仓库订货量的计划制订方法。

任务二 分析订单管理数据

学一学

一、订货管理数据分析

对订货管理进行数据分析，需要了解商品的订货方法以及订货数量的计算。

（一）商品的订货方法

商品的订货方法包括定期补充订货与定量补充订货。

1.定期补充订货

订货日期为定期制，根据预测销售数量来决定订货数量，所以订货量每次都有变化。适合使用定期补充订货法订货的商品主要有：高价商品、畅销商品、流行商品、季节性很强的商品、签订年度合同基本已确定订货数量的商品、根据销售行情有必要经常调整库存数量的商品、一次性集中订货的多种商品、能大幅度减少运输费用的商品、门店的订货数量占该厂家生产量的比例很大的商品、到货周期很长的商品、占库存比例很大的商品，以及订货、补充陈列、整理等占店内作业比例很大的商品等。

2.定量补充订货

订货日期是不定的，而订货数量是一定的，即商品的库存数量到了订货点以下，就按照事先决定的数量进行自动订货。适合使用定量补充订货法订货的商品主要有：低价商品、不能频繁地进行补充的商品、不易预测销量的商品、多次少量销售的商品、订货与生产没有直接关系的商品、必须集中一次订货的商品、销售行情没有急剧变化的商品、不易每次计算订货量的商品，以及在ABC分析中属于C分类的商品等。

（二）订货数量的思考与计算

最低陈列量是指当库存数量下降到一定数量时，销售数量也会急剧下降，这个陈列数量就叫最低陈列量。而缺货不是指货架上完全没有商品，而是指陈列数量低于最低陈列量时的情况，此时会发生机会损失。

订货周期是指在售货场订货之后，到下一次订货日为止的期间。一周补充制的订货周期是7天。到货期间是指订货的商品从订货日开始到摆到售货场为止的期间。

$$\text{订货数量}=\text{今天订货的商品到货日到下次到货日之间的销售计划数量}+\text{今天订货的商品订货时间到到货为止的销售数量}-\text{现在的库存数量}+\text{最低陈列量}$$

例如，表6-4中，7月6日（星期一）是商品A的订货日，商品A的库存量是40个，最低陈列量经过调查得知是20个，订货周期是7天，到货期间是4天。那么，今天的订货数量是多少？

表6-4　　　　　　　　　　　**商品A预计销售数量表**　　　　　　　　　　单位：个

序号	日期	星期	预计销售数量
1	7月6日	星期一	4
2	7月7日	星期二	3
3	7月8日	星期三	3
4	7月9日	星期四	2
5	7月10日	星期五	4
6	7月11日	星期六	5
7	7月12日	星期日	10
8	7月13日	星期一	3
9	7月14日	星期二	2
10	7月15日	星期三	2
11	7月16日	星期四	2
合计			40

订货数量=（订货周期+到货期间）×1天销售量-现在库存量+最低陈列量
＝（7+4）×（40÷11）-40+20=20（个）

二、订单物流数据分析

电商物流主要分为企业自建物流体系、第三方物流与商品企业物流联盟等。这里主要对第三方物流供应商的选择、建立物流供应商档案、订单时效分析进行学习。

（一）第三方物流供应商的选择

选择第三方物流供应商，主要考察以下5个方面：第一，硬件水平，包含注册资本、财务稳定性、技术水平、盈利能力、设备状况、固定资产等；第二，软件水平，包含信息系统、人力资源水平等；第三，作业能力，包含准时率、准确率、作业速度、保质率、紧急配送能力、故障排查能力、紧急订单处理能力、突发事件应变能力等；第四，物流能力，包含运输能力、仓储能力、网点覆盖面、环境卫生、相关行业服务经验、物流服务质量评价、知名度、行业评价、客户评价等；第五，发展潜力，包含员工素质、企业文化、管理水平、企业信誉、组织学习能力等。

（二）建立物流供应商档案

物流运输是供应链中的重要环节，通过多方面的分析筛选，最终确定第三方物流供应商之后，需要根据考核内容建立对应的物流供应商档案，以方便后期的管理调度。对物流供应商的考核指标主要有：

1.服务响应

物流供应商应能在规定时间内接听客户投诉，记录并调查所有的投诉，保留调查结果和证据，通过反复沟通并最终达成共识。

2.配送准确性及配送时效

物流供应商应能按照协议规定时间送达，不能出现错发、漏发的情况，丢失破损率保持在一定的范围内。

3.服务保障

物流供应商应能及时并通畅地配合处理物流运输中出现的问题，可通过接口人员工作配合度、物流满意度调查反馈情况、突发事件解决能力、流程执行情况等对其进行考核。

（三）订单时效分析

订单时效是指用户从完成订单支付开始到用户完成商品签收的时间跨度，即支付-签收时长。订单时效是提升用户体验、增强用户满意度的基本要素之一。订单时效分析的主要目的是通过数据分析找出影响订单时效的因素及不同物流公司间的差距，从而有针对性地进行流程优化，以达到更优的效率。通常情况下，订单时效分析的指标主要包括以下4个：①平均发货-揽收时长，即从商品发货到物流揽收的平均时长；②平均揽收-签收时长，即从物流揽收到用户签收的平均时长；③揽收包裹数，即物流公司回传的揽收信息的物流包裹数；④签收成功率，即签收成功的包裹数占总派送包裹数的比例。

签收成功率=签收成功包裹数÷（签收成功包裹数+拒签包裹数）×100%

三、客服绩效数据分析

买家在购买完商品后，会在店铺的评论区域进行评论，评论一般分为好评、中评和差评。客服在看到这些评论后，要对其中的问题做出相应的解释和回复：要给做出中评和差评的用户一个满意的解释，一定要对客户反馈的问题及时解决，第一时间维护品牌形象；要给做出好评的客户积极鼓励，从中分析哪些商品是最受用户喜爱的，为店铺今后的进货和销售方向提供依据。

（一）客服绩效考核标准的作用

一方面，网店客服绩效考核标准的制定可以客观公正地评价客服的工作业绩、工作能力和工作态度，使网店经营者通过这些绩效数据发现客服团队所存在的销售能力问题、服务意识问题以及工作态度问题，从而及时、有针对性地对这些问题进行排查和解决。网店客服绩效考核标准，能够促使客服不断提高工作绩效和自身能力，激发其积极性，从而提升店铺的整体运行效率和经济效益。如果随着店铺规模越来越大，客服数量增多，而网店却没有一个明确、公正的客服绩效考核标准，给予客服相同的待遇，那么，做得好的客服会认为别人做不好却有一样的待遇，心理产生不平衡，做得不好的客服会认为做得好不好待遇都一样，毫无压力。最终，这就形成了一个恶性循环，无论是对店铺的发展，还是对客服能力的提升，都有很大的阻碍。另一方面，网店客服绩效考核标准的制定为客服的薪酬决策、培训规划、职位晋升、岗位轮换等人力资源管理工作提供了决策性依据。

（二）客服绩效考核的要素

虽然网店店铺所处阶段不同，客服团队规模不同，但是客服绩效考核的组成要素大体相同，都是由工作态度、工作能力和销售业绩三大要素组成。一般情况下，销售业绩占比最大，工作能力次之，工作态度占比较小。在实际的权重分配工作中，由于各店铺的客服KPI考核标准不同，因此卖家必须根据店铺的实际情况来确定各绩效权重。

1.不基于数据的客服绩效考核标准

不基于数据的客服绩效考核点有两个，即绩效考核三大组合要素中的工作态度和工作能力。其中工作态度主要是对客服的平时工作表现进行评价，如责任心、积极主动性、服务态度、学习能力、执行力等。而工作能力则是根据客服各个方面的综合素质来评价其工作技能和水平，如专业知识、沟通能力、打字速度等。因为这两个客服绩效考核标准是不基于数据的，所以在考核时，只能通过部门经理或者运营经理花时间去审查、考核，然后根据实际情况给出分数。

2.基于数据的客服绩效考核标准

绩效考核的数据指标是指通过各种明确的数据来体现客服的工作业绩。基于客服岗位自身的工作性质和工作内容，客服绩效考核的数据指标主要分为以下5个方面：

（1）咨询转化率。

咨询转化率是咨询顾客下单数和咨询顾客数的比率。如果客服的咨询人数很多，但是对应的下单人数少，那么该客服的销售额也不会很高，相应的客服业绩也提不上去，所以，要考核网店客服的业绩，咨询转化率指标必不可少。

（2）下单成功率。

在实际工作中，有时候会有这种情况：客服的下单人数很多，但是其营业额始终很低。这是因为营业额是客服落实的付款金额，并不是客服的下单人数多，其服务业绩就好，如果实际付款的人数不高，下单人数再多也没有用，前面所做的一切都是白费工夫。其实这也反映出客服对未付款订单的跟进、产品售后问题的处理等方面的态度和能力。所以将下单成功率作为考核指标之一，也是毋庸置疑的。

（3）客单价。

客单价是指一段时间内所有成交买家的平均成交金额。客服由于服务态度、沟通能力、语言表达能力等方面的差异，咨询转化率、下单成功率会有所不同。但是仅仅按照这两个指标来考核客服业绩，很容易因咨询转化率或者下单成功率低而产生懈怠情绪，而客单价的出现就解决了这方面的顾虑。

（4）回复率。

回复率是指客服做出回复的顾客数与总接待的顾客数之间的比率，即回复顾客数÷总接待顾客数。如果对所有接待的顾客都予以回复，则回复率是100%。回复率之所以成为考核客服业绩的指标之一，主要是因为其直接会影响到咨询数量，如果一个客服的回复率不高，那么其相应的咨询转化率也不会太高，随后会间接影响到营业额的上升。

（5）响应时间。

响应时间是指从顾客咨询到客服回应的每一次的时间差的均值，也被称为平均响应时间。这个值一般与店铺的接待规定和客服的工作压力，以及同时接待的顾客数有关，一般来说，40秒的响应时间是相对正常的，熟练的客服会把响应时间控制在20～30秒，如果顾客咨询半天才回应，很容易导致顾客的流失，其直接关系着对顾客态度和顾客关系的维持。

（三）客服绩效考核表

通过不基于数据的客服绩效考核标准及对数据指标（如咨询转化率、下单成功率、客单价等关键指标）的评定，管理者能及时发现各客服的优劣所在，及时跟进，因势利导，并通过适当的培训来弥补短板，从而提升个人能力和团队力量，据此可以得到客服的 KPI 考核表（见表6-5）。

表6-5　　　　　　　　　　　　　客服的KPI考核表

KPI指标	详细描述	标准	分值	权重	得分
工作态度	客服的服务态度、积极主动性、学习力、责任心、执行能力	上级主管打分	100	10%	
			80		
			60		
			40		
			0		

续表

KPI指标	详细描述	标准	分值	权重	得分
工作能力	专业知识能力、沟通能力、打字速度	上级主管打分	100	15%	
			80		
			60		
			40		
			0		
咨询转化率	咨询客户下单数÷咨询顾客总数	>50%	100	30%	
		50%~46%	80		
		45%~40%	60		
		<40%	0		
下单成功率	最终付款人数÷下单人数	>95%	100	20%	
		95%~86%	80		
		85%~75%	60		
		<75%	0		
客单价	销售额÷下单付款人数	>260%	100	15%	
		260%~201%	80		
		200%~140%	60		
		<140%	0		
回复率	回复的客户数÷总接待客户数	>95%	100	5%	
		95%~91%	80		
		90%~85%	60		
		<85%	0		
响应时间	客户第一问至客服回复之间的时间差÷总咨询数	<30%	100	5%	
		30%~40%	80		
		41%~50%	60		
		>50%	0		

做一做

客服人员的咨询转化率的高低对店铺的销售额起到了关键作用。某主营女装的淘宝店铺，现有3名客服，管理者为了提高整个客服团队业绩，决定对客服的咨询转化率进行数据的追踪并作为客服KPI考核的重点。店铺针对客服KPI考核制定的咨询转化率考核表见表6-6。

表6-6　　　　　　　　　　　　咨询转化率考核表

KPI考核指标	计算公式	评分标准	分值	权重
咨询转化率（X）	咨询转化率=成交人数÷咨询总人数	X>41%	100	30%
		38%<X≤41%	90	
		35%<X≤38%	80	
		32%<X≤35%	70	
		28%<X≤31%	60	
		25%<X≤28%	50	
		X≤25%	0	

店铺3名客服人员最近30天的咨询转化率情况见表6-7；结合表6-6分别计算出3名客服人员的成交转化率以及权重得分。

表6-7　　　　　　　　　　3名客服人员成交转化率统计表

客服人员	成交总人数	咨询总人数	成交转化率	得分	权重得分
A	88	275	32.00%	70	21
B	582	1 455	40.00%	90	27
C	232	800	29.00%	60	18

从表6-7可以直接看出：B客服的成交转化率最高，其次是A客服，最后是C客服。成交转化率能直接反映出一个客服人员的工作质量。在同等条件下，成交转化率越高，对店铺的贡献越大。

案例说明：该案例通过计算客服人员的成交转化率以及权重得分，加强了在实践中掌握客服KPI考核指标及其计算方法的应用。

润心启航 | 抖音出台铁腕政策对售假网红下狠手

抖音新规出台，重拳打击售假网红，算是给此前头部主播连环塌房事件一个交代。抖音修订了《创作者分享假冒/盗版商品实施细则》，该细则显示，创作者若在与用户交流互动时分享假冒/盗版商品及相关信息，平台将处以直播中断、下架购物车、视频自检等处罚。同时，平台将视情节严重程度采取删除违规内容、冻结保证金、永久禁言等措施。相较此前的相关规则，新的规则堪称严格：针对关联主体违规，新增了永久关闭商品分享功能、扣除违约金5 000元、冻结全部带货佣金90天的处罚；针对非挂车直播，则增加了关闭直播权限及全面禁言的处罚。

抖音此番以"雷霆"手段打击售假网红，除了有保护消费者权益的考量之外，也是在吸取了教训之后，提前为日后新顶流戴上保障产品品质的"紧箍咒"。

直播电商监管趋严

事实上，当前直播电商行业正逐渐告别野蛮生长阶段。自2024年7月1日起，《中华人民共和国消费者权益保护法实施条例》正式生效，在条例中，特别强调了直播带货的透明度要求，明确规定了主播必须清晰地向消费者说明"谁在带货"以及"带谁的货"。在此背景下，保障商品品质成为主播带货的底线。11月25日，辛选集团发布了《关于启动"守卫者1号计划"及相关消费者权益保护的公告》。公告显示，自2024年9月5日起，辛选成立"守卫者1号计划"专项基金，出资规模为1亿元人民币，为在辛选直播间遇到售后问题的消费者提供先行赔付。《2023年中国直播电商行业研究报告》预测2024年中国直播电商成交额将突破5.3万亿元。庞大的市场规模也预示着平台之间在直播电商方面的竞争只会更加激烈，在此背景下，能够率先塑造良好营商环境的平台无疑将占据更大优势。

资料来源：江蒿. 抖音出台铁腕政策对售假网红下狠手［EB/OL］.［2024-11-29］. https://baijiahao.baidu.com/s?id=1817045148530291960&wfr=spider&for=pc. 有删减.

互动话题：学习抖音《创作者分享假冒/盗版商品实施细则》，上网搜索有关电子商务相关法律法规文件，总结电商从业人员在法律法规方面需要重视的重点方面。

Excel应用小技巧

企业通过订单时效分析，可以向消费者表达并提供具有确定性时效的物流服务，有效缓解消费者等待的焦虑感，以此来提升消费者的物流体验，实现商家、消费者、平台和快递公司的共赢。根据表6-8进行分析，尤其注意订单时效表达，为接下来的快递选择、跟进及物流咨询回复提供客观参考，以拉升用户物流服务体验。

微课6-3
Excel应用小技巧：电商快递时效分析

表6-8　　各物流公司数据表

物流公司	收货地	揽收包裹数（占比）	平均支付-签收时长
圆通速递	广东省	7（1.69%）	76.25小时
	福建省	6（1.45%）	81.34小时
	辽宁省	6（1.45%）	96.65小时

物流公司	收货地	揽收包裹数（占比）	平均支付-签收时长
韵达快递	河南省	22（5.33%）	60.85 小时
	浙江省	18（4.36%）	62.60 小时
	福建省	17（4.12%）	59.57 小时
	江苏省	17（4.12%）	66.92 小时
	山东省	13（3.15%）	73.35 小时
	北京	11（2.66%）	75.50 小时
	广东省	10（2.42%）	50.13 小时
	河北省	10（2.42%）	72.73 小时
	江西省	7（1.69%）	52.99 小时
	黑龙江省	7（1.69%）	101.28 小时
	辽宁省	7（1.69%）	124.07 小时
	安徽省	6（1.45%）	49.20 小时
	重庆	5（1.21%）	72.41 小时
邮政小包	广东省	37（8.96%）	40.33 小时
	江西省	5（1.21%）	84.96 小时
中通快递	内蒙古自治区	13（3.15%）	81.56 小时
	黑龙江省	6（1.45%）	87.95 小时
	吉林省	5（1.21%）	108.79 小时
百世快递	广东省	22（5.33%）	42.28 小时
	山东省	10（2.42%）	75.86 小时
	湖北省	9（2.18%）	84.50 小时
	福建省	9（2.18%）	53.64 小时
	江西省	8（1.94%）	49.73 小时
	浙江省	6（1.45%）	58.00 小时
	江苏省	6（1.45%）	53.91 小时
	辽宁省	6（1.45%）	73.47 小时

续表

物流公司	收货地	揽收包裹数（占比）	平均支付–签收时长
百世快递	广西壮族自治区	5（1.21%）	75.33小时
	湖南省	5（1.21%）	51.98小时

步骤一："揽收包裹数（占比）"列中的数据需要清除占比，只留包裹数。增加"揽收包裹数"一列，输入公式"=LEFT（C2，SEARCH（"（"，C2）–1）"，完成C2单元格中数据占比的清除；增加"平均支付–签收时长"一列，输入公式"=LEFT（D2，SEARCH（"小"，D2）–1）"完成E2单元格中"小时"的清除，只留具体的时间。

步骤二：整理表格（如图6-2、图6-3所示）。应用数据透视表，将"收货地""物流公司"分别设置为"轴"与"图例项"，"平均支付–签收时长"设置为"平均值项"，得到各物流公司到不同收货地点的平均支付–签收时长（如图6-4所示）。

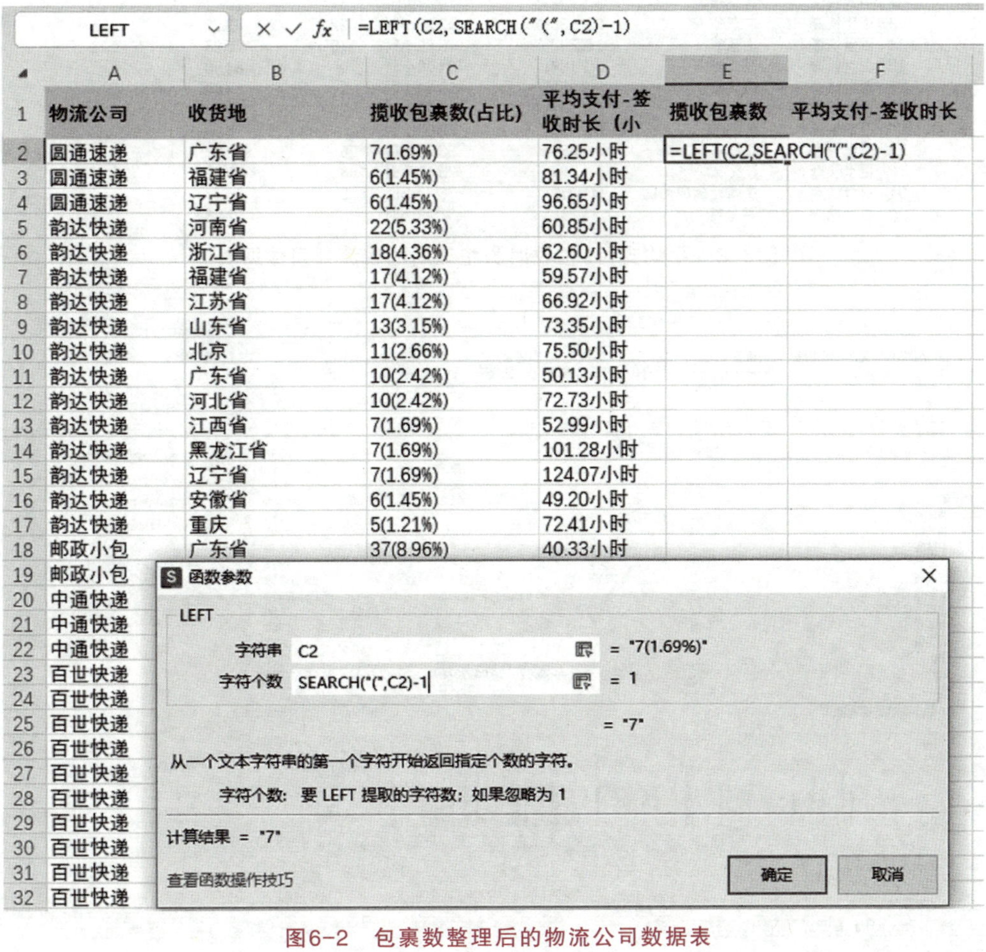

图6-2 包裹数整理后的物流公司数据表

F2 f_x =LEFT(D2,SEARCH("小",D2)-1)

物流公司	收货地	揽收包裹数(占比)	平均支付-签收时长（小	揽收包裹数	平均支付-签收时长
圆通速递	广东省	7(1.69%)	76.25小时	7	76.25
圆通速递	福建省	6(1.45%)	81.34小时	6	81.34
圆通速递	辽宁省	6(1.45%)	96.65小时	6	96.65
韵达快递	河南省	22(5.33%)	60.85小时	22	60.85
韵达快递	浙江省	18(4.36%)	62.60小时	18	62.60
韵达快递	福建省	17(4.12%)	59.57小时	17	59.57
韵达快递	江苏省	17(4.12%)	66.92小时	17	66.92
韵达快递	山东省	13(3.15%)	73.35小时	13	73.35
韵达快递	北京	11(2.66%)	75.50小时	11	75.50
韵达快递	广东省	10(2.42%)	50.13小时	10	50.13
韵达快递	河北省	10(2.42%)	72.73小时	10	72.73
韵达快递	江西省	7(1.69%)	52.99小时	7	52.99
韵达快递	黑龙江省	7(1.69%)	101.28小时	7	101.28
韵达快递	辽宁省	7(1.69%)	124.07小时	7	124.07
韵达快递	安徽省	6(1.45%)	49.20小时	6	49.20
韵达快递	重庆	5(1.21%)	72.41小时	5	72.41
邮政小包	广东省	37(8.96%)	40.33小时	37	40.33
邮政小包	江西省	5(1.21%)	84.96小时	5	84.96
中通快递	内蒙古自治区	13(3.15%)	81.56小时	13	81.56
中通快递	黑龙江省	6(1.45%)	87.95小时	6	87.95
中通快递	吉林省	5(1.21%)	108.79小时	5	108.79
百世快递	广东省	22(5.33%)	42.28小时	22	42.28
百世快递	山东省	10(2.42%)	75.86小时	10	75.86
百世快递	湖北省	9(2.18%)	84.50小时	9	84.50
百世快递	福建省	9(2.18%)	53.64小时	9	53.64
百世快递	江西省	8(1.94%)	49.73小时	8	49.73
百世快递	浙江省	6(1.45%)	58.00小时	6	58.00
百世快递	江苏省	6(1.45%)	53.91小时	6	53.91
百世快递	辽宁省	6(1.45%)	73.47小时	6	73.47
百世快递	广西壮族自治区	5(1.21%)	75.33小时	5	75.33
百世快递	湖南省	5(1.21%)	51.98小时	5	51.98

图6-3 平均支付-签收时长整理后的物流公司数据表

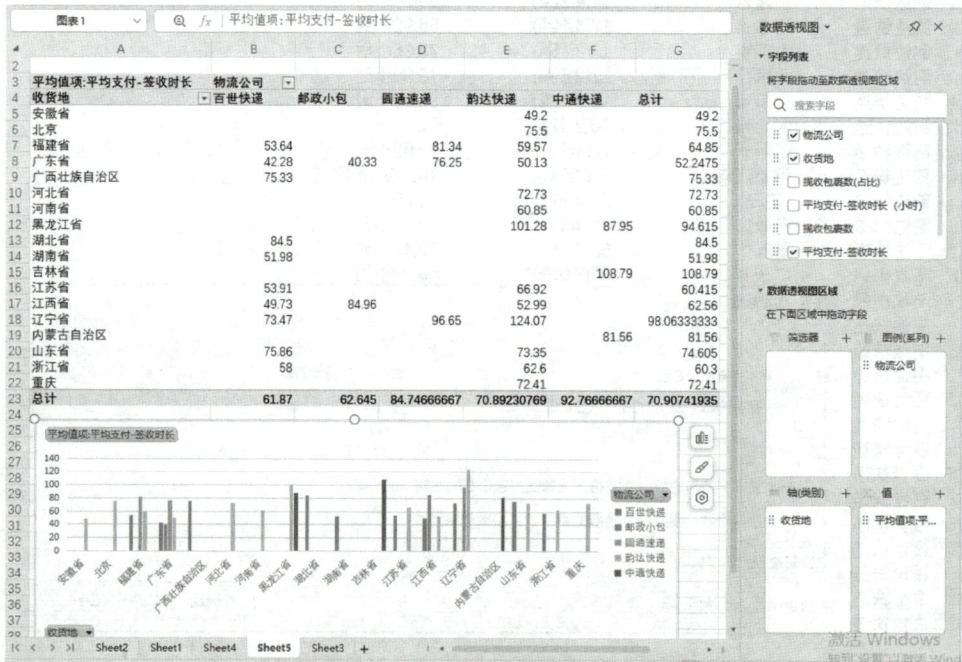

图表1 f_x 平均值项:平均支付-签收时长

平均值项:平均支付-签收时长	物流公司					
收货地	百世快递	邮政小包	圆通速递	韵达快递	中通快递	总计
安徽省				49.2		49.2
北京				75.5		75.5
福建省	53.64		81.34	59.57		64.85
广东省	42.28	40.33	76.25	50.13		52.2475
广西壮族自治区	75.33					75.33
河北省				72.73		72.73
河南省				60.85		60.85
黑龙江省				101.28	87.95	94.615
湖北省	84.5					84.5
湖南省	51.98					51.98
吉林省					108.79	108.79
江苏省	53.91			66.92		60.415
江西省	49.73	84.96		52.99		62.56
辽宁省	73.47		96.65	124.07		98.06333333
内蒙古自治区					81.56	81.56
山东省	75.86			73.35		74.605
浙江省	58			62.6		60.3
重庆				72.41		72.41
总计	61.87	62.645	84.74666667	70.89230769	92.76666667	70.90741935

数据透视图

字段列表
将字段拖动至数据透视图区域
搜索字段
- ☑ 物流公司
- ☑ 收货地
- ☐ 揽收包裹数(占比)
- ☐ 平均支付-签收时长（小时）
- ☐ 揽收包裹数
- ☑ 平均支付-签收时长

数据透视图区域
在下面区域中拖动字段
筛选器　图例(系列)：物流公司
轴(类别)：收货地　值：平均值项:平...

图6-4 各物流公司平均支付-签收时长

拓展阅读

生鲜电商系统与社区物流服务系统协同发展路径研究

生鲜电商是指在生鲜产品的生产经营过程中，结合生鲜产品的冷链快递物流，引入现代信息技术和电子商务等商业手段，构成高效的适合网络经济的生鲜产品营销体系。在新零售背景下，诸多商贸服务企业在创新能力建设方面取得了重要成效，但是同样面临着传统物流亟待升级改造等问题，从而影响了商贸服务企业的创新绩效，尚有巨大的发展升级空间。

1. 寻求延伸价值，重塑用户心中的生鲜信用标准

新零售通过大数据等先进技术对链路、渠道进行管理，降低成本，升级用户体验。生鲜产品的保鲜期短、品类多等性质更是对供应、物流链路和库存、销售管理提出了更高的要求。当前国内生鲜电商市场呈现多业态共存的局面，电子商务对于生鲜农产品流通效率提升、交易成本优化、供应链品控管理优化等多个环节有着巨大的价值。安全品质的鉴别困难导致了生鲜农产品的渠道优势在线下，而生鲜电商正在寻求电商模式背后的包括供应链管理、标准化认证、交易金融以及生鲜品牌建设等一系列延伸价值，通过重塑用户心中的生鲜信用标准来改变价值链。未来随着冷链溯源与全程监控等技术逐步形成，通过创新线下门店、前置仓、商超联合等仓储模式，打造物流团队以及自建自主研发生鲜配送系统等，从而将损耗控制在良性的范围内，确保生鲜产品的质量并实现盈利。

2. 抓住社区生鲜店线下流量入口，推动行业的全渠道布局

加快的城镇化步伐促成零售业进入相对成熟的阶段，新社区的形成逐渐产生新的生活便利需求。生鲜专营店通过主打小而精致的基本款生鲜品类、抢占社区入口的选址策略、规模化的采购降低其综合成本等来服务周边社区家庭的生鲜消费。生鲜产品具有稳定高频的需求黏性，社区生鲜店独特的地理优势使日常的生鲜购物更便捷，也在一定程度上促进了生鲜消费频率，保障了门店可观的复购率。电商行业巨头凭借自身优势可抓住社区生鲜店这一线下流量入口推动行业的全渠道布局。通过在社区布局前置仓与线下门店，根据用户的消费数据对社区用户进行画像，精准预估客户采购量；通过线上智能调度系统，在末端配送时实现最优路线匹配与最优区域派单，从而提高配送效率。在此基础上嫁接金融服务，集成本地生活服务属性，抢位生活服务平台，不断加码生鲜供应链与社区物流投资，建设全产业链资源和全渠道资源。

3. 布局社区冷链配套设施，组建以社区为核心的冷链城配网

未来生鲜超市以及社区生鲜门店需要架构自己的网络采购技术平台，加大线上产品的输出与配送力度，社区生鲜团购平台与社区商铺合作的模式能满足用户的价格需求和社交需求，实现线下社区居民、社区商铺、线上团购平台的互联。前置仓网络和农超直供模式的单点物流量将会进一步提升，限制条件打开将释放城市生鲜配送的物流潜力，冷链城配和宅配体系将得到巨大的发展。因此，一是需要布局社区冷链配套设施，针对社区设置核心的对接流程和配置短期冷库存储设备，包括控温和监测以及售后管理对接

等多个环节，利用社区进行并单配送和冷鲜管理。二是组建以社区为核心的冷链城配网。城市配送"最后一公里"是物流长期以来的难题之一，利用社区可以将冷链城配网络错峰布置，利用社区临时性的冷藏属性，可以提高配送网络的柔性。

资料来源：赵琪. 新零售视阈下生鲜电商与社区物流协同发展路径研究［J］. 山东商业职业技术学院学报，2021，21（5）：8-12.

实战与提升

实战与提升
参考性提示

调研2家以上电商物流企业，对电商物流技术进行分析，明确其在物流中的应用表现，完成表6-9内容的填写。

表6-9　　　　　　　　　　　电子商务物流技术在物流中应用表现表

电子商务物流技术名称	在物流中应用表现

项目七　新零售经营绩效分析

■ 学习导图

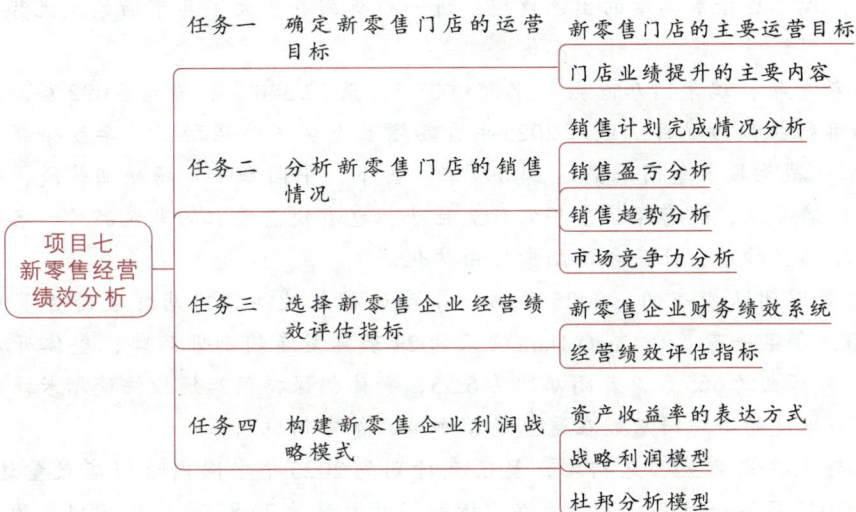

■ 学习目标

知识目标
- 了解新零售门店的主要运营目标以及门店业绩提升的主要内容
- 掌握店铺销售分析模型
- 掌握新零售企业经营绩效评估指标
- 掌握资产收益率的表达以及评估利润信息的关键指标
- 掌握偿债能力分析、周转能力分析、经营效率分析的主要指标

能力目标
- 具备确定新零售门店主要运营目标的能力
- 具备对店铺销售情况进行整体分析的能力
- 具备对经营绩效进行评估的能力
- 具备了解零售企业财务控制系统的能力
- 具备应用战略利润模型与杜邦分析模型的能力

素养目标
- 在学习新零售门店运营的过程中培养学生的民族自豪感和自信心
- 强化学生创新意识，弘扬中华优秀传统文化

项目导入

Q1开门红|瑞幸咖啡：营收同比狂飙四成，规模优势铸就"竞争护城河"

4月29日，瑞幸咖啡（OTC：LKNCY）正式公布2025年第一季度财报，再度成为咖啡及饮品行业焦点。营收88.7亿元，同比增长41.2%；利润方面，瑞幸咖啡第一季度在美国会计准则下营业利润为7.37亿元，营业利润率为8.3%。特别值得一提的是，在当下竞争白热化的咖啡市场，门店数量与同店销售等核心运营指标是衡量品牌竞争力的关键维度，瑞幸凭借本季度的出色表现，进一步巩固并扩大了其市场领先优势。

门店规模稳步扩张，对比竞品优势显著

2024年全年，瑞幸门店总数同比大增37.5%至22 340家，净增6 092家，这一增长速度在咖啡行业极为瞩目。进入2025年，其增长态势依旧强劲，一季度净新开门店达到1 757家，截至期末总门店数达24 097家。当下，中国咖啡市场硝烟弥漫，全球咖啡品牌纷纷抢滩登陆，既有深耕多年的行业巨头，也有锐意进取的新锐品牌，各路玩家在这片赛道中各显神通，让竞争格局愈发白热化。

GeoQ智图团队发布的《2025年第一季度连锁餐饮品牌门店发展趋势蓝皮书》显示，在2025年第一季度，GeoQ Data收录的24家典型连锁咖啡品牌，整体开店数量约4 353家，关店数约665家，开闭店比为6.55，整体仍保持门店规模快速增长。其中，瑞幸咖啡第一季度的净增门店数在这些连锁咖啡品牌中仍位列第一。

先看与主要竞品星巴克相比，星巴克计划到2025年中国内地门店数量达到9 000家，截至2025年第一财季，星巴克在中国的门店总数为7 685家。以2024年为例，星巴克在华净新增门店数量为790家，远不及瑞幸的6 092家净增量。在全球市场，星巴克虽门店数量众多，截至2023年第一季度有35 711家全球门店，但瑞幸凭借在中国市场的迅猛扩张，与其差距正不断缩小，且在门店增长速度上远超星巴克全球平均增速。

再看其他竞争对手，Manner咖啡截至2024年年底门店超1 600家，与瑞幸的22 340家相比，规模上存在巨大差距，门店增长速度也难以与瑞幸相提并论。COSTA、皮爷咖啡等品牌，在门店数量和扩张速度上同样远落后于瑞幸，瑞幸在门店规模层面已构筑起强大的竞争壁垒。

在门店增长的稳步扩张背后，是其精准的战略布局。在国内，瑞幸咖啡既能够深度渗透一、二线城市核心商圈与写字楼，满足高频咖啡需求人群；又积极下沉至三、四线城市热门地段，挖掘潜在消费市场。在海外，以新加坡、马来西亚为切入点，逐步拓展国际版图，这种全方位、多层次的布局为门店持续增长提供了广阔空间。

同店销售增长率8%，月均交易客户数增长24%

值得关注的是，瑞幸咖啡2025年第一季度自营门店同店销售增长率达8.1%，这一成绩在激烈的市场竞争中尤为亮眼。同店销售增长率的提升，意味着瑞幸在过去一年及时的调整收获了成功，反映出品牌综合势能的提升和运营能力的增强。一方面，瑞幸持续推出新品，如与知名IP联名打造特色饮品。截至一季度末其强势单品生椰拿铁总销

量突破13亿杯，并在一季度推出鲜萃轻轻茉莉·轻乳茶，进一步丰富多场景多时段消费需求；另一方面，通过数字化运营优化消费体验，从线上点单到线下取餐的无缝衔接，提升了门店运营效率和消费者体验，并以此实现了消费者的持续复购。

用户数据同样表现强劲，第一季度月均交易客户数较上年同期增长24.0%，达到7 427万。庞大的用户增长数量，不仅得益于门店数量的扩张，也与瑞幸精准的市场定位和营销策略密切相关。通过大数据分析消费者喜好，瑞幸能够推出符合不同群体口味的产品，满足多样化需求。同时，利用社交媒体和会员体系进行精准营销，以优惠券、积分兑换等活动，提高用户黏性和活跃度，不断吸引新用户加入，形成了良好的用户增长生态。

再从产品创新视角来看，瑞幸持续引领行业潮流。据相关研究，2024年全年瑞幸推出119款新品，2025年一季度新品频出，如首月销量突破4 400万杯的鲜萃轻轻茉莉·轻乳茶、一周爆卖1 333万杯的小黄油拿铁等爆款产品。同时，瑞幸通过数字化研发体系，将原料、口味数字化，精准洞察消费趋势，使新品高度契合市场需求，极大提升了消费频次、拓展了消费场景，有效推动同店销售增长。

供应链建设筑牢根基，保障长期稳健发展

正如上文所说，门店数量的高速增长、市场版图的不断扩大，离不开瑞幸咖啡的数字化运营与供应链建设。

数字化运营是瑞幸的核心竞争力之一。例如在门店选址阶段，瑞幸利用内外部数据生成外卖热力图，精准定位，实现"让门店找顾客"，大幅提升选址科学性与运营效率。其管理系统打通采购、订货、库存等全链条数据，实现可视化管控，确保门店运营规范高效，与传统粗放式管理形成鲜明对比。在营销环节，数字化助力瑞幸深度洞察消费者需求，强化"专业、年轻、时尚、健康"的品牌形象，吸引大量年轻消费者，提升用户黏性与复购率，为同店指标转正提供有力支撑。

伴随门店网络扩张与国际化加速，瑞幸对供应链建设予以高度重视。2024年，瑞幸于巴西建立高品质咖啡豆种植基地，从源头把控咖啡豆品质；2025年一季度，在广西横州打造"专属茉莉花产区"、于印度尼西亚邦盖群岛建立"专属生椰岛"，为鲜萃轻轻茉莉·轻乳茶、生椰拿铁等明星产品提供稳定优质的原材料供应。

在咖啡豆烘焙环节，瑞幸持续升级产能，未来，青岛创新生产中心投产后，将与福建屏南、昆山基地共同构建起10万吨年产能的自加工网络，有效降低烘焙成本。通过全球布局，瑞幸构建起一条稳定、高效、高品质的供应链体系，不仅保障产品品质稳定如一，更为成本控制与长期稳健发展提供坚实支撑。

展望未来，瑞幸将凭借门店扩张、供应链优化、产品创新及数字化运营等多重优势，持续巩固行业领先地位。瑞幸搭建的立体竞争优势，为行业发展持续树立标杆，引领咖啡市场迈向新的发展阶段。

资料来源：金融界上市公司研究院．Q1开门红|瑞幸咖啡：营收同比狂飙四成，规模优势铸就"竞争护城河"［EB/OL］．［2025-04-30］．https://m.jrj.com.cn/madapter/stock/2025/04/30181150050197.shtml.

要求：通过了解瑞幸咖啡一季度业绩报告，思考如何对店铺销售情况进行整体分析，对经营绩效进行评估，探讨新零售企业财务控制系统的功能体现在哪些方面。

任务一　确定新零售门店的运营目标

■ 学一学

企业经营必须是有目的的，新零售企业的经营发展需建立在经营理念与经营目标的基础上，并获得全体员工的共识，团结全员向目标努力，最终获得良好的绩效。设立一定的门店经营目标，有以下三个作用：一是为企业各方面活动提供基本方向，是企业一切经济活动的目标和依据，对企业经营活动具有指导、统帅的作用；二是目标反映一个组织所追求的价值，是衡量企业各方面活动的价值标准，也是企业组织生存和发展的意义所在；三是实现企业与外部环境的动态平衡，使企业获得长期稳定协调的发展。

一、新零售门店的主要运营目标

从宏观的角度来讲，零售企业门店的运营目标就是不折不扣、完整地把零售企业总部的目标、计划和具体要求体现到日常的作业化管理中，实现连锁经营的统一化。从微观角度来讲，零售企业门店的运营目标有：销售目标最大化、门店损耗最小化、发展目标持续化。

（一）销售目标最大化

零售企业门店的运营目标必须按部就班，从各项基本的事务抓起，使门店能够步入健康发展的轨道。为了圆满达成目标，首先应重点抓销售，因为销售本身就是门店的主要业务，只有尽可能地扩大销售额，才能实现门店的利润目标。销售的最大化并不是盲目地或单纯地运用各种销售方式来达成的，而是通过正常的标准化运营作业来追求更高的销售额。

（二）门店损耗最小化

提高门店的销售额，可以说是每一个零售从业者努力的目标。但是，提高销售额不是最终目的，不管提高了多少销售额，如果不严格控制门店各个环节的损耗费用的话，那么门店可能只有很低的利润额甚至没有利润乃至亏损，所有的努力都将白费。因此，门店损耗最小化就是尽可能降低经营成本，这可以说是提高经营绩效的一条捷径，它是门店运营与管理的主要目标。

（三）发展目标持续化

企业的经营能否不断取得发展，一方面取决于企业管理体制和经营体制，另一方面依赖于零售企业各个门店的经营素质。门店的经营素质是指门店的员工素质、技术素质和经营管理素质三者的状态及由三者综合形成的经营能量。建立健全科学的管理体制和经营机制，不断提高门店的经营素质和经营水平，使其始终处于良性循环状态，是零售企业运营管理的一项重要任务。

二、门店业绩提升的主要内容

（一）提升销售额

销售额是指纳税人销售货物或者应税劳务向购买方收取的全部价款和价外费用，但是不包括收取的销项税额。

销售额=客单价×来客数

客单价=购买件数×平均单价

销售额是零售企业在经营过程中最终追求的目标，其受众多因素的影响，主要与客流量、进店量、停留率、接触率、试用率、成交率以及客单价等因素有关。

1.客流量

客流量是指以某地点为准，在一定时段内经过店前的目标消费者人数，即从店铺门前经过、符合品牌目标消费者要求的实际顾客流量（注意不是人流量，人流量包含非目标消费者），是有需求的消费者的数量。客流量主要受店址、天气和大型活动的影响而变化，但是建议不要只是把眼光局限在促销活动上，要通过整改，发挥门店的经营特色，以达到最终的长期口碑效果，避免短期高峰。

2.进店量

进店量是指在一段时间内进入所经过的门店的消费者数量。进店量主要受品牌影响力、促销和推广、店面形象、氛围、橱窗陈列的变化等因素的影响。进店数据根据企业总部或单店的不同，其衡量的侧重点也不同，就总部而言，通常从品牌和促销推广及店面形象的角度分析进店量，而单店则是从氛围、布置、橱窗陈列来分析进店量。

3.停留率

停留率主要是指进入门店的消费者中能够驻足商品的消费者数量占进店消费者的比例。停留率主要和门店的动线设计、商品陈列有很大的关系。

4.接触率

接触率主要指顾客进店接触产品和服务，销售人员与顾客产生沟通的数量占进店顾客的比例。接触率主要与门店布局、商品陈列及销售人员的销售技巧有很大的关系。

5.试用率

试用率是指消费者店内驻留超过一定时间，用手触摸商品并进行试用体验或产品咨询的人数占进店消费者的比例。试用率反映的是专业和技巧问题，主要包含产品设计、陈列、搭配和服务流程等范畴。

6.成交率

成交率是指成交人数占来店人数的比例。成交率反映了人员素质、团队协作、销售流程和技巧等问题。店铺在组织促销活动时，一定要分清促销的目的，不要单纯为了促销而促销。如果活动是为了清理库存，那库存商品的促销一定要间接带动店内高毛利商品的销售；如果是做特价销售拉动人气，就不要轻易触动高毛利商品的价格带。所有的促销活动要基于带动高毛利商品的销售这一目的。

7.客单价

提升客单价主要是做好商品单价（即每位顾客单次成交的额度）与客品数（平均每位顾客单次成交品种数量）的提升。在购买人数不变的情况下，只要提升顾客的平均购买额也可以达到营业额的提升。提取销售小票进行分析，只要分析一个周期内或一天内门店的销售数据，就可以得出客单价的状况，再根据销售数据测算出有效品类与无效品类，进行品类优化与淘汰，将现金流商品、高毛利商品、特色商品三种品类做好关联销售，以带动整体销量，拉动客单价的提升。

（二）降低损耗

所谓损耗，是指门店接收进货时的商品零售值与售出后获取的零售值之间的差额，即由于各种原因造成的商品库存金额或数量的减少或损失。相关资料统计，内部损耗占85%，外部损耗占15%。有效的损耗管理能够降低成本，减少费用，增加营业额，提高净利润。

1.合理库存

一是强化库存管理，理性支货，合理库存，经常调整商品结构，避免库存过大，避免断货、缺货；二是结合以往年、季、月销售数据，制定科学合理的陈列量及补货点，合理补货，减少不必要的退货；三是来货验收认真，按规范作业，做好单证的登录跟踪工作。

2.有效进行商品效期管理

一是理性补货，加速商品周转，根据商品的周转率和交叉比率分析，对销售排名后100位的滞销商品进行重点管理；二是实行商品分区负责制，对不好销的商品及时退库；三是责任人对本区近效期6个月的商品作效期跟踪记录，并重点推销，必要时可利用降价打折或其他促销手段；四是实行先进先出原则，即先销老生产日期和老批号的商品，后销售新生产日期和新批号的商品。

3.规范化营业操作

一是陈列时，要特别注意容易被晒、被雨淋的情况，及时采取防范措施，分区责任到人，理货时检查编码正确与否，谁出错谁负责，定时检测计量器械，认真进行计量操作；二是账目由店经理亲自管理，处理方法正确，注意单据齐全，盘点时，严格按公司规定的作业规范操作，并制作盘点差异分析报告及制定今后改进的措施；三是正确使用及维护设备，有了故障及时检测；四是正确执行调价作业，调价前对所有待调价商品进行盘点，防止遗漏，尤其注意对在途商品的跟踪调价工作；促销结束后及时调回原价，并做好促销品的登记管理工作。

4.准确收银操作

一是加强收银员的职业道德教育和专业操作技能培训；二是对手工单录入、退换商品、处理销售商品及多种规格的同一种商品的收银要特别加以注意，减少收银错误；三是加强对收银作业的管理和督察，杜绝收银作弊。

5.减少商品丢失

一是加强员工的思想品德和职业道德教育，完善管理，避免内盗；二是加强员工防盗意识，提高防盗技术手段；三是减少人为破坏。

6.其他防范措施

其他防范措施包括：外包装清洁完整，注意日常整理、擦拭，勿用力撕开外包装等；正确使用和维护设备，有了故障及时检修；收听天气预报，加强通风、干燥、灭火等措施以及防虫、防害等。

（三）毛利管控

越来越多的门店不仅关心销售额，更关心毛利，对销售团队的考核也从考核销售额为主转向考核毛利。所谓毛利，即销售收入减去成本。毛利率一般分为综合毛利率、分类毛利率和单项商品毛利率。由于门店管理的商品不止一种，所以很多时候要专注综合毛利率。综合毛利率是指各个经营类别的毛利率的加权平均，即单个商品贡献率之和。

1.门店毛利管控

（1）加强对负毛利的控制。

原则上不允许负毛利出现，但在进价高于售价、商品损耗过高或者变价系统维护发生错误时易产生负毛利。这一点适合于竞争性相对较小的门店，由于竞争小，适当地用一两个负毛利的商品销售来带动整体客流量是可行的，但切忌一味地使用负毛利商品带动销售。销售过多的负毛利商品会影响店铺的整体毛利率与利润额。

（2）加强促销期间零毛利、低毛利的控制。

促销是最容易损失毛利率的，但不做促销是不可能的。如何在促销时把握住毛利率的降幅很重要。低毛利率的促销商品要多查看同期及上期的销售数据，要确认有没有必要做低价，如果真的发现畅销，就不要舍不得毛利，应将价格调整到能吸引消费者大量购买的水平。这样的促销才能既保证销售又保证利润。活动期间零毛利、低毛利品种控制必须按照公司统一规定；零毛利、低毛利品种必须有专人管理、销售，对零毛利、低毛利品种必须有严格的数量控制，进行标签POP提示和收银系统设置；活动期间，零毛利、低毛利品种必须按照规定的活动时间操作，避免毛利的损失；活动结束后，必须在第一时间调整完毕。

（3）降低损耗，不要盲目跟进竞争店的商品价格。

有竞争就会有应对措施，思路是打着最低价的口号，力争门店内所有商品价格不高于竞争对手，而竞争对手也是这种思路，结果可能造成恶性竞争，因此应注意把握。

2.毛利额提升的对策

（1）市场调查定价法。

采购人员经常进行市场调查，调查竞争店产品价格是否低于自有门店。发现问题则会向供应商索取赔偿以及要求更低供价，提升毛利率，确保公司的利润。市场调查定价法是进行产品定价与提升毛利额的最主要的方法之一。作为供应商应该严格按照厂家制定的价格体系供货门店，同时保持高度联系及了解客情，以避免店铺突然搞低价行动引起其他门店跟进的连锁反应。

（2）商品结构差异法。

在确定商品结构组合中，会规律性地出现ABC的分类。A类商品销量大，购买者多，因此消费者对价格较为敏感，需要 3~7 天市调一次，毛利率控制在大分类指标的 35%~65%；B 类商品的销量居次，敏感度相对较低，可以 10~25 天市调一次，毛利率稍高于大分类指标，在 100%~150%；C 类商品的销售量小，价格不敏感，可比性低，可以 30~60 天市调一次，毛利率控制在大分类指标的 180%~240%。店铺应该根据以上原则，开发系列规格产品，规划对应分类产品，制定贴合的分类产品价格体系，以品牌、规格、口味、款式、颜色、材质等的差异来使目标获取较高的毛利额。

（3）突出高回转毛利商品陈列法。

对于日均销量大于大分类指标日均销量 50%，而且毛利率高于大分类综合毛利率 50% 的商品，扩大陈列量及面积，并配以生动化的 POP 宣传，既能增加销售额，又能增加毛利额。供应商要通过各种途径详细了解本产品的定位，提前和门店沟通，争取免费堆头陈列，减少不必要的费用投入。

（4）团购优惠价法。

旺季专属团购部会与供应商谈判更优惠的进价，以确保团购的高毛利率。供应商给门店的供货价格是以正常进货量为基础的，而团购订货量较大，通常店铺期望供应商供货价格根据具体产品下调 3%~15%。

（5）调货或切货法。

门店经常向其他供应商及厂商引进有价格优势的商品以增加毛利率，这时供应商要注意其切货带来的不利影响。门店在切货时应重点关注运输成本、时间、口味、保质期、款式、颜色、尺码、材质及季节性。切货商品往往质量参差不齐，供应商要增加产品各方面的服务工作，增加多种规格产品选择，避免切货给价格体系带来影响，保证门店稳定的毛利率。

做一做

微课 7-1

实践案例：由销售额构成比决定毛利率的变化

组合不同毛利率的商品，具体包括：毛利率低但是卖得快、销售额高的商品；毛利率高但是卖得慢的商品；毛利率虽然低，但是销售行情比较稳定的商品；毛利率高，但是销售期间受季节限制的商品；虽然毛利率低，但是作为竞争商品或是为了增加顾客数而不得不卖的商品；毛利率虽然高，但是经常发生损耗的商品。门店销售情况表见表 7-1。

表 7-1　　　　门店销售情况表　　　　金额单位：元

商品名	毛利率	A 店		B 店	
		销售额	构成比	销售额	构成比
a	15%	2 000	10.00%	6 000	20.00%
b	30%	5 000	25.00%	9 000	30.00%

商品名	毛利率	A店		B店	
		销售额	构成比	销售额	构成比
c	10%	2 000	10.00%	9 000	30.00%
d	30%	6 000	30.00%	3 000	10.00%
e	25%	5 000	25.00%	3 000	10.00%
总计	—	20 000	100.00%	30 000	100.00%

步骤一，根据表7-1计算各店X部门的毛利率。毛利计算表见表7-2。

表7-2　　　　　　　　　　　　　　　　毛利计算表

商品名	①毛利率	A店		B店	
		②构成比	①×②	③构成比	①×③
a	15%	10%	1.5%	20%	3%
b	30%	25%	7.5%	30%	9%
c	10%	10%	1%	30%	3%
d	30%	30%	9%	10%	3%
e	25%	25%	6%	10%	2.5%
总计	—	100%	25%	100%	20.5%

步骤二，根据表7-3毛利率与商品周转率数据，比较商品有利性。

表7-3　　　　　　　　　　　　　　商品有利性比较表

商品名	毛利率	商品周转率	交叉比率
a	15%	6	90%
b	20%	4	80%
c	10%	10	100%

衡量商品有利性的指标包括：

商品周转率=销售额÷平均库存金额

毛利率=毛利额÷销售额

交叉比率=商品周转率×毛利率=毛利额÷平均库存金额

将a、b、c 3种商品按照有利性的大小进行排列，分别为：c，a，b。

案例说明：该案例通过计算门店不同毛利商品的毛利组合，比较商品的有利性，加强在实践中对不同毛利组合商品的销售情况进行比较的学习。

任务二 分析新零售门店的销售情况

学一学

店铺销售分析模型（如图7-1所示）是由销售计划完成情况、销售盈亏情况、销售变动趋势、市场竞争力4个要素有机组合而成的分析模型。销售分析模型以销售计划完成情况分析为前提，以销售盈亏分析为核心，以销售变动趋势、市场竞争力分析为辅助。店铺销售分析模型能够判断店铺销售能力、盈利能力、发展能力、竞争能力，是分析店铺销售状态的工具。

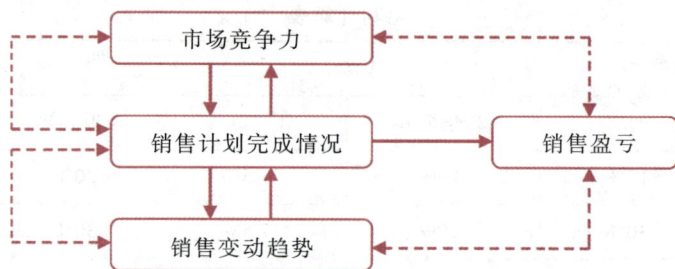

图7-1 店铺销售分析模型

一、销售计划完成情况分析

完成销售计划是店铺管理与销售的首要任务。销售计划完成情况分析有利于店铺对销售计划执行情况进行监控，帮助店铺及时发现问题，分析和查找原因，及时采取措施解决问题，从而保障销售计划的完成。销售计划完成情况分析和评价也是对店铺销售团队进行绩效评估的基本依据。销售计划完成情况分析（见表7-4）是通过对实际销售额与计划销售额的比较，来判断销售计划的完成情况，通过本期完成的销售额和本期销售计划的对比计算出销售目标达成率。

销售目标达成率=本期完成的销售额÷本期销售计划×100%

表7-4　　　　　　　　　　　销售计划完成情况分析表

店铺：某店铺　　　　　　　2025年6月　　　　　　　金额单位：万元

部门月份	食品				服装				化妆品				合计			
	计划	实际	增减额	完成率（%）	计划	实际	增减额	完成率（%）	计划	实际	增减额	完成率（%）	计划	实际	增减额	完成率（%）
1	18	23	5	127.78	28	32	4	114.29	26	25	-1	96.15	72	80	8	111.11
2	14	17	3	121.43	25	26	1	104.00	23	20	-3	86.96	62	63	1	101.61
3	16	21	5	131.25	27	33	6	122.22	26	24	-2	92.31	69	78	9	113.04
4	16	20	4	125.00	28	32	4	114.29	22	22	0	100.00	66	74	8	112.12

续表

部门	食 品				服 装				化妆品				合 计			
月份	计划	实际	增减额	完成率（%）	计划	实际	增减额	完成率（%）	计划	实际	增减额	完成率（%）	计划	实际	增减额	完成率（%）
5	15	18	3	120.00	27	32	5	118.52	25	23	−2	92.00	67	73	6	108.96
6	15	21	6	140.00	26	30	4	115.38	23	21	−2	91.30	64	72	8	112.50
合计	94	120	26	127.66	161	185	24	114.91	145	135	−10	93.10	400	440	40	110.00

从表7-4可以看出，上半年超额完成40万元，超额完成率为10%。食品部和服装部都超额完成了计划。食品部超额完成26万元，超额完成率为27.66%；服装部超额完成24万元，超额完成率为14.91%。主要原因是增添新品种，提高商品质量，稳定商品价格，提升服务质量，实施了有效的促销活动。化妆品部未完成计划，完成率为93.1%，主要原因是受电子商务影响。下半年工作重点应放在提高商品品质、增加优惠装商品品种、做好节日促销等工作上，力争销售额突破440万元。

二、销售盈亏分析

实现盈利是店铺管理与销售的核心任务。销售盈亏分析综合反映店铺销售收入、进货成本、期间费用的关系，是店铺获利水平、管理水平、拓展能力的综合衡量指标。销售盈亏分析数据的主要来源：销售收入汇总表、成本汇总表、费用汇总表等。部门发生的直接费用直接计入销售成本，间接费用是各部门共同耗用的，按照销售额在各部门之间分摊。判断企业盈亏的标准：当销售利润>0，店铺当期盈利；当销售利润<0，店铺当期亏损；当销售利润=0，店铺盈亏平衡。

例如，某店铺的食品平均销售成本占食品销售额的70%、服装平均销售成本占服装销售额的60%、化妆品平均销售成本占化妆品销售额的60%。上半年税金及附加26.4万元，固定资产折旧费用25万元，水电费20万元，销售推广费20万元，计算店铺盈亏情况。

第一，计算销售成本。

食品部完成销售收入120万元，服装部完成销售收入185万元，化妆品部完成销售收入135万元，店铺销售总收入440万元。

食品部销售成本=120×70%=84（万元）

服装部销售成本=185×60%=111（万元）

化妆品部销售成本=135×60%=81（万元）

第二，分摊期间费用。

首先，分摊固定资产折旧费25万元。

折旧分摊率=25÷440≈0.0568

食品部分摊折旧费=120×0.0568=6.818（万元）

服装部分摊折旧费=185×0.0568=10.512（万元）

化妆品部分摊折旧费=135×0.0568=7.67（万元）

其次，分配水电费20万元。

水电费分摊率=20÷440≈0.0455

食品部分摊水电费=120×0.0455=5.455（万元）

服装部分摊水电费=185×0.0455=8.418（万元）

化妆品部分摊水电费=135×0.0455=6.143（万元）

最后，分配销售费用20万元。

销售费用分摊率=20÷440≈0.0455

食品部分摊销售费用=120×0.0455=5.455（万元）

服装部分摊销售费用=185×0.0455=8.418（万元）

化妆品部分摊销售费用=135×0.0455=6.143（万元）

第三，计算门店盈亏。

利润表见表7-5，部门利润计算明细表见表7-6。

表7-5　　　　　　　　　　　　利润表

店铺：某店铺　　　　　　　　　2025年6月30日　　　　　　　　　　　单位：万元

项目	累计发生额
一、营业收入	440
减：营业成本	276
税金及附加	26.4
销售费用	20
管理费用	45
财务费用	0
二、营业利润	72.6
加：营业外收入	0
减：营业外支出	0
三、利润总额	72.6

表7-6　　　　　　　　　　　　部门利润计算明细表

店铺：某店铺　　　　　　　　　2025年6月30日　　　　　　　　　　　单位：万元

项目	部门			
	食品	服装	化妆品	合计
销售收入	120	185	135	440
减：销售成本	84	111	81	276

续表

项目	部门			
	食 品	服 装	化妆品	合 计
期间费用	17.728	27.348	19.956	65
销售利润	18.272	46.652	34.044	72.6

店铺上半年完成销售收入440万元，实现盈利72.6万元，业绩较好。服装部业绩最佳，实现销售收入185万元，实现利润46.652万元；化妆品部取得第二名的成绩，实现销售收入135万元，实现利润34.044万元；食品部最低，实现销售收入120万元，实现利润18.272万元。下半年的工作重点是在提高销售收入的同时，要合理控制费用支出。

三、销售趋势分析

销售趋势分析是指将本期财务报表中实际发生的销售收入与不同时期财务报表中销售收入的历史数据进行比较，从而确定经营成果的变化趋势和变化规律的一种分析方法。保持店铺销售收入持续稳步增长的发展趋势是店铺管理与销售的重要任务。销售趋势分析通过本期销售收入与上期销售收入的比较，或本年度与历史年度同期销售收入的比较，分析本店铺的销售变动趋势。同时，本店铺的销售变动趋势通常与整体市场的销售变动趋势进行对比，从而判断本店与市场环境的协调性，为店铺制定经营策略提供依据。在实际的店铺管理运作中，可以把每个数据分析项目制成统一的表格，并按照一定的时间（周、月、季）制定一个数据分析计划表，将以上各个数据分析的项目罗列出来，按照计划时间进行分析和总结，并指导接下来的工作计划和工作实施，使后面的工作思路和方向更加明确。

销售增长率＝（本期完成的销售额÷上年同期的销售额−1）×100%

2023—2025年上半年销售收入汇总表见表7-7，店铺2023年、2024年、2025年上半年销售收入对比如图7-2所示，各部门销售收入如图7-3所示。

表7-7　　　　　　　　　　2023—2025年上半年销售收入汇总表

店铺：某店铺　　　　　　　　　　　　　　　　　　　　　　　　　金额单位：万元

年度	1月	2月	3月	4月	5月	6月	合计
2023	70	61	65	70	58	78	402
2024	75	56	60	62	52	58	363
2025	80	63	78	74	73	72	440
合计	225	180	203	206	183	208	1 205

从图7-2、图7-3可以看出，2025年上半年的销售收入最高，其次是2023年，2024年最低。2023年、2024年、2025年上半年3个部门的销售收入均为服装部销售收入最高，其次是化妆品部，食品部最低。主要原因是食品属于微利商品，定价较低，主要用

于吸引各方面消费者，销售收入低于其他2个部门属于正常现象。

（万元）

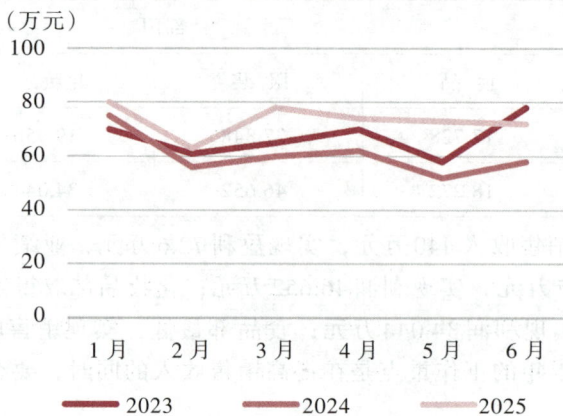

图7-2　上半年销售收入对比

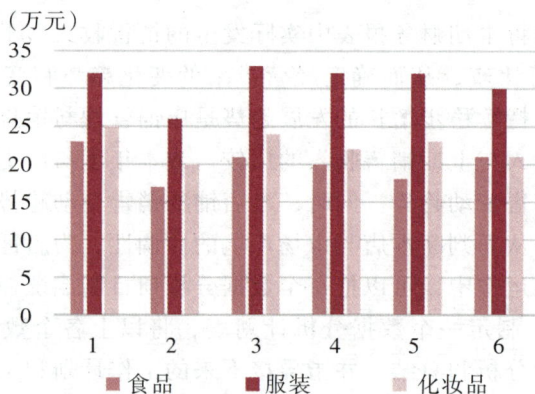

图7-3　各部门销售收入

四、市场竞争力分析

市场竞争力是店铺的营销理念、营销策划、顾客服务、社会责任的综合体现，通常用市场绝对占有率和市场相对占有率来表示。市场绝对占有率是指一定时间和空间的整体中的份额，用店铺销售额占店铺所在市场的销售总额的百分比来表示；市场相对占有率为本店铺某产品的市场占有率与同行中最大竞争者的市场占有率之比。市场相对占有率以1.0为界，分为高，低两个部分。市场竞争能力要特别关注和收集所在市场的销售数据及最强竞争对手销售数据。市场占有率越高，在市场销售总额中所占的份额越大，说明该店铺竞争能力越强，在市场竞争中占有优势地位。

某店铺的市场占有率=该店铺某一时期的销售量÷该类型店铺某一时期总销售量×100%

市场绝对占有率汇总表见表7-8，各部门相对占有率汇总表见表7-9。

店铺通过对本区域市场的充分调查和有针对性安排销售计划，使1—6月的销售额表现出了较强的市场竞争力，市场绝对占有率达到了16.3%，排名区域第二。作为明星品类，服装部有着强劲的竞争优势，与本区域的最强竞争者对手B比较相对占有率为

表7-8 　　　　　　　　　　　　　**市场绝对占有率汇总表**

2025年1—6月 　　　　　　　　　　　　　　　　金额单位：万元

店铺名称	1—6月销售额	绝对占有率
本店	440	16.3%
对手A	355	13.1%
对手B	448	16.6%
其他	1 457	54.0%
合计	2 700	100%

表7-9 　　　　　　　　　　　　　　**各部门相对占有率汇总表**

2025年1—6月 　　　　　　　　　　　　　　　　金额单位：万元

部门	区域总销售额	对手B		本店		
		销售额	绝对占有率	销售额	绝对占有率	相对占有率
食品	800	122	15.3%	120	15.0%	0.98
服装	1 080	150	13.9%	185	17.1%	1.23
化妆品	820	176	21.5%	135	16.5%	0.77
合计	2 700	448	16.6%	440	16.3%	0.98

1.23，表明服装部在商品选择、卖场服务、促销活动方面都达到了预期效果，充分满足了消费者的需求。从总体市场份额来看，本店与对手B还有一定差距，特别是食品和化妆品相对占有率都低于1。其中化妆品部门的相对占有率为0.77，差距较大，食品部相对占有率为0.98，有赶超的可能。

■ 做一做

根据30名会员的月销售情况对购物者行为、商城运营状况以及出现的问题进行分析并提出业绩提升解决方案。

步骤一：根据表7-10月度会员销售表，分析商场运营状况，并进行会员月销售金额对比，发现各月商品销售波动较大，1月、4月、5月、9月、11月销售额较低，尤其是1月全年销售额最低（如图7-4所示），存在部分节假日促销不够的问题。解决方案为：一是做好节日装扮，带动促销气氛；二是选好促销商品、匹配节日气氛；三是提前做好宣传、强化顾客印象；四是丰富活动内容，让顾客更加有节日体验感。

微课7-2

实践案例：
A商城业绩
提升解决
方案

表7-10   **月度会员销售表**   单位：元

会员 1~30	1月	2月	3月	4月	5月	6月	7月	8月	9月	10月	11月	12月	总计
总计	29 797	108 846	56 499	46 498	50 419	103 152	109 509	137 851	67 613	164 637	36 675	63 024	974 521

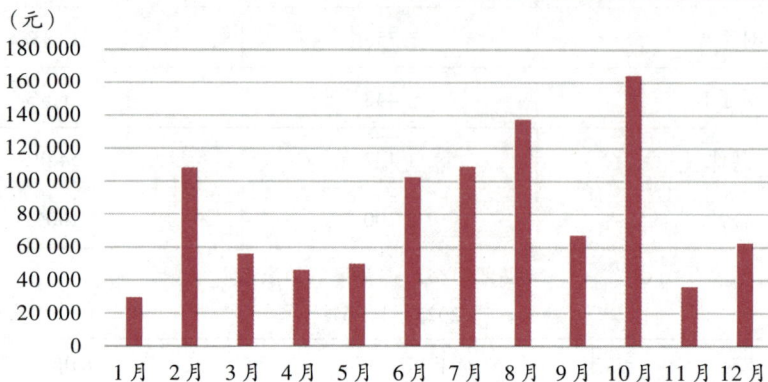

图7-4   月度销售情况

步骤二：根据表7-11分析可得，会员线上购买次数较低，仅占全部购买次数的26%，但却占总销售金额的55%。通过计算可得，年销售总金额为974 476元，年人均购物金额为32 482.5元；人均客单价为233.3元；人均购物次数为139.2次；人均购物频率11.6次/月，2.7次/周；会员平均年龄为32.9岁。线下购买次数占比达到了74%，却只提供了45%的销售额。超过60%的顾客线上消费频率低于平均值，20%的顾客在线上消费的次数不足5次。

解决方案：玩转线上线下、实现多渠道营销（推广App、线上优惠券、关注有礼等），利用商场后台大数据，使线上线下顾客身份来回转换，实现全渠道营销。

表7-11   **会员线上线下购买情况表**

会员 ID	消费金额（元）	消费次数（次）	客单价（元）	线下次数（次）	线下金额（元）	线上次数（次）	线上金额（元）	年龄（岁）
会员 1	220 605	137	1 610	45	8 441	92	212 164	32
会员 2	89 118	174	512	86	5 306	88	83 811	27
会员 3	67 180	229	293	164	9 800	65	57 379	39
会员 4	64 605	40	1 615	20	986	20	63 619	20
会员 5	59 650	99	603	98	51 094	1	8 556	28
会员 6	49 796	57	874	56	49 457	1	339	37
会员 7	38 223	116	330	115	37 818	1	405	36

续表

会员 ID	消费金额 （元）	消费次数 （次）	客单价 （元）	线下次数 （次）	线下金额 （元）	线上次数 （次）	线上金额 （元）	年龄 （岁）
会员 8	37 099	173	214	163	36 923	10	176	29
会员 9	32 857	181	182	138	15 463	43	17 394	36
会员 10	31 723	49	647	48	26 913	1	4 810	21
会员 11	28 841	212	136	206	27 783	6	1 059	23
会员 12	27 951	14	1 996	10	26 724	4	1 227	42
会员 13	26 194	264	99	200	5 906	64	20 288	35
会员 14	24 109	131	184	75	9 606	56	14 503	21
会员 15	21 342	127	168	100	17 769	27	3 572	22
会员 16	19 698	178	111	126	8 956	52	10 742	41
会员 17	18 816	141	133	109	11 524	32	7 292	32
会员 18	15 895	171	93	9	1 821	162	14 074	29
会员 19	15 332	176	87	105	7 678	71	7 654	37
会员 20	14 513	136	107	102	11 697	34	2 816	38
会员 21	11 428	134	85	122	11 396	12	32	34
会员 22	10 065	135	75	115	10 004	20	61	48
会员 23	9 489	149	64	82	8 524	67	965	30
会员 24	8 359	132	63	110	4 821	22	3 538	46
会员 25	7 493	171	44	143	7 134	28	360	39
会员 26	6 624	128	52	95	5 670	33	954	31
会员 27	5 424	123	44	97	4 872	26	552	34
会员 28	5 186	153	34	127	5 056	26	130	43
会员 29	4 352	128	34	125	4 178	3	174	31
会员 30	2 509	119	21	90	2 320	29	190	27

案例说明： 该案例通过应用 Excel，根据 30 名会员的月销售情况对购物者行为、商城运营状况以及出现的问题进行分析，提出业绩提升解决方案。

任务三　选择新零售企业经营绩效评估指标

学一学

一、新零售企业财务绩效系统

（一）实行全面预算管理

"全面预算"就是将企业的一切经营活动全部纳入预算管理范围。具体的做法是：在每年的年末对当年的财务预算执行情况作全面分析，在此基础上，总部会同有关部门和店铺对下一年的企业目标进行研究，然后根据上报的业务预算和专门决策预算进行修正补充，形成财务预算初稿，最后经经理室通过后下达。财务预算在执行过程中，要突出预算的刚性，管理的重点要落实过程控制。财务部门要及时掌握经济运行动态，发现情况及时查找原因，提出解决问题的方法。对由于预算原因造成的偏差，要修正预算指标，使预算真正起到指导经济的作用。

（二）积极参与投资决策

参与投资项目的可行性研究分析，完善投资项目管理。投资项目决策的前提是可行性分析。由于业务部门和财务部门考虑问题的角度不同，财务部门从投资项目初期参与，共同进行研究分析，可以使投资方案更趋完善。

（三）加强结算资金管理

加强资金管理是财务管理的中心环节。大型零售企业具有货币资金流量大、闲置时间短、流量沉淀多的特点。因此，财务部门应根据这些特点，科学合理地调度和运用资金，为企业创造效益。

（四）加强存货控制管理

加强库存管理有利于企业进一步降低运行成本。零售企业商品具有周转快、流量大、品种多和规格齐的特点；在销售形式上，以敞开货架陈列和顾客自选为主。鉴于这些特点，企业要在进货环节、储存环节、退货环节加强对商品的管理。

（五）健全内部控制制度

主要在两个方面：一是岗位责任，即明确规定各个岗位的工作内容，职责范围、要求，以及部门与部门、人员与人员之间的衔接关系。二是规范操作流程，无论是大的项目，还是小的费用开支，都要规定操作流程，明确审批权限。

二、经营绩效评估指标

财务状况分析是指零售企业在一定时期内，以资产负债表、利润表、财务状况变动表及其他附表、财务情况说明书等为依据，分析企业的财务状况，做出财务评价，为投资者、债权人、与企业有关的单位、相关政府部门提供财务报告。具体包括以下几个方面的内容。

（一）偿债能力分析

企业偿债能力的大小，是衡量企业财务状况好坏的标志之一，反映出企业运转是否正常，也是企业能否吸引外来资金的重要因素。反映企业偿债能力的指标主要有：

1. 流动比率

流动比率是反映企业流动资产总额和流动负债比例关系的指标，可用来衡量企业偿付短期债务的能力，流动比率越高，则企业偿付短期债务的能力越强。其计算公式为：

流动比率＝流动资产总额÷流动负债总额×100%

流动比率的参考标准一般在 100%～200%。

2. 速动比率

速动比率是反映企业流动资产项目中容易变现的速动资产与流动负债比例关系的指标，该指标还可以衡量流动比率的真实性。速动资产是指现金、有价证券、应收票据、应收账款、银行存款等能立刻或在较短时间内变为现金的流通资产，不包含变现时间较长的存货及预付费用。速动比率计算公式为：

速动比率＝速动资产总额÷流动负债总额×100%

速动比率比流动比率更能表明零售企业的短期偿债能力，速动比率的参考标准为 100% 以上。

3. 资产负债率

资产负债率是指企业在一定产生经营期间负债总额与资产总额的比率，用于衡量企业利用债权人提供资金进行经营活动的能力，以及反映债权人发放贷款的安全程度。该比率越小，企业长期偿债能力越强，承担的风险也越小。其计算公式为：

资产负债率＝负债总额÷资产总额×100%

一方面，该项指标反映了零售企业在经营上的进取性，负债比率高说明企业的举债较多；另一方面，负债比率也反映了债权人的风险程度，负债比率越高，说明零售企业的偿债任务越重，债权人的风险也越大。资产负债率的参考标准为 50% 以下。

（二）周转能力分析

周转能力反映企业生产经营资金在获利条件下的周转速度。考核的主要指标有：

1. 商品周转率

商品周转率是指零售企业店铺的销售额与平均库存的比率。其计算公式为：

商品周转率＝销售额÷平均库存

商品周转率越高，说明商品的销售情况越好，该项指标的参考标准为 30 次/年以上。

2. 总资产周转率

总资产周转率是指零售企业的年销售额与总资产的比值，它反映的是零售企业的总资产利用程度。其计算公式为：

总资产周转率＝年销售额÷总资产

该项指标越高，说明总资产的利用程度越好，总资产周转率的参考标准为 2 次/年以上。

3. 固定资产周转率

固定资产周转率表明固定资产的价值转移和回收速度，其比率越大，表明固定资产的利用率越高，效果越好。其计算公式为：

固定资产周转率=年销售额÷固定资产

固定资产周转率越高，表明固定资产的使用效果越好。一般来说，固定资产周转率的参考标准为4次/年以上。

（三）收益性能力分析

1.营业额达成率

营业额达成率是指零售企业各个门店的实际营业额与目标营业额的比率。其计算公式为：

营业额达成率=实际营业额÷目标营业额×100%

营业额达成率的参考标准为100%~110%。

2.毛利率

毛利率是指毛利额与营业额的比率，反映的是零售企业门店的基本获利能力。其计算公式为：

毛利率=毛利额÷营业额×100%

毛利率的参考标准为16%~18%。

3.营业费用率

营业费用率是指零售企业门店营业费用与营业额的比率，反映的是每一元营业额所包含的营业费用支出。其计算公式为：

营业费用率=营业费用÷营业额×100%

该指标的参考标准为14%~16%。指标越低，表明营业过程中费用越小，管理越高效，获利水平越高。

4.净利额达成率

净利额达成率是指零售企业门店税前实际净利额与税前目标净利额的比率，反映的是门店实际获利程度。其计算公式为：

净利额达成率=税前实际净利额÷税前目标净利额×100%

净利额达成率的参考标准是100%。

5.净利率

净利率是指零售企业门店税前实际净利与营业额的比率，反映的是门店实际获利能力。其计算公式为：

净利率=税前实际净利÷营业额×100%

净利率的参考标准是2%以上。

6.总资产报酬率

总资产报酬率是指税后净利润与总资产的比率，反映的是总资产的获利能力。其计算公式为：

总资产报酬率=税后净利润÷总资产×100%

总资产报酬率参考标准是20%以上。

（四）经营效率分析

1.来客数及客单价

来客数是指某时段入店顾客数。客单价是指门店的每日平均销售额与每日平均来客数的比率。其中，客单价的计算公式为：

客单价=（每日平均销售额÷每日平均来客数）×100%

销售额等于来客数与客单价的乘积，来客数与客单价的高低直接影响门店的营业额。

2.盈亏平衡点

盈亏平衡点是指零售企业门店的营业额为多少时盈亏才能达到平衡。

盈亏平衡点销售额=固定费用÷（毛利率−单位变动费用率）

=固定费用÷（1−变动费用÷销售额）

毛利率越高，营业费越低，盈亏平衡点越低，门店盈利越高。

3.经营安全率

经营安全率是指零售企业门店的盈亏平衡点销售额与实际销售额的比率，反映的是各门店的经营安全程度。其计算公式为：

经营安全率=（实际销售额−盈亏平衡点销售额）÷实际销售额×100%

经营安全率数值越大，反映门店经营状况越好。一般而言，安全率在30%以上为优秀店；20%～30%为优良店；10%～20%为一般店；10%以下为不良店。

4.每平方米销售额

每平方米销售额是指零售企业各个门店的销售额和门店面积的比率，反映的是卖场的有效利用程度。其计算公式为：

每平方米销售额=销售额÷卖场面积

不同类别的商品所占的面积、销售单价、周转率不同，其每平方米销售额也不同。

5.人均劳效

人均劳效是指零售企业门店的销售额与员工人数的比值，反映的是门店的劳动效率。其计算公式为：

人均劳效=销售额÷员工人数

6.交叉比率

交叉比率反映的是零售企业门店在一定时间内的获利水平。其计算公式为：

交叉比率=毛利率×商品周转率

商品除了合理的毛利率外，还要有较高的周转率。如果毛利率高而周转率低，则获利水平有限，该指标越高，表明门店获利能力越强。

■ 做一做

计算某门店年度盈亏平衡点（见表7-12）并分析其对门店销售的影响。

该店在2024年时出现赤字，即盈亏平衡销售额在第3年的时候高于实际的销售额。事实上盈亏平衡点以每年20%的速度在上升。控制好毛利与固定费用增长的平衡是非常重要的。工资、房租和水电费等年年增长，相反，毛利额却因销售额的增长缓慢而停滞或趋于减少状态。因此调查自己门店的盈亏平衡销售额如何变化与推移是一项非常重要的工作。

微课7-3

实践案例：
门店盈亏
平衡点分析

表7-12 　　　　　　　　　　　　某门店年度盈亏平衡点* 　　　　　　　　　　　　单位：万元

门店	销售额	变动费用	毛利	固定费用	利润	盈亏平衡点
2022年	50	40	10	9	1	45
2023年	55	44	11	10.8	0.2	54
2024年	60.5	48.4	12.1	12.96	0.86	64.8

*盈亏平衡点销售额=固定费用÷（1–变动费用÷销售额）

案例说明： 该案例通过计算分析门店盈亏平衡点来了解其对门店销售的影响，在实践中加强学习门店年度盈亏平衡点的计算方法。

任务四　构建新零售企业利润战略模型

学一学

一、资产收益率的表达方式

资产收益率决定了零售商的资产投入能产生多少利润。资产收益率可分为两种表达方式：利润方式（用净利润率衡量）和资产周转方式（用资产周转率衡量），净利润率是由净利润（税后）除以净销售额得来。资产周转率用来衡量公司资产投资的效率，公式为：

资产周转率=净销售额÷总资产

用两个指标相乘，消去净销售额，就得到资产收益率。因此：

资产收益率=净利润率×资产周转率

（一）评估利润信息的关键指标

评估公司利润离不开公司的利润表。利润表总结了一段时期内公司的财务业绩。表7-13是某新零售门店利润表。

表7-13 　　　　　　　　　　　　某新零售门店利润表

科目	金额（元）
净销售额	149 208
减：销货成本	108 725
毛利润	40 483
减：运营费用	22 363

续表

科目	金额（元）
减：利息费用	950
总费用	23 313
税前净利润	17 170
减：税负	6 561
税率	38.21%
税后净收益	10 609

1.净销售额

净销售额指零售商扣除向顾客退回退货款后得到的货款总额。

净销售额=销售总额-顾客退款-顾客折让

2.毛利

毛利也被称为毛利润，是零售业中一个重要的衡量指标。它衡量的是在扣除与经营有关的费用前，在商品销售中创造多少利润。

毛利=净销售额-销货成本

毛利率=毛利÷净销售额

3.费用

费用即正常获利的过程中产生的成本，主要包括运营费用和利息。

总费用=销售费用+一般费用+管理费用

销售费用=销售人员工资+提成+补助

一般费用=租金+公共事业费用+其他费用

管理费用=除销售人员外所有员工的薪水+办公设备购置费+其他管理费用

利息是另外一项主要费用，是指企业的融资成本。

4.净利润

净利润可表现为税前利润或税后利润，一般更常用于表示税后利润，因为这是企业用于再投资的部分，除此之外还需要支付股东或所有者的红利或用于偿债。

净利润=毛利-费用

净利润率=净利润÷净销售额

（二）分析资产周转状况的关键指标

资产负债表用来分析一个公司资产周转状况的信息。利润表概述了公司在一段时期内的财务业绩，而资产负债表则概述了零售商在一个时点上的财务状况，如一年的最后一天。表7-14是某零售门店的资产负债表。

表 7-14 　　　　　　　　　　　某零售门店资产负债表

2024 年 1 月

科目	金额（万元）
资产	
流动资产	
应收账款	1 222
商品存货	17 076
现金	1 879
其他流动资产	1 059
流动资产合计	21 236
固定资产	
房屋、设备及其他固定资产减去折旧	29 856
资产总计	51 092
负债	
流动负债	15 654
非流动负债	9 607
其他负债	2 515
负债合计	27 776
所有者权益	
普通股	445
留存收益	20 333
所有者权益合计	20 778
负债和所有者权益总计	48 554

1.资产

资产是由企业所有或控制的、由过去的交易或事件而产生的经济资源（如存货或商店的设施）。资产具体包括流动资产和固定资产。

（1）流动资产。

流动资产是指那些在一年内可以兑现的资产。在零售业中，

流动资产=应收账款+存货+现金+其他流动资产

应收账款是指零售以赊欠方式售出商品应得的款项，为了减少应收账款带来的财务

负担，零售商可允许顾客使用信用卡或分期付款，或者给予以现金支付货款的顾客打折，不鼓励赊销，并控制拖欠的账款。存货是流动资产中流动性较差、变现能力较弱的资产，在一般企业资产中占有相当比重。存货资产在流动资产中比重的大小，也直接关系着企业流动资产的周转速度，进而影响企业的短期偿债能力。

现金=手头现金+银行活期储蓄（零售商可随时使用）+可出售债务（如国库券）

其他流动资产=预付费用+津贴

由于国内比较流行购物预付卡，预付费用也是目前零售企业获得资金的一个方式。

（2）固定资产。

固定资产是指一年以上才能变现的资产。

固定资产=建筑物（商店拥有所有权而不是租赁）+固定设施（如货架）
　　　　　+设备（如计算机、送货车）+长期投资（如房地产或其他公司的股票）

固定资产=资产成本−累计折旧

2.负债

负债是企业的债务（如应付账款或应付票据），要用过去、现在或将来的利润来支付现金或其他经济资源。负债主要包括流动负债与非流动负债。

（1）流动负债。

流动负债是指一年内预期要偿还的债务。最重要的流动负债是应付账款、应付票据和累计负债。应付账款主要是指对供应商所欠的商品货款。应付账款是一项重要的短期融资，所以零售商对在交付货款前进行长期的谈判有浓厚的兴趣。在此基础上又衍生出了零售企业的类金融模式的现金流利润模式。应付票据是指在一年内零售商应支付给金融机构（银行）的本金和利息，零售商从金融机构借款投资于流动资产，如存货。累计负债包括税收、工资、租金、公用事业费用以及其他未支付的负债。

（2）非流动负债。

非流动负债是指一年后应偿还的债务。资产负债表中非流动负债项下的应付票据与流动负债项下的相似，只是其偿还期大于一年。

（3）其他负债。

其他负债包括债券和不动产抵押。

3.所有者权益

所有者权益又称股东权益，是指零售企业所有者除去应履行债务（负债）后所有的资产。

所有者权益=总资产−总负债

在所有者权益所包含的各项中，最普遍的两项是普通股和留存收益。普通股是公司发行最频繁的股票。普通股股东在零售公司有表决权，并有权参与公司利润分配。留存收益是指所有者权益中多年累积下来的、未以红利形式发给所有者的那部分利润。

二、战略利润模型

战略利润模型（如图7-5所示）利用资产收益率作为计划和评估公司财务业绩的基

本准则，对零售商很有用，因为它结合了两个领域（利润管理和资产管理）的决策，以便管理人员考察两者之间的内在联系。资产收益率的最重要因素，是这笔投资于零售业的钱也可投资于任何其他资产，如存单或国库券。例如，一家居用品零售商开设新商店可获得9%的资产回报，而投资于风险较低的国库券可获得10%的资产回报，那么该零售商就会选择高收益、低风险的投资方式。实际上，如果另一项有相似风险但回报更高的投资，管理人员就有责任转向另一项投资。一般来说，资产收益率更适用于评估个别资产投资，因为相似风险的投资收益容易比较。该比率还可有效预测某项业务失败的概率。

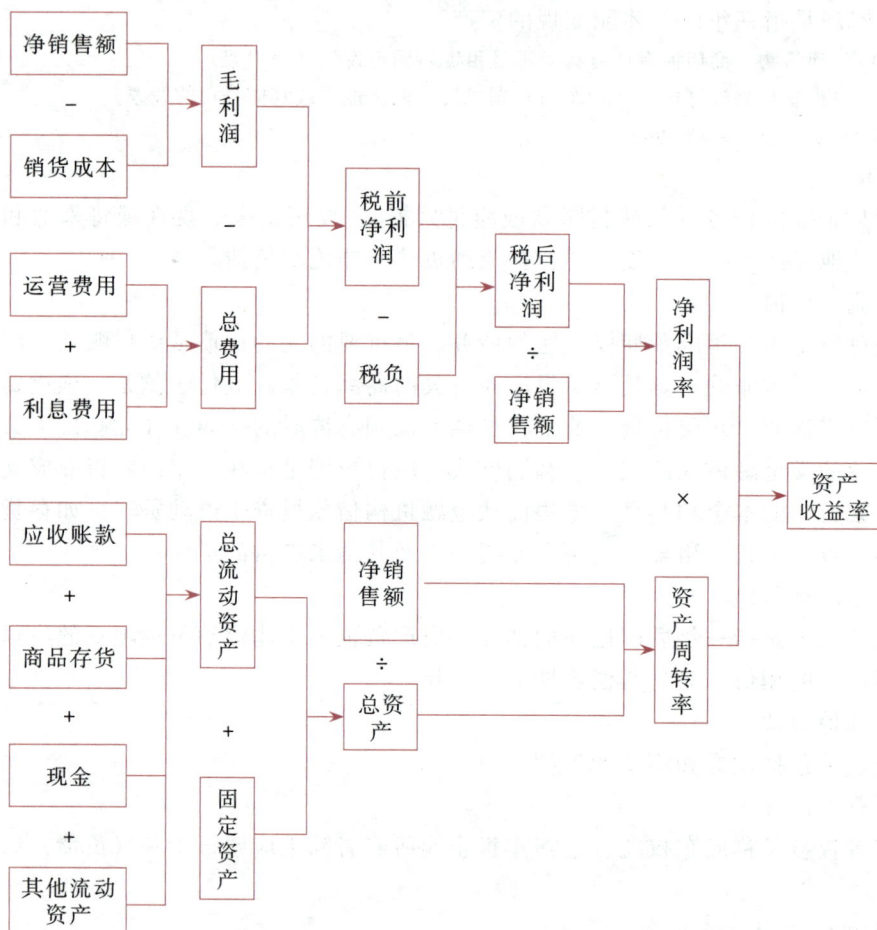

图7-5　战略利润模型

三、杜邦分析模型

在公司制企业里，净资产又叫股东权益，也就是总资产去掉负债的部分。从另外一个角度来讲，我们更关注投资者的投资收益是多少。

股东收益回报率=净利润÷股东资本×100%

经过推导变化可以得出：

股东权益回报率=净利润率×资产周转率×举债比例×100%

实际上，从财务角度来说，股东权益回报率规范的说法是净资产收益率，举债比例规范的说法是权益乘数。权益乘数又称股本乘数，是指资产总额相当于股东权益的倍数，表示企业的负债程度。权益乘数越大，说明股东投入的资本在资产中所占的比重越小，企业负债程度越高。

从严格意义上来说，杜邦分析模型（如图7-6所示）是用于专门解决财务分析场景的一个经典模型，这个模型不是数学意义上的模型，属于分析框架模型。财务报表具有丰富的分析维度和指标，如何将众多分散的分析维度和指标聚拢到一起，让财务数据发挥洞察企业管理问题的作用，这需要一个框架来将它们聚拢到一起，以形成有逻辑、可追溯的商业分析思路，这就是杜邦分析模型的价值所在。杜邦分析模型源于美国一家叫作杜邦的公司，在这个公司，杜邦分析模型要解决的目标问题是财务比率分析。

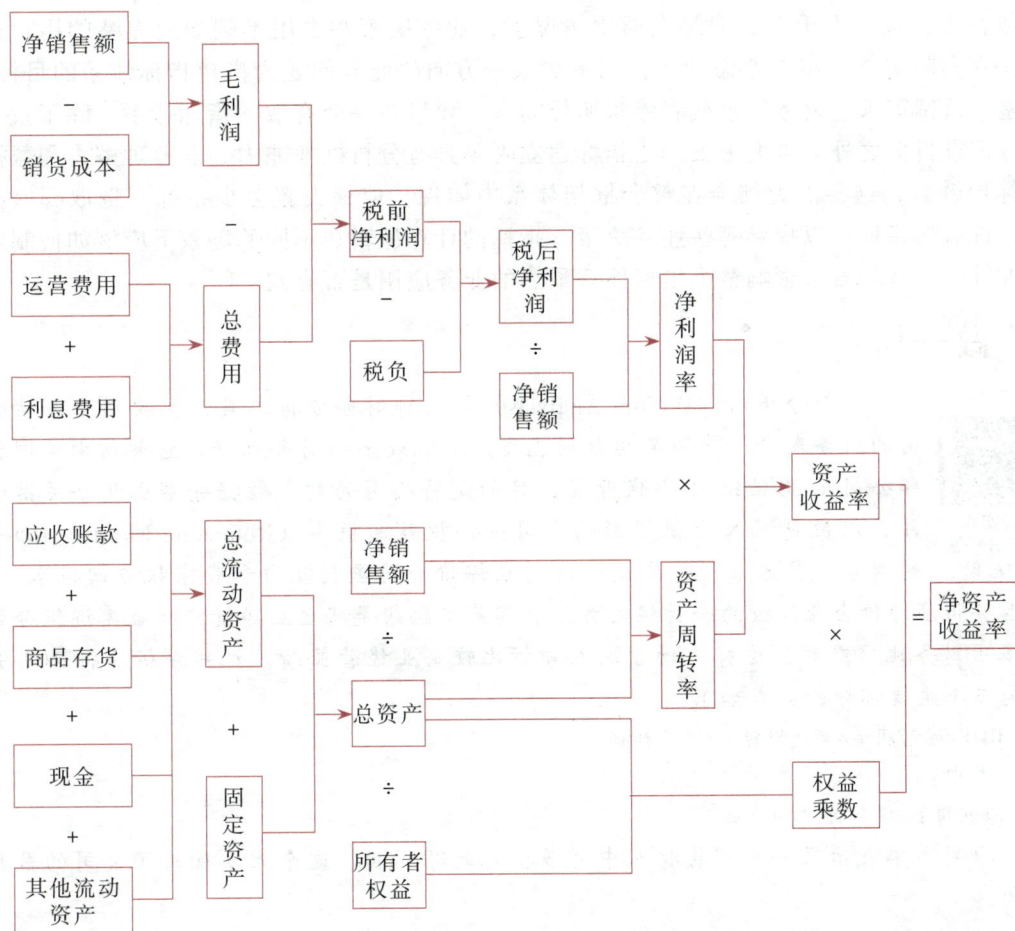

图7-6　杜邦分析模型

如果跳脱杜邦分析模型的财务指标，它呈现的其实是一种商业逻辑拆解的思路。杜邦分析模型是将众多繁杂的指标用一条逻辑线有条理、有秩序地串联起来，集中表达一个业务问题。理解了杜邦分析模型的分析逻辑，就可以将它的思想应用到更多的业务场景中。

1.快速帮助分析人员建立分析思维

多数数据分析人员或业务人员在分析时会面临对一个业务问题无从下手的情况。这类人群的主要问题在于思路比较杂乱，无法找到一条清晰的逻辑线，容易在解决问题的过程中走入另一条思维偏道，导致与问题解决的初衷越来越远，所以他们需要有一套既定的分析框架来帮助厘清分析思路，找到问题分析的切入点，以及有效地抽丝剥茧，直至找到最细颗粒度的过程指标。

2.完成数据分析指标体系搭建

很多时候，数据分析指标体系的搭建并不需要全企业的所有指标体系。其与用户画像分析类似，例如，只考虑如何打标签，如果基于企业所有数据，那么用户标签可以打出数百个，甚至上千个。但是在通常情况下，业务决策基本用不到如此完整的用户标签。在实际工作中需要考虑的是，以解决某一方向的业务问题为搭建指标体系的目标，如基于营销需求、财务需求或者流量监控需求。要搭建一套有效的指标体系，除了找准业务需求目标之外，难度更大的是指标建立者要具有分析框架能力、业务理解力和数据指标理解力，这些能力都会在整套框架体系中体现。应该设置多少指标，选取哪些指标，选取的指标可以指导哪些业务决策，指标的计算逻辑在不同的场景下应该如何制定标准等，这些将直接影响整个指标体系最终的业务应用是否有效。

■ 做一做

微课7-4

实践案例：杜邦分析法的应用

杜邦分析法（DuPont Analysis）是一种财务分析工具，主要用于评估公司的财务表现，特别是其盈利能力、运营效率和财务杠杆。它最初由美国杜邦公司在20世纪20年代开发，目的是将公司的财务数据分解成几个关键组件，以便更深入地理解影响公司股东权益回报率（Return on Equity，ROE）的因素。具体来说，它是一种用来评价公司盈利能力和股东权益回报水平，从财务角度评价企业绩效的一种经典方法。其基本思想是将企业净资产收益率逐级分解为多项财务比率乘积，这样有助于深入分析比较企业经营业绩。杜邦分析法将ROE分解为三个主要部分，公式如下：

ROE=净利润率×资产周转率×财务杠杆

式中：

净利润率=净利润÷销售收入

净利润率表示每一元销售收入中有多少元的净利润。这个比率反映了公司的盈利能力。

资产周转率=净销售额÷总资产

资产周转率表示公司利用其总资产产生销售的效率。这个比率越高，说明资产利用效率越好。

　　财务杠杆=总资产÷股东权益

　　财务杠杆反映公司使用债务融资的程度。财务杠杆越高，可能带来更高的收益，但也伴随更高的风险。

　　杜邦分析法的优点在于其结构化和分解性，使得投资者和管理层能够识别影响ROE的具体因素。通过分析这三个组成部分，可以更清晰地看到公司的财务状况和运营效率，进而进行相应的策略调整。

　　比较分析：可以与行业平均水平或竞争对手进行比较，评估公司的竞争力。

　　趋势分析：通过对历史数据的分析，可以识别公司的财务表现趋势，帮助做出长期决策。

　　策略制定：识别出哪些因素对ROE的影响最大，从而制定相应的改善策略，如提升销售、优化成本控制或合理运用财务杠杆。

　　用一个简单的例子来解释ROE，会更加容易理解。

　　假设小明决定开一家咖啡店。他从家人那里借了10万元作为启动资金，这笔钱就是他的股东权益。小明在咖啡店经营的第一年赚到了2万元的净利润。

　　在ROE的公式中代入小明的数据：

　　ROE=净利润÷股东权益×100%=2÷10×100%=20%

　　这个20%的ROE意味着小明的咖啡店在第一年为每投资1元的股东创造了0.20元的净利润。如果ROE提高：假设在第二年，小明的咖啡店通过改进服务和增加新产品，把净利润提高到了3万元。此时：

　　ROE=3÷10×100%=30%

　　这表示小明的投资回报率提高了，意味着他对股东（他自己）的资金使用效率更高。如果ROE降低：假设小明在第三年遭遇了一些困难，净利润降到1万元。此时：

　　ROE=1÷10×100%=10%

　　这说明小明的咖啡店盈利能力下降，投资回报率降低。

　　通过小明的咖啡店的例子，我们可以看到，ROE是一个简单而有效的指标，帮助我们理解公司如何利用股东的资金创造利润。高ROE通常表明公司有良好的管理和盈利能力，而低ROE可能暗示有需要改进的地方。

　　案例说明：该案例通过对咖啡店ROE进行计算，在实践中学习如何应用ROE指标，更好地理解公司如何利用股东的资金创造利润。

润心启航 大力弘扬新时代儒商精神

　　现代儒商继承了传统儒商的精神，并将儒学之道进行创造性转化、创新性发展，是具有儒家商道智慧的商业仁人志士。鲁商是儒商精神关照下的商帮呈现，是儒商的典型代表之一，鲁商文化是儒商精神的一脉传承。

　　数字时代，企业的生存环境也在发生巨大变化。商业文化创新是应对数字化转型挑战的关键，鲁商应对儒商精神进行创造性转化、创新性发展，大力弘扬新时代儒商精神，树立天人合一的宇宙观、大制不割的整体观、开拓创新的发展观、以义兴利的义利观、以人为本的人本观。

天人合一的宇宙观。天人合一乃大德，既是天道的昭彰，亦是儒家思想的主旨。"立天之道""立地之道""立人之道"，儒家推崇天人合一。孔子"赞天地之化育"；管仲"天，覆万物而制之；地，载万物而养之；四时，生长万物而收藏之"；朱熹"一身之中，凡所思虑运动，无非是天"；范蠡坚守"盈满而不溢出合天时，富实而不骄恣合地利，和而不矜其功合人事"之律，成为富甲天下、造福黎民的儒商。因此，商业行为不仅要合乎自然，还要利用自然，"裁成天地之道，辅相天地之宜"。数字化时代的鲁商，应弘扬儒家的天人合一观，审时度势，守时待势，随时以行。在实现"与天地合其德，与日月合其明，与四时合其序"中实现基业长青。

大制不割的整体观。"天人合一"的底层逻辑是整体观。整体观要求企业向内要构建使要素发挥整体效能的运营系统，向外要为生态系统的利益相关方提供整体性的解决方案，在整体关联与动态平衡中实现利益相关方的共创共赢。新时代鲁商张瑞敏基于整体观的第一原理思维，打造了引领全球的卡奥斯工业互联网平台，将经营中心由企业颠覆为用户，将运营模式由大规模制造颠覆为大规模定制。利用数字技术，为用户提供全方位的服务解决方案，以全要素、全价值链、全产业链的场景化应用，助力行业实现数字化转型，赋能海尔生态，持续推进价值创造。

开拓创新的发展观。开拓创新是企业持续发展的动力之源。鲁商开放与创新精神与浙商、闽南商帮、珠三角商帮以及苏南商帮差距不小。鲁商的开放创新与早期亦官亦商的儒商有关。政商关系自古以来颇受中国商人的关注，受儒家思想的深远影响，鲁商在资源配置以及构建商业生态中曾经过度看重政商关系，没有充分重视开拓与创新等商业基本逻辑。在数字化转型的变革中，鲁商需强化开拓创新意识，弱化政商观念，弘扬创新的企业家精神，以便更有效地把握变革机会。

以义兴利的利益观。儒家思想并非重义轻利，孔子认为"富与贵，是人之所欲也""富而可求也，虽执鞭之士，吾亦为之""利以平民，政之大节也"。然而，义是立身之本，是获利之基。《周易》中有"利者，义之和也"，孔子说"不义而富且贵，于我如浮云"，应"义以生利""见利思义"。诚实守信是以义兴利的基础，早期儒商均以"以义兴利"为宗旨，以义兴利的观念以及集体主义精神形成的多边惩罚机制确保了信誉机制作用的发挥。但随着西方思潮的涌入，加之竞争的激烈，一些企业开始重利轻义，这导致诸多环境与社会问题。在效率更高、盈利空间更低、竞争愈加激烈的数字化生存时代，以义兴利是合作共赢的前提，更是企业构建良好商业生态系统的基本准则。鲁商应弘扬儒家以义兴利的利益观，秉持诚实守信的经商之道，构建和谐商业生态系统，践行对员工、客户、股东、供应商、社会以及生态等利益相关方的责任。

以人为本的人本观。天地之间，人为贵。"仁者爱人"的本质是以人为本。"士不可以不弘毅，任重而道远。仁以为己任，不亦重乎？""仁，人心也；义，人路也。""仁"是人的根本价值所在，是儒家思想的核心，是儒商最高的行为准则。以人为本的人本观，要求管理者拥有仁爱之心，将人的价值创造视为企业的根本目标。数字化时代的鲁商，应继续弘扬儒家文化的仁爱传统，树立以人为本的理念，承认人的主体性地位，实现人由手段到目的的颠覆式变革。

资料来源：谢永珍. 大力弘扬新时代儒商精神［N］. 大众日报，2024-07-10.

互动话题：结合新时代儒商精神，探寻所在区域在传承商业文化积淀方面的典型案例，并总结该区域商业文化的主要内涵以及对现阶段商业发展的影响。

Excel应用小技巧

SKU分析是基于单品进行的。通过数据可以查看旅行箱的SKU销售情况（见表7-15），利用Excel进行数据可视化处理，分析出爆款SKU，给出加大推广、增加库存等建议；对于销量过小的SKU，给出优化建议或下架处理的判断。

插入数据透视图和数据透视表，选择要分析的数据及放置数据透视表的位置，在右侧"数据透视图区域"编辑区添加字段，结果如图7-7所示。然后针对数据透视图，点击右键选项卡下的"更改图表类型"工具，更改为组

微课7-5

Excel应用小技巧：旅行箱SKU销售情况分析

表7-15　　　　　　　　　　旅行箱SKU销售情况　　　　　　　　金额单位：元

颜色	尺寸	支付金额	支付件数	加购件数
颜色分类：黑色	18寸	15 236	129	308
	20寸	4 444	28	7
	22寸	8 600	53	48
	24寸	7 023	42	20
	26寸	4 885	26	20
	28寸	14 525	66	69
颜色分类：酒红色	18寸	1 625	13	1
	20寸	8 402	67	49
	22寸	3 526	24	19
	24寸	4 400	50	55
	26寸	1 515	55	77
	28寸	5 656	27	21
颜色分类：咖啡色	18寸	1 020	9	0
	20寸	3 850	38	31
	22寸	8 525	63	69
	24寸	6 052	42	31
	26寸	5 655	31	21
	28寸	13 524	72	108

合图，并将"求和项：支付金额"系列的图表类型设为"折线图"，并使用次坐标轴。

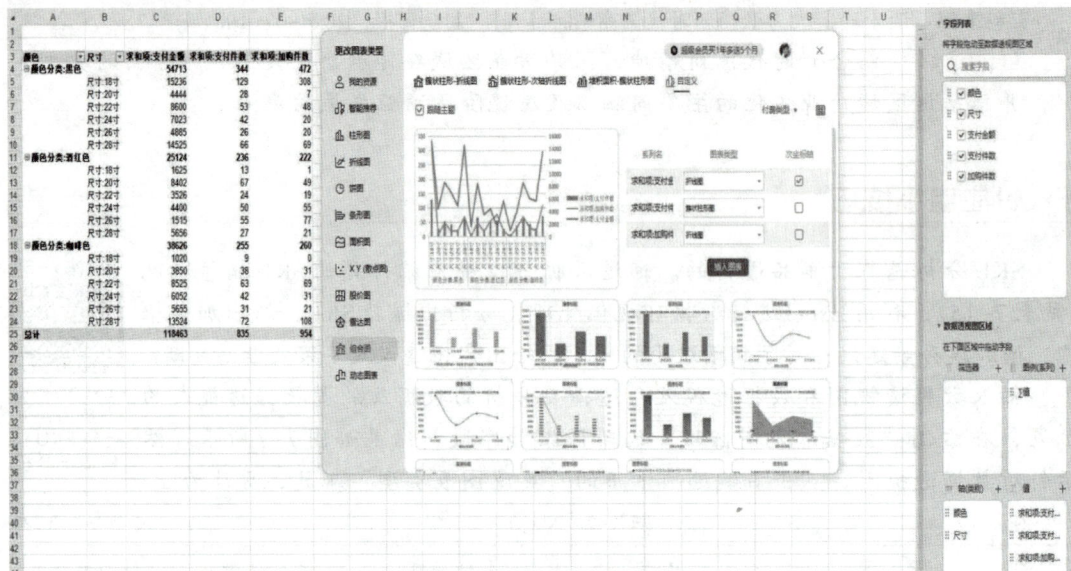

图7-7　组合图

点击"分析"选项卡下的"插入切片器"工具，在打开的对话框中勾选"颜色"和"尺寸"选项，创建两个切片器，如图7-8所示。单击切片器按钮自动将该筛选器应用到数据透视表及数据透视图，在"颜色"切片器中单击"颜色分类：黑色"，即可筛选出黑色旅行箱不同尺寸的销售数据。

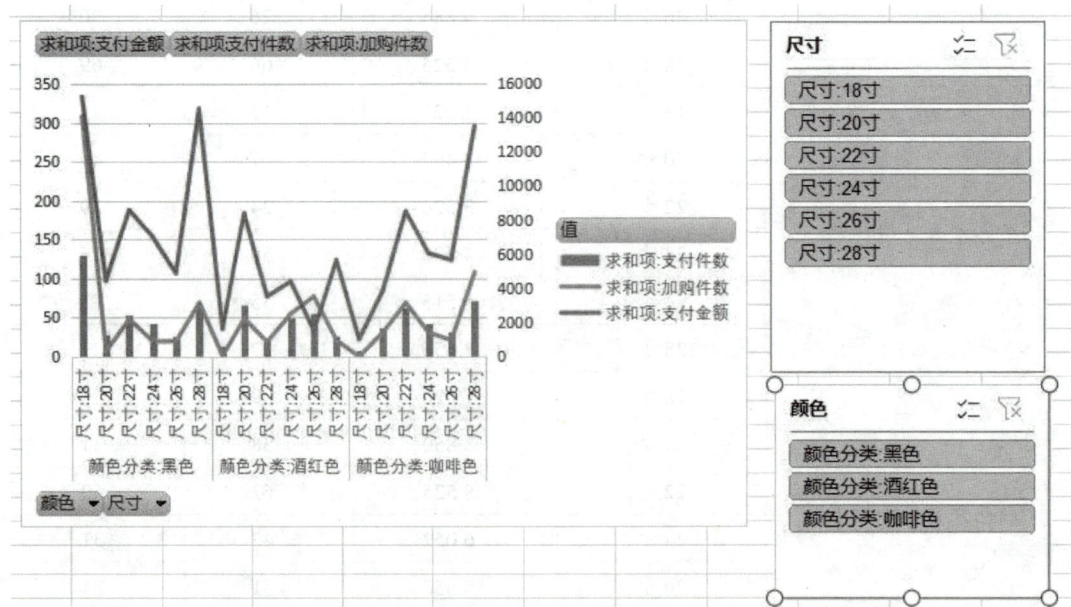

图7-8　切片器的应用

拓展阅读

发展数字经济助推新旧动能转换的对策

1.建设数字政府，推进政府数字化转型

一是要在应用中促进数据的开放共享，打破数据壁垒和信息孤岛状态，实现多系统政务数据融合采集和数据挖掘分析，推动政府治理转型，重塑政府工作流程，形成建设高质量数字政府的中国标准，同时运用数字化思维和技术，打造义务教育入学、跨市就医结算、企业融资服务、惠企政策推送等典型应用场景；二是不断提升公务员数字素养和数字治理水平，正视"数字鸿沟"，在满足群众需求的基础上对政务组织进行重构与流程再造；三是基于硬件芯片的自主安全能力，将可信计算与主动安全防御能力进行全方位深度融合，形成体系化协同防御，保障现代数字政府体系化数据安全。

2.打造工业互联网，促进工业数字化转型

一是对于龙头企业，应利用数字技术对传统产业进行升级改造，推动协同创新，形成乘数效应，在更多的实体经济行业延伸数字应用场景；二是对于中小型企业，要促进工业智能装备行业发展，为中小型企业提供可升级易维护的智能装备，支持中小型企业完成数字化转型，将中小型企业应用工业互联网纳入国家中小型发展基金的支持范围；三是通过打造重点产业链"链主"企业，支持反向定制（C2M）、智能工厂等创新发展，提高企业数智化制造与柔性化生产能力，搭建数字化平台，实现从生产端到消费端的全链路数字链接。

3.发展智慧农业，促进农业数字化转型

一是在"政府+高校+国有平台公司"合作机制的基础上，打造农业物联网应用云平台，培育智慧冷链物流产业生态圈，开展农业农村信息化示范基地认定工作，设立数字农业发展专项资金，实现涉农经营主体精准画像与无缝衔接；二是在土壤墒情、水质监测、智能虫情监测等方向应用农机智能监控终端，打造高度互联互通的智慧农业解决方案，推动农业流程改进，建立标准化的溯源流程体系，构建农产品供应链管理数字化体系，探索构建"绿色生产体系+数字化管理平台+智能无人农机作业"的精准管理数字农场模式；三是用数字技术联结社会生产、流通、服务的各个环节，打造智慧农业产业集群，构建多元化、复合型营销网络，形成由涉农电商领军企业构成的电商矩阵。

4.布局新零售，实施消费数字化转型

一是通过数字化转型，实施供应链优化工程，创新高效的柔性供应链模式；二是实现零售业态的创新，建立数字化社群生态系统，通过线上线下跨界联动的新零售获客模式，构建多业态与多消费的服务场景，挖掘在线消费者的价值，对消费者进行精准画像与精准营销；三是利用新零售营销手段帮助外贸企业拓展国内销售渠道，促进跨境电商零售规范健康发展，通过直播带货、新品首发、KOL营销等新零售模式，充分利用传播资源和流量红利的同时，为顾客带来独特的消费体验。

5.立足产业链，搭建数字经济产业园区

一是强化数字经济主导企业的人才、资本、技术支撑，搭建区域数字经济产业园区互通合作平台，通过建设数字化转型促进中心、数字产品创新中心、打造数字产业集聚区与示范基地，建成数字技术融合应用先导示范区；二是统筹配置要素资源，创新招商方式，全方位健全招商机制，建立一批产业层次高、投资规模大、扩张和带动潜力足、创新能力强的龙头型项目；三是在搭建数字产业骨干企业培育库的基础上建立数字经济产业联盟，推动产业链创新链深度融合，为数字化转型的龙头骨干企业的高质量发展提供不竭动力。

6.服务数字产业，培养数字科技人才

一是通过将数字产业化的成果全面渗透到产业数字化人才培养的各个环节之中，探索以数字素养和数字技术为核心的教育方法，建立教学资源充分共享、教学科研深度融合的数字科技人才培养体系；二是应用海量数据、强大的算力设备、多样的软件工具和智慧化平台设施，搭建智慧协同、成果多元与知识共享的服务产业实践平台，在场景应用结合的实践中，实现教育资源、数字设施、社会服务和创新成果的共建共享，既能满足科技人才培养的个性化需求，又能实现与产业数字化发展的精准对接；三是构建高等教育服务数字经济发展的绩效评价体系，从数字科技人才支持、数字技术推广服务、数字经济应用研究等维度来评价高等教育服务数字经济发展的绩效水平，引导政府层面与高等院校层面制定更有效的政策，服务数字经济发展。

资料来源：赵琪，吴健妮.数字产业化与产业数字化耦合协调发展的逻辑机理与对策［J］.中共青岛市委党校青岛行政学院学报，2024（3）：69-75.

实战与提升

请选择一家新零售企业，在同一个动态市场环境条件下，进行年度多情境的营销活动比较，并在博弈过程中根据经营核算与成本控制，不断调整营销策略，使企业的效益最大化。主要目标：根据企业经营状况进行融资和相关费用的结算，通过财务报表及数据资料，对自身企业的年度运营状况进行阶段性的评估分析，找出营销过程中的不足和缺陷，制定下一步营销策略。

实战与提升
参考性提示

任务要求：

1.按季度进行往来账款处理、成本计算；

2.按季度进行阶段性数据评估，包括应收、应付账款和相关费用；

3.根据财务报表进行盈亏分析，并及时采取措施调整营销策略。

主要参考文献

［1］黄成明．数据化管理［M］．北京：电子工业出版社，2014．

［2］方小敏，张文霖．谁说菜鸟不会数据分析（Python篇）［M］．北京：电子工业出版社，2019．

［3］徐海燕，朱建军，赵士南．现代管理数学方法案例集［M］．北京：科学出版社，2019．

［4］庄贵军．市场调查与预测［M］．3版．北京：北京大学出版社，2020．

［5］曹振华，王成志．店铺运营［M］．北京：北京理工大学出版社，2020．

［6］王鑫，张晓红．数字营销基础［M］．北京：高等教育出版社，2021．

［7］朱姆斯坦．Excel+Python飞速搞定数据分析与处理［M］．冯黎，译．北京：人民邮电出版社，2022．

［8］贾俊平．统计学：SPSS和Excel实现［M］．8版．北京：中国人民大学出版社，2022．

［9］王力建．新媒体和电商数据化运营［M］．2版．北京：清华大学出版社，2022．

［10］杨维忠，张甜．SPSS统计分析入门与应用精解［M］．北京：清华大学出版社，2022．

［11］北京鸿科经纬科技有限公司．网店推广［M］．2版．北京：高等教育出版社，2022．

［12］叶秋萍．数据运营［M］．北京：电子工业出版社，2022．

［13］李卫华，郭玉金．零售数据分析与应用［M］．2版．北京：高等教育出版社，2022．

［14］北京博导前程信息技术股份有限公司．电子商务数据分析实践（中级）［M］．2版．北京：高等教育出版社，2023．

［15］郑志刚．Power BI零售数据分析实战［M］．北京：人民邮电出版社，2023．

［16］隋东旭．电子商务数据分析与应用［M］．北京：清华大学出版社，2023．

［17］袁国栋．数智化零售［M］．北京：人民邮电出版社，2024．

［18］魏星，曹健，祝晓斌．大数据概论［M］．北京：清华大学出版社，2024．

［19］赵琪．校园便利店单品销售预测研究［J］．教育，2017（43）：33-34．

［20］赵琪．新零售视阈下生鲜电商与社区物流协同发展路径研究［J］．山东商业职业技术学院学报，2021，21（5）：8-12．

［21］赵琪．基于技术效率评价的百货商业上市公司线上线下融合发展研究［J］．江苏商论，2022（2）：3-6．

［22］ 赵琪，吴健妮．新零售及生鲜电商视角下"数商兴农"实施路径探析［J］．安徽农业科学，2023，51（13）：204-209．

［23］ 赵琪，董启锦．电商下乡背景下县域商业体系的构建路径研究——基于山东省的案例分析［J］．科技创业月刊，2023，36（7）：89-93．

［24］ 赵琪，吴健妮．数字产业化与产业数字化耦合协调发展的逻辑机理与对策［J］．中共青岛市委党校青岛行政学院学报，2024（3）：69-75．

［25］ 吴健妮，赵琪．企业技术创新引领市场消费升级的发展机制研究：以青岛市为例［J］．江苏商论，2024（8）：3-7．